MICHAEL BÖHMER

Die Wirtschaft wächst, der Wohlstand nicht

Wie Deutschland wieder glücklich wird

FBV

Bibliografische Information der Deutschen Nationalbibliothek
Die Deutsche Nationalbibliothek verzeichnet diese Publikation in der Deutschen Nationalbibliografie; detaillierte bibliografische Daten sind im Internet über http://d-nb.de abrufbar.

Für Fragen und Anregungen:
info@finanzbuchverlag.de

Originalausgabe, 1. Auflage 2020

Nymphenburger Straße 86
D-80636 München
Tel.: 089 651285-0
Fax: 089 652096

Redaktion: Jordan Wegberg
Korrektorat: Bärbel Knill
Umschlaggestaltung: Pamela Machleidt
Umschlagabbildung: Shutterstock/Lightstring
Satz: Bernadette Grohmann, Röser MEDIA, Karlsruhe
Druck: GGP Media GmbH, Pößneck
Printed in Germany

ISBN Print 978-3-95972-308-4
ISBN E-Book (PDF) 978-3-96092-568-2
ISBN E-Book (EPUB, Mobi) 978-3-96092-569-9

Weitere Informationen zum Verlag finden Sie unter

www.finanzbuchverlag.de

Beachten Sie auch unsere weiteren Verlage unter www.m-vg.de.

Inhalt

Kapitel 1
Was ist eigentlich unser Problem? – Deutschland geht es gut, und die Gesellschaft ist unzufrieden 9

Kapitel 2
Wie gut geht es uns wirklich? – Haben wir ein Wachstums- oder ein Verteilungsproblem? 19

Aus dem Tal der Tränen zu einer der längsten Aufschwungphasen der bundesdeutschen Geschichte 19

War die Entwicklung wirklich so positiv? 23

Ist die Einkommensverteilung der Schlüssel? 36

Hat unser Steuersystem ein Gerechtigkeitsproblem? 46

Ist es etwa das Vermögen, nicht das Einkommen, Dummkopf? ... 51

Kapitel 3
Was hat uns in den letzten zehn Jahren beflügelt? 55

Wie Europa und die Welt uns geholfen haben 56

Wo uns Europa und die Welt gebremst haben 63

Was wir selbst in der Hand haben 65

Wir hatten viel Glück und hätten mehr daraus machen müssen .. 72

Kapitel 4
Sind wir gut auf die Zukunft vorbereitet? 73

Deutschland altert – kann man da nichts machen? 74

In der Produktivitätsfalle 87

Bilden wir die Jungen – und die Alten – richtig aus? 95

Wie gut hat der Finanzminister uns auf die Zukunft vorbereitet? . . . 97

Den großen Herausforderungen haben wir uns
noch nicht gestellt 104

Kapitel 5
Auf wen sollte die Politik hören? 107

Warum braucht die Politik eigentlich Beratung? 108

Die Politik bestimmt die Ziele 111

Seien Sie misstrauisch bei politischen Forderungen von
Wissenschaftlern und Beratern 115

Böse Lobbyisten? 121

Wie Ereignisse selbst zu Beratern werden können 122

Kapitel 6
Was man nicht tun sollte: Beispiele für Politiken,
die ihr Ziel verfehlen 127

Anhebung des Rentenniveaus zur Vermeidung von
Altersarmut 129

Zuwanderung nach Deutschland unterbinden 134

Schutz vor der Globalisierung für eine
»gerechtere« Verteilung 143

Digitalisierung verlangsamen – den Menschen mehr Zeit geben . . 150

Probleme ernst nehmen, aber richtig lösen 154

Kapitel 7
Wirtschafts- und Sozialpolitik aus einem Guss – ein Maßnahmenvorschlag ... 155

Unser Ziel ist ein »gutes Leben« ... 155

Die soziale Marktwirtschaft als Grundordnung ... 158

Lieber Staat, vertraue deinen Bürgern wieder ... 160

Liebe Bürger, vertraut eurem Staat wieder ... 164

Noch mehr Daseinsvorsorge: Infrastruktur ... 171

Wohnen – eines der wichtigsten Güter muss für alle erschwinglich sein ... 178

Eine Steuerpolitik für die Mittelschicht ... 189

Erbschaftsteuer zur Verbesserung der Chancengerechtigkeit ... 195

Rentenpolitik – verlässliche soziale Absicherung ohne Geschenke ... 201

Anpassungshärten abfedern – die Menschen für Veränderungen gewinnen ... 207

Reicht das alles, damit es uns gut geht? ... 210

Epilog – Deutschland im Jahr 2030 ... 211

Quellenverzeichnis ... 216

Meinem Vater

KAPITEL 1

Was ist eigentlich unser Problem? – Deutschland geht es gut, und die Gesellschaft ist unzufrieden

Im Jahr 2019 blickte Deutschland auf zehn Jahre eines ununterbrochenen wirtschaftlichen Aufschwungs zurück. Zwar stand das Wachstum zuletzt unter dem schlechten Stern internationaler Handelskonflikte und hat sich vorübergehend abgeschwächt. Das Fazit der zurückliegenden Dekade bleibt aber ungetrübt: Nie seit den 1960er Jahren gab es in der Bundesrepublik eine so lange ununterbrochene Phase wirtschaftlichen Wachstums.

Folglich ist die Wirtschaftsleistung heute so hoch wie nie zuvor: annähernd 3,4 Billionen Euro, eine Zahl mit zehn Stellen. Im Durchschnitt erwirtschaftet jeder Einwohner in Deutschland mehr als 40.000 Euro pro Jahr. Das ist nicht wenig. – Wir sollten hier nicht, wie so häufig zu lesen, vom »Durchschnittseinkommen« sprechen. Von den 40.000 Euro gehen auch ein paar Euro in Form von Steuern und Sozialversicherungsbeiträgen an den Staat. Auf dem eigenen Konto landen die 40.000 Euro also nicht – nicht mal im Durchschnitt.

Noch erstaunlicher und erfreulicher als die Höhe des Einkommens ist die Entwicklung des Arbeitsmarktes. Dieser Aufschwung hat so viele neue Jobs mit sich gebracht wie noch nie zuvor in Deutschland. Mit fast 45 Millionen Erwerbstätigen befindet sich die Beschäftigungszahl auf einem historischen Höchststand.

Nie erfreuten sich die Deutschen eines so großen Wohlstands wie heute. Und nach allen Prognosen werden wir auch in den kommenden Jahren unseren Wohlstand weiter mehren können. Ob mit der gleichen Konstanz und der gleichen Geschwindigkeit, darüber gehen die Vorhersagen auseinander. Und auch die Arbeit wird uns dabei nicht ausgehen.[1]

Das sind die nackten Zahlen der Statistik. Unbestechlich. Ist also alles gut? Vielleicht doch nicht ganz: Wenn wir neben Statistiken auch Zeitungen lesen, Talkshows schauen, Debatten im Deutschen Bundestag verfolgen, politische Diskussionen in den Kommunen miterleben, bekommen wir den Eindruck: Die Deutschen freuen sich gar nicht über die gute Entwicklung der zurückliegenden zehn Jahre. Mehr noch: Den großen Wohlstand, dessen man sich erfreuen könnte, gibt es gar nicht.

Vielmehr debattieren wir über Altersarmut und geringe Renten, niedrige Lohnsteigerungen für eine große Zahl von Beschäftigten, einen zu geringen Mindestlohn und die Frage, ob Hartz IV die große Armutsfalle für Millionen von Menschen ist.

Die Wirtschaft wächst – unser Wohlstand nicht. Was ist da los?

Den Verlautbarungen der großen Wirtschaftsverbände zufolge strotzt die deutsche Wirtschaft vor Kraft wie noch nie. Beschäftigungsboom, Export(vize)weltmeister, »schwarze Null«, Wachstumslokomotive Europas über viele Jahre!

Folgen wir hingegen den Mahnungen aus dem linken politischen Spektrum oder verschiedener Wohlfahrtsverbände, ist für Deutschland der Weg in die Massenarmut kaum noch aufzuhalten. Die Rente reicht nicht, der Mindestlohn muss steigen, Wohnungen werden unbezahlbar, der Staat spart sich kaputt! Diese Verbände, z. B. der Paritätische Wohlfahrtsverband oder der Sozialverband VdK, nehmen für sich in Anspruch, Millionen Menschen in Deutschland zu vertreten. Nur wissen viele dieser Menschen nicht, dass sie vertreten werden, und wurden auch gar nicht gefragt, ob sie das wollen.

---

1 Ob Sie das persönlich so gut finden, müssen Sie selbst entscheiden.

Kann man dieselbe Wirklichkeit so unterschiedlich wahrnehmen? Lesen die einen nur die einen, die anderen nur die anderen Statistiken? Kann man dieselben Zahlen so unterschiedlich interpretieren?

Sicher, unterschiedliche Interessengruppen[2] transportieren unterschiedliche Ausschnitte der Wirklichkeit. Dies führt dann zu unterschiedlichen Interpretationen und Schlussfolgerungen. Jeder setzt andere Prioritäten. Es gibt ja nicht nur das eine, alle glücklich machende Ziel in einer Volkswirtschaft und in einer Gesellschaft.

Für den einen sind viele Jobs immer ein Erfolg, für den anderen kommt es darauf an, wie sich dabei die Löhne entwickeln, vor allem im unteren Einkommensbereich. Man mag ein hohes Durchschnittseinkommen für ein Zeichen wirtschaftlicher Stärke halten, man kann die Stärke einer Gesellschaft aber auch daran messen, wie wenig weit Einkommen (und Vermögen) auseinandergehen.

Ist eine »schwarze Null« in den öffentlichen Haushalten ein Ausweis solider Haushaltsführung, oder sprudeln die Einnahmen gewissermaßen von alleine so stark, dass man mehr ausgeben kann als vorher, und trotzdem noch ein paar Milliarden Euro in der Kasse bleiben? Wie müssen wir es eigentlich interpretieren, wenn in einem Jahr die Renten einmal stark steigen? Haben wir das der guten Lage am Arbeitsmarkt zu verdanken, von der dann alle etwas haben, oder ist das ein Zeichen für Umverteilung von den Jungen zu den Alten?

Diese Beispiele verdeutlichen: Wir sprechen immer von Zahlen, aber wir sprechen immer auch von Menschen. Die Zahlen fassen das zusammen, was wir beobachten und messen können. Sie sind ein Teil der Wirklichkeit. Sie sagen aber wenig darüber aus, wie dieser Teil der Realität auf die Menschen wirkt. Sind sie zufrieden oder unglücklich, fühlen sie sich gerecht behandelt oder benachteiligt, partizipieren sie an den guten Zahlen oder sind sie abgehängt? Das ist der andere Teil der Wirklichkeit.

2 Und jeder, wirklich jeder ist Teil einer Interessengruppe, dazu mehr in Kapitel 5. Wir sollten uns gleich zu Beginn von der Illusion des neutralen Beobachters verabschieden.

Damit sind wir beim Kern: Wenn wir darüber sprechen, wie gut es Deutschland heute wirtschaftlich geht, müssen wir eben über Wirtschaft und Gesellschaft sprechen. Und wir müssen über beide gemeinsam sprechen, in einem Atemzug. Die Ökonomie ist für den Menschen da. Sie hat eine dienende Funktion. Deshalb ist eine leistungsfähige Wirtschaft wichtig für die Gesellschaft. Ein hohes materielles Wohlstandsniveau – erreicht durch eine wettbewerbsfähige Wirtschaft und gut qualifizierte Beschäftigte – stellt eine sehr gute Voraussetzung für gesellschaftliche Zufriedenheit dar.

Aber es ist nicht hinreichend. In keinem Fall. Ein hohes materielles Wohlstandsniveau hat hierfür keinen Wert an sich. Anderenfalls müsste die gesellschaftliche Zufriedenheit mit steigender Wirtschaftsleistung permanent zunehmen. Das ist jedoch nicht der Fall. Die Formel »Mehr Geld – mehr Glück« funktioniert für ein Land nicht.

Das gilt auch für den Einzelnen: Selbst wenn es uns materiell besser geht, steigt nicht automatisch und vor allem nicht dauerhaft unsere Zufriedenheit. Wie lange haben Sie sich über Ihre letzte Lohnerhöhung gefreut, geht es Ihnen damit nun besser als vorher?[3] Lottomillionäre sind nicht glücklicher als vor ihrem großen Los.

Wir haben es also mit zwei Phänomenen zu tun: Gesamtwirtschaftliche Entwicklungen kommen möglicherweise gar nicht beim Einzelnen an, und falls doch, ist die Freude darüber oftmals nur von kurzer Dauer. Letzteres kann die Psychologie gut erklären. Die Partizipation an wirtschaftlichem Fortschritt – messbar oder nur gefühlt – ist aber ganz entscheidend für die eigene Zufriedenheit.

Wenn trotz toller Wirtschaftszahlen weite Teile der Bevölkerung dauerhaft das Gefühl haben, bei ihnen komme vom Wachstum nichts an und es gehe in der Gesellschaft ungerecht zu, stellt dies eine ernsthafte Gefahr für den gesellschaftlichen Zusammenhalt dar. Dabei ist es gleichgültig, ob diese Wahrnehmung für andere nachvollziehbar

3 Falls Ihre Antwort in Einklang mit der Literatur »Nein« lautet, sollten Sie Ihrem Chef nichts davon erzählen.

ist, ob sie sich an Einkommensverteilung, Bildungschancen oder anderen Aspekten festmacht oder nur ein diffuses Gefühl ist. Wenn dieser Zusammenhalt nicht da ist, drohen wir unseren Grundkonsens an gemeinsamen Werten, an demokratischen Spielregeln, an Solidarität und Verbundenheit untereinander und an das Vertrauen in unsere Institutionen zu verlieren.

In ihrem »Radar gesellschaftlicher Zusammenhalt« ermittelte die Bertelsmann Stiftung 2017, dass drei Viertel der Befragten den Eindruck haben, der gesellschaftliche Zusammenhalt in Deutschland sei zumindest teilweise gefährdet. Und nur eine deutliche Minderheit der Befragten ist der Meinung, dass es bei der Verteilung wirtschaftlicher Güter gerecht zugehe.

Ähnliches förderte eine Befragung der Initiative »More in Common« aus dem Jahr 2019 zutage: Demnach fühlt sich etwa die Hälfte der Menschen in Deutschland als Bürger zweiter Klasse. Zwei Drittel der Befragten geben an, dass bei ihnen vom wirtschaftlichen Erfolg Deutschlands nicht genug ankomme. Die Mehrheit findet, dass sich die gesellschaftliche Lage in den letzten fünf Jahren verschlechtert hat, während nur 5 Prozent erwarten, dass sie sich in den kommenden Jahren verbessern wird. 70 Prozent sind der Meinung, dass sich Deutschland in die falsche Richtung bewege.

Dabei strebt ein großer Teil der Bevölkerung nach einem starken sozialen Zusammenhalt. 70 Prozent der Menschen wünschen sich, dass die Gesellschaft trotz der Unterschiede zwischen den Menschen zusammenfindet. Jedoch glaubt die Mehrheit nicht, dass das gelingen kann.

Diese Einschätzungen spiegeln sich auch in der Haltung der Bürger zu unseren politischen Institutionen. 30 Prozent der durch die Initiative Befragten empfinden eine große Distanz zum politischen System; jeder Zweite ist unzufrieden damit, wie die deutsche Demokratie funktioniert.

Mit einem solchen Bild steht Deutschland nicht alleine. Die politischen Folgen können wir an vielen Orten der Welt beobachten. In den Vereinigten Staaten kann sich ein Präsident, dessen Wahl im

Jahr 2016 hierzulande kaum jemand für möglich gehalten hätte, berechtigte Hoffnungen auf eine zweite Amtszeit machen.

Das knappe Votum für den Brexit, ebenfalls im Jahr 2016, war kein Unfall. »Remain« konnte während all der unfassbaren Turbulenzen, die dem Referendum folgten, zu keinem Zeitpunkt eine klare Mehrheit erreichen.

Bei der Wahl des französischen Staatspräsidenten im Jahr 2017 war es alles andere als ausgeschlossen, dass erstmals eine Kandidatin einer rechtspopulistischen Partei ins höchste Staatsamt der V. Republik gewählt würde. In der Stichwahl erhielt sie 34 Prozent der Stimmen.

In Italien regierten 2018 und 2019 Rechtspopulisten ohne jegliche Maskerade. Ihre Beliebtheit in der Bevölkerung nahm während der Regierungszeit sogar noch zu.

Und in Deutschland hat eine rechtsgerichtete Partei, die das bürgerliche Spektrum längst verlassen hat und den Anspruch erhebt, eine Alternative anzubieten, binnen kürzester Zeit in alle 16 Landesparlamente Einzug gehalten und stellt zudem die stärkste Oppositionsfraktion im Deutschen Bundestag.

Politische Strömungen, die die Gesellschaft bewusst trennen, statt sie zu einen, die das Gegen betonen und nicht das Mit, gewinnen an Bedeutung. Der Nährboden für diese Entwicklungen ist groß, und er ist vielfältig. Es gibt soziologische und politologische Erklärungsansätze. Aber unzweifelhaft spielen die ökonomischen Entwicklungen der vergangenen Jahre eine spürbare Rolle dabei, dass der Zusammenhalt unserer Gesellschaft zunehmend in Gefahr gerät.

Politik und Wissenschaft haben gute Vorschläge, wie wir die wirtschaftliche Leistungsfähigkeit Deutschlands stärken, unser Bruttoinlandsprodukt erhöhen und die Beschäftigung auf einem hohen Stand halten oder sogar weiter ausbauen können. Ebenso gibt es gute oder mindestens gut gemeinte Vorschläge, wie wir erwirtschaftetes Einkommen und Vermögen anders umverteilen können, um damit subjektiv empfundene Ungerechtigkeiten zu korrigieren oder Armutsrisiken zu vermeiden.

Beide Ansätze machen aber in aller Regel Gegensätze auf zwischen – lassen Sie es uns für den Moment vereinfacht ausdrücken – Wachstum und Verteilung. Sie polarisieren.

Die einen sagen: Will man mehr verteilen, geht das zulasten der Anreize für diejenigen, die viel erwirtschaften können, und der Kuchen wird kleiner. Mit diesem Argument werden etwa Steuererhöhungen zum Tabu erklärt. Die anderen sagen: Setzt man in erster Linie auf Wachstum, bleiben die Schwachen zurück. Wer nicht so leistungsfähig ist, wie die Wirtschaft es erwartet, hat keine Chance zu bestehen und wird abgehängt. Mit diesem Argument werden Kürzungen im Sozialbereich zum Tabu erklärt.

Bestenfalls können sich dann beide Seiten auf einen Mittelweg zwischen Wachstum und Verteilung verständigen. Auf einen Kompromiss, der beiden Interessen gerecht wird. Aber es ist oftmals ein fauler Kompromiss und kein verbindender.

Nach einer Dekade des Aufschwungs sind Wohlstand und Beschäftigung nicht unsere vordringlichen Probleme in Deutschland. Selbstverständlich müssen wir uns anstrengen, beides weiter zu fördern. Das geht nicht von alleine. Aber beides befindet sich heute nicht nur auf einem historisch hohen Stand. Auch ist das Potenzial unserer Volkswirtschaft an Menschen, an klugen und kreativen Köpfen, an neuen Lösungen, an privaten und öffentlichen Investitionen so hoch, dass Wachstum und Beschäftigung künftig nicht gefährdet sein müssen.

Bei allen Herausforderungen, wettbewerbsfähig zu bleiben: Wenn die Wirtschaftspolitik nicht deutlich ungeschickter agiert als in den vergangenen siebzig Jahren, wird sie es nicht schaffen, unsere Volkswirtschaft zum kompletten Sanierungsfall zu machen. Das ist kein Appell an die Politik, sich zurückzulehnen, sie muss weiter wach und aktiv sein.

Über die wichtigsten Weichenstellungen besteht ja Einigkeit. Niemand negiert die massiven Auswirkungen des digitalen Wandels auf die Wirtschaft und den Wandel in der Beschäftigung. Niemand streitet das Ziel ab, dass Deutschland durch entsprechende Investitionen in Köpfe und Maschinen bei der Digitalisierung eine gute und erfolgreiche Rolle in der Welt spielen soll. Auch die großen Herausforderungen, die sich aus Demografie und Klimawandel ergeben, sind weitgehend unstrittig. Viele Lösungsansätze liegen gar nicht so weit auseinander.

Wir benötigen sicher noch eine größere Dynamik im Handeln, mehr Zug zum Tor. Aber wir können in allen plausiblen Szenarien erwarten, dass die deutsche Volkswirtschaft auch in Zukunft wachsen und uns genug Arbeit machen wird. Mit einer richtig guten Wirtschaftspolitik wird sie sogar noch ein wenig mehr und beschäftigungsintensiver wachsen. Das wäre erfreulich.

Auch ein kräftiges Wachstum könnte allerdings die wirkliche Gefahr, vor der wir stehen, nicht bannen: einen schwindenden gesellschaftlichen Zusammenhalt.

Dabei wäre auch eine verstärkte Umverteilungspolitik als heilende Therapie zum Scheitern verurteilt. Die Sozialleistungsquote, also der Anteil der Sozialleistungen am Bruttoinlandsprodukt, liegt heute bei fast 30 Prozent. Was versprechen wir uns von einer noch höheren Dosis? Können wir von mehr Umverteilung wirklich mehr Zufriedenheit in der Gesellschaft erwarten?

Schauen wir uns die letzten Jahre und Jahrzehnte an: Wir sind stark gewachsen und wir haben viel umverteilt. Dabei ist das Land nicht glücklicher geworden. Die Lehre daraus muss lauten, dass die alten Ansätze von Wachstum und Verteilung nicht mehr funktionieren, um die Gesellschaft zusammenzuhalten. Hier Wachstumspolitik, da Sozialklimbim – das kann nicht der richtige Weg sein.

Wir müssen die Sache anders betrachten und die Dinge miteinander verbinden: Welchen Beitrag kann die Ökonomie, kann die Wirtschaftspolitik leisten, um den gesellschaftlichen Zusammenhalt in Deutschland wieder zu stärken? Nicht erst wachsen und dann das Erwirtschaftete an die Bedürftigen verteilen, sondern eine Wirtschaftspolitik, die inhärent Sozialpolitik ist. Eine Wirtschaftspolitik für die Gesellschaft. Wie können wir wieder zu einer gleichzeitig prosperierenden und zufriedenen Gesellschaft werden? Wie können wir als Gesellschaft in Wohlstand und Glück leben?

Davon handelt dieses Buch. Es analysiert, es fördert Aspekte zutage, die in der öffentlichen Diskussion noch sehr kurz kommen, es ordnet ein, es warnt vor dem Rat von Experten, es zeigt, was man nicht tun sollte, auch wenn es verführerisch ist, und unterbreitet einige Vorschläge, wie gute Politik für Wirtschaft und Gesellschaft aussehen kann. Manche Vorschläge werden Sie eher »links« verorten, manche eher »rechts« – und dabei bemerken, dass diese voreingenommene wirtschaftspolitische Topografie ausgedient hat.

Dieses Buch liefert keinen Masterplan für die einzig richtige Wirtschafts- und Sozialpolitik. Es möchte mit seinen Argumenten und Vorschlägen vor allem einen Anstoß dazu geben, den betrachteten Herausforderungen mit einer offenen Haltung, frei von zementierten Überzeugungen und jenseits von vermeintlichen Gegensätzen zu begegnen. Und es soll Ihnen eine informative und unterhaltsame Lektüre sein, die Ihr eigenes Bild über die Wirtschaft und die Gesellschaft in Deutschland um einige Facetten bereichert.

KAPITEL 2

Wie gut geht es uns wirklich? – Haben wir ein Wachstums- oder ein Verteilungsproblem?

Aus dem Tal der Tränen zu einer der längsten Aufschwungphasen der bundesdeutschen Geschichte

14. März 2003, Deutscher Bundestag, Berlin. Bundeskanzler Gerhard Schröder schreitet zum Rednerpult, um eine Regierungserklärung abzugeben. Sie trägt den Titel »Mut zum Frieden – Mut zur Veränderung«. In seiner knapp siebenjährigen Amtszeit hat Schröder viele Regierungserklärungen abgeben. Diese ist jedoch nicht irgendeine, sie ist die Wichtigste, sie wird das Land verändern. In dieser Rede skizziert der Bundeskanzler die großen Linien seiner Wirtschafts- und Sozialpolitik, der Agenda 2010.

Pate für die zentralen Punkte der Agenda 2010 stand der damalige VW-Personalvorstand Peter Hartz, der im Auftrag der Bundesregierung gemeinsam mit einer Kommission unter seiner Leitung entsprechende Vorschläge erarbeitete und diese bereits 2002 vorstellte.

Zahlreiche Ökonomen in Deutschland beanspruchten ebenfalls mindestens einen Teil der Urheberschaft der Agenda 2010, am prominentesten hier sicher der Sachverständigenrat zur Begutachtung der gesamtwirtschaftlichen Entwicklung (die »Wirtschaftsweisen«). Tatsächlich zeigen sich Überschneidungen mit dem zuvor erschienenen Jahresgutachten 2002/2003 »20 Punkte für Beschäftigung und Wachstum«. Prägend in der öffentlichen Diskussion waren vor allem die sogenannten Hartz-Gesetze, darunter insbesondere »Hartz IV«, auch wenn die Ansätze der Agenda 2010 deutlich darüber hinausgingen.

Die Agenda 2010 sollte einen Befreiungsschlag darstellen und die entscheidenden Weichen dafür stellen, dass Deutschland wieder auf einen steileren Wachstumspfad gelangt und die hohe Arbeitslosigkeit abgebaut wird. Das war auch nötig, denn in den Jahren vor 2003 sah die wirtschaftliche Lage in Deutschland alles andere als rosig aus.

Schon 1999 hatte das britische Wirtschaftsmagazin *Economist* in einer Analyse Deutschland als »kranken Mann Europas« bezeichnet. Im Jahr 2002 stagnierte die Wirtschaft in Deutschland, 2003 schrumpfte sie dann sogar um 0,7 Prozent.

Deutschland riss zudem das Defizitkriterium des Vertrages von Maastricht und des Stabilitäts- und Wachstumspaktes[1], es drohten weitere Verfehlungen in den Folgejahren, im Bundeshaushalt gab es kaum Spielräume. Bundesfinanzminister Hans Eichel wurde als »blanker Hans« verspottet.

Am dramatischsten aber: Die Arbeitslosigkeit in Deutschland stieg und stieg. Zum Zeitpunkt von Schröders Regierungserklärung näherte sich die Zahl der Arbeitslosen bedrohlich der Marke von 5 Millionen. Die größte Volkswirtschaft Europas hatte die »rote Laterne«[2] in der Europäischen Union übernommen.

---

1 Zu jener Zeit löste ein Verstoß gegen die Defizitgrenze noch heftige politische Diskussionen aus. Zu Recht. In jüngerer Zeit scheint es für zahlreiche Länder geradezu zum guten Ton zu gehören, sich wenig um die Vorgaben eines völkerrechtlichen Vertrages zu scheren.

2 Eine Auszeichnung im Übrigen, die bis heute bei der Tour de France sehr begehrt ist. Vorletzter möchte niemand werden in diesem schwersten Radrennen der Welt. Aber dem letzten Fahrer, der in Paris mit der „lanterne rouge" auf den Champs-Elysées ankommt, sind ein Eintrag in die Annalen und ein bescheidener Ruhm sicher.

Die späten 1990er Jahre und die frühen 2000er Jahre markierten also eine Phase der wirtschaftlichen Schwäche in Deutschland, aus der es sich zu befreien galt. Sogenannte Strukturreformen auf den verkrusteten Arbeits- und Gütermärkten waren angezeigt, nicht nur kurzfristige konjunkturelle Strohfeuer. So ist unsere Wahrnehmung dieser Zeit, so geht die Geschichtsschreibung.

Heute fallen Regierungserklärungen nüchterner aus, obwohl die Bundeskanzlerin fast in jedem Jahr seit 2010 Grund gehabt hätte, über gute Zahlen zu jubeln. Denn um wie vieles besser geht es der deutschen Volkswirtschaft doch heute!

Kaum ein anderes Land hat die weltweite Finanz- und Wirtschaftskrise 2008/2009 so gut überstanden wie Deutschland, hat all ihre Fährnisse durch kluge Politik und ein starkes wirtschaftliches Fundament umschifft. Einem scharfen Einbruch im Jahr 2009 folgte ein fast ebenso starker Wiederanstieg der Wirtschaftsleistung im Jahr darauf. Bereits im Jahr 2011 hatte unsere Volkswirtschaft das Vorkrisenniveau wieder erreicht.

Andere europäische Länder benötigten viele Jahre, um sich von der Krise zu erholen – oder haben es bis heute nicht geschafft. Griechenland verlor in den Jahren nach 2007 insgesamt mehr als 25 Prozent seiner Wirtschaftsleistung, bevor es erst 2017 wieder auf einen Wachstumskurs zurückkehren konnte. Dem Autor ist nur ein einziger Fall in der Wirtschaftsgeschichte bekannt, in dem ein Land einen ähnlich großen oder noch größeren Einbruch der Wirtschaftsleistung erlitt: Deutschland zwischen 1929 und 1932. Hier schrumpfte die Wirtschaft sogar um etwa ein Drittel. Daran gemessen sind die politischen Verhältnisse in Griechenland ausgesprochen stabil geblieben.

Im Unterschied zu anderen Ländern also blicken wir seit 2010 auf ungebrochenes Wirtschaftswachstum zurück. Heute gelten wir als die Wachstumslokomotive Europas, auf die unsere Nachbarn mit einer Mischung aus Anerkennung und Skepsis blicken. Der *Economist* der bei uns zwei Dekaden zuvor Multimorbidität diagnostiziert hatte, findet uns in einer Titelgeschichte aus dem Jahr 2018 nun sogar cool (»Cool Germany«).

Es ist mittlerweile schon fast zur Gewohnheit geworden, dass der Bundeshaushalt Überschüsse aufweist – zuletzt hatte es das in den 1960er Jahren gegeben. Die mittlerweile im Grundgesetz verankerte Schuldenbremse wird geradezu spielend eingehalten. Die europäische Defizitgrenze mögen andere Länder noch reißen, für Deutschland ist das kein Thema mehr.

Und besonders erfreulich ist die Lage auf dem Arbeitsmarkt. Während wir uns also 2003 der Marke von 5 Millionen Arbeitslosen näherten, ist nun die Marke von 2 Millionen in Reichweite.

Arbeitslosigkeit kann für jeden Einzelnen immer noch sehr bitter sein, trotzdem: Welch ein Fortschritt! In zahlreichen Regionen liegt die offiziell gemessene Arbeitslosenquote bei 3 Prozent oder darunter. Vollbeschäftigung. Fachkräftemangel statt Arbeitslosigkeit. Viele Arbeitnehmer können sich heute ihren Arbeitgeber aussuchen. Und auch in den Regionen, die lange unter sehr hoher Arbeitslosigkeit gelitten hatten, hat sich über die Jahre die Lage spürbar verbessert. Arbeitslosigkeit ist auch dort nicht mehr die alles dominierende Sorge der Menschen und der Politik.

Deutschland in der zweiten Dekade des 21. Jahrhunderts: eine Volkswirtschaft der Glückseligen. Das ist unsere weit verbreitete gegenwärtige Wahrnehmung. Ob die Geschichtsschreibung sie dereinst teilt, wird sich noch erweisen.

Denn wir möchten ja der Frage auf den Grund gehen, warum trotz der bemerkenswerten und außergewöhnlichen wirtschaftlichen Entwicklung der vergangenen Jahre so große Teile der Bevölkerung gerade in wirtschaftlicher Hinsicht so unzufrieden sind. Häufig heißt es: Die positive Entwicklung ist bei vielen Menschen nicht angekommen, sie konnten nicht teilhaben. Dieser These wird noch nachzugehen sein. Davor steht aber eine Frage:

War die Entwicklung wirklich so positiv?

Unsere Wirtschaftsleistung ist nicht so stark gewachsen, wie wir denken

Mit wirtschaftlichen Vergleichen über die Zeit ist das immer so eine Sache. Mit einer »geschickten« Auswahl der Vergleichszeiträume und einer ebensolchen Selektion der Indikatoren lassen sich in vielen Fällen gewünschte Aussagen belegen. Wenn Sie Ihre Betrachtung am Tiefpunkt einer Entwicklung starten, werden Sie ein stärkeres Wachstum nachweisen können als mit jedem anderen Startdatum.

Und auch die Wahl der Messreihen hat einen Einfluss auf die Aussage. Mal entwickelt sich das Bruttoinlandsprodukt besonders gut, mal der private Konsum, die Investitionen können dann zurückbleiben, während der Export boomt.

Auch für unsere Betrachtung stellt sich die Frage, welche Größen wir für welche Zeiträume betrachten, um eine Antwort darauf geben zu können, wie positiv die wirtschaftliche Entwicklung in Deutschland in den vergangenen Jahren wirklich war. Dabei gibt es kein Richtig oder Falsch, auch unsere Auswahl ist letztlich subjektiv, aber wir wollen sie gut begründen.

Der idealtypische Konjunkturverlauf, den wir in volkswirtschaftlichen Lehrbüchern finden, gleicht einer Sinuskurve. Vom Tiefpunkt der Wirtschaftsleistung aus steigt sie zunächst steil an, wird dann flacher, bevor sie vom Höhepunkt aus erst steiler, dann wieder flacher zurückgeht und schließlich einen nächsten Tiefpunkt erreicht.

Dabei können die einzelnen Wachstumsraten durchaus immer oberhalb von 0 Prozent liegen, es muss also im Konjunkturverlauf nicht zwingend eine Rezession, einen absoluten Rückgang der Wirtschaftsleistung geben. Die gesamte Kurve befindet sich dann weit genug von der Nulllinie entfernt.

Genau so läuft es in der Realität natürlich nicht ab. Aber wenn man messen möchte, was eine Volkswirtschaft grundsätzlich zu leisten imstande ist, erscheint es nicht besonders sinnvoll, nur die Phase vom Tiefpunkt bis zum Höhepunkt zu messen. Damit würde man einen wichtigen Teil des ganz normalen Konjunkturverlaufs ausblenden. Das gilt vor allem deshalb, weil sich ein Aufschwung immer auch aus dem zurückliegenden Abschwung erklärt.

Deshalb wäre es wenig aussagkräftig – nein, sogar unredlich –, nur auf die Zahlen seit 2010 zu schauen, also seit dem Beginn des Aufschwungs. Das Bruttoinlandsprodukt stieg in jenem Jahr um bemerkenswerte 4,1 Prozent, im Jahr 2011 nochmals um 3,7 Prozent. Wachstumsraten, die man in Deutschland lange nicht gesehen hatte.

Aber 2009 war die Wirtschaftsleistung eben auch um 5,6 Prozent eingebrochen – was absolut einmalig ist in der bundesdeutschen Wirtschaftsgeschichte. Und auch 2008, als die dunklen Wolken der Wirtschafts- und Finanzkrise schon mächtig am Himmel standen, war das Wachstum bereits auf nur noch gut 1 Prozent zurückgegangen.

Wenn wir uns für die hohen Wachstumsraten der Jahre 2010 und 2011 auf die eigene Schulter klopfen, begehen wir einen Denkfehler. Sicher, die konjunkturpolitische Stabilisierung der damaligen Bundesregierung hat ihren Beitrag geleistet.[3] Aber wir waren 2010 und 2011 nicht so stark, genau wie wir 2009 nicht so schwach waren. Was wir hier beobachtet haben, war schlicht das, was man »Regression zur Mitte« nennt.

Die Wirtschaftsleistung schwankt nun einmal um einen Mittelwert, den langfristigen Trend. Da geht es der Wirtschaft nicht anders als dem Wetter oder Ihrem persönlichen Wohlbefinden. Wenn es an einem Augusttag nur 10 Grad Celsius warm ist, wird

---

3 In jener Zeit waren übrigens alle, auch die orthodoxesten unter den deutschen Ökonomen, plötzlich Keynesianer.

die Temperatur aller Wahrscheinlichkeit in den Folgetagen steigen. Sind Sie heute besonders euphorisch oder schlecht gelaunt, dürfte sich das in den kommenden Tagen in Richtung Ihres üblichen Gemütszustands legen. Genau wegen des Phänomens der Regression zur Mitte sollten Sie auch grundsätzlich Unternehmensberatern misstrauen. Geht es Ihrem Unternehmen nicht gut und Sie konsultieren Berater, wird es dem Unternehmen vermutlich in den Folgejahren besser gehen. Verzichten Sie auf die klugen Tipps der teuren Berater, dann vermutlich auch. Je stärker die Abweichung vom Trend in die eine Richtung, desto stärker fällt aller Wahrscheinlichkeit nach auch die Rückwärtsbewegung in die andere Richtung aus.

Und ab hier müssen wir uns etwas näher mit der Statistik befassen.

Vor dem genannten Hintergrund wollen wir, um die tatsächliche Stärke der deutschen Wirtschaft zu beurteilen, die Periode ab dem Jahr 2008 betrachten, die Abschwung und Aufschwung, Rezession und Boom umfasst. Bis zum Jahr 2018 können wir uns so einen Zeitraum von elf Jahren anschauen. In Anlehnung an den erwähnten *Economist*-Titel ist dies die »coole Periode«. Dem stellen wir einen ebenso langen Zeitraum bis 2007 gegenüber.[4] Auch hier kann uns der *Economist* für die Bezeichnung Pate stehen: die »kranke Periode«.

Schauen wir uns zunächst ganz übergreifend das Bruttoinlandsprodukt an, bemerken wir etwas Erstaunliches: Deutschland ist in der »kranken Periode« stärker gewachsen als in der »coolen Periode«! Beim Vergleich der jahresdurchschnittlichen Wachstumsraten steht es 1,7 Prozent zu 1,2 Prozent – eine ganz erhebliche Differenz.

4 Die Basisjahre für beide Perioden sind dann 1996 beziehungsweise 2007.

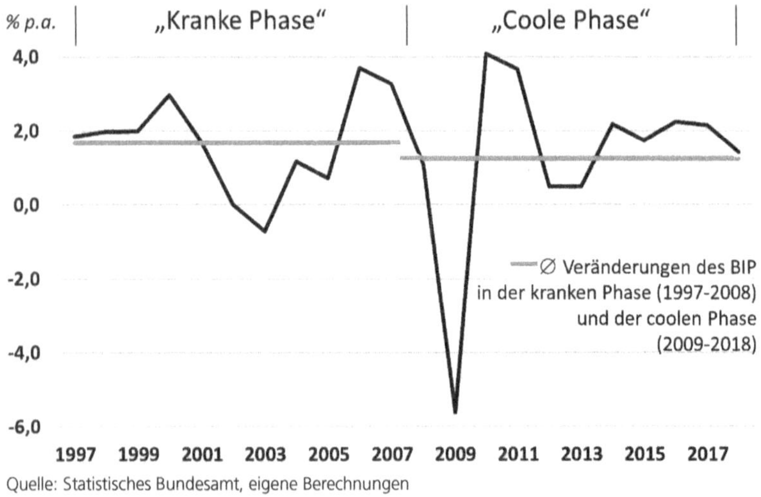

Abbildung 1: Bruttoinlandsprodukt Deutschland, Veränderungsraten in Prozent p.a., 1997 bis 2018

Hinzu kommt, dass Deutschland um die Jahrtausendwende leicht an Bevölkerung verloren hat, zwischen 1996 und 2007 insgesamt um immerhin fast 500.000 Personen. In der Dekade nach 2010 war es aber genau umgekehrt. Schon vor der starken Flüchtlingszuwanderung ab dem Jahr 2015 war die Bevölkerungszahl gestiegen. Insgesamt leben heute in Deutschland etwa 1,9 Millionen Menschen mehr als 2007. Schwächere Wachstumsraten der Wirtschaft also, die sich auf mehr Menschen verteilen.

Bei der Betrachtung je Einwohner geht damit die Schere noch weiter auseinander. In der »kranken Periode« hat jeder Einwohner im Durchschnitt jedes Jahr 1,7 Prozent mehr erwirtschaftet als im Jahr zuvor, in der »coolen Periode« jedoch nur 1,0 Prozent.

Vielleicht war gar nicht alles so cool in den letzten Jahren.

Vorsicht beim Jubel über Exportüberschüsse

Hinzu kommt eine weitere Entwicklung, die bei den Menschen die Wahrnehmung einer guten wirtschaftlichen Entwicklung in den vergangenen Jahren getrübt haben dürfte. Das Bruttoinlandsprodukt fasst zunächst einmal den Wert aller produzierten Waren und Dienstleistungen in einer Volkswirtschaft zusammen. Diese Güter erfüllen unterschiedliche Zwecke, man kann unterschiedliche Dinge mit ihnen tun.

Private Haushalte können konsumieren, indem sie Kleidung kaufen oder in den Urlaub fahren.[5] Der Staat tätigt ebenfalls Konsumausgaben, was er vor allem in Form von Personalausgaben tut. Zudem umfasst das Bruttoinlandsprodukt Investitionsgüter, klassischerweise Maschinen, Straßen oder Gebäude. Schließlich exportieren wir einen Teil unserer Produktion in das Ausland.

In den volkswirtschaftlichen Bilanzen kann man sagen, dass wir für die Exporte »im Gegenzug« Importe aus dem Ausland beziehen. Für jeden einzelnen Exporteur stimmt das natürlich nicht, er wird – hoffentlich – mit Geld oder Forderungen bezahlt, aber für die Volkswirtschaft als Ganzes ist das ein sinnvolles Bild.

Da sich die Summen von Importen und Exporten aus Millionen individuellen Entscheidungen ergeben, stimmen beide Größen am Ende des Jahres in aller Regel nicht überein. Es gibt zwar Mechanismen, die tendenziell in Richtung eines Ausgleichs wirken, aber die funktionieren im Lehrbuch leider besser als in der Realität. So auch in Deutschland.

Wir haben über viele Jahre unsere Exporte massiv gesteigert, ohne dass das Wachstum der Importe Schritt gehalten hätte. Im Ergebnis weist Deutschland seit vielen Jahren einen erheblichen sogenannten Leistungsbilanzüberschuss auf. Eine Entwicklung,

---

5 Vorsicht: Bitte nur innerhalb Deutschlands in den Urlaub fahren! Anderenfalls taucht die Leistung im spanischen oder italienischen Bruttoinlandsprodukt auf, und unser Beispiel funktioniert nicht mehr.

für die wir ebenfalls seit geraumer Zeit international von unterschiedlichen Institutionen aus ebenso unterschiedlichen Motiven kritisiert werden: von der Europäischen Kommission über den Internationalen Währungsfonds bis zum US-amerikanischen Präsidenten.

Neben allen dort angeführten Argumenten aus internationaler Perspektive bedeutet ein Leistungsbilanzüberschuss für das Inland, also für uns, aber etwas ganz Einfaches: Wir produzieren mehr, als wir selbst verwenden. Einen Teil unserer Wirtschaftsleistung stellen wir dem Ausland zur Verfügung. Dabei verteilen wir keine Geschenke, denn jeder Exportüberschuss entspricht einer Forderung, wir geben dem Ausland einen Kredit. Das mag nicht gerade intuitiv klingen. Betriebswirtschaftlich liegt kein Kreditgeschäft vor, wenn die Ware vom ausländischen Besteller bezahlt ist. Volkswirtschaftlich hingegen müssen wir einem Land, das selbst mehr verbraucht als produziert, Kapital zur Verfügung stellen, damit es unsere Waren wieder bezahlen kann. Das ist unsere Ersparnis, die wir zum Beispiel in ausländischen Wertpapieren anlegen. Insgesamt aber verzichten wir aktuell als Land darauf, uns mehr Urlaub zu gönnen oder mehr Straßen oder Breitbandanschlüsse zu bauen, als wir eigentlich könnten.

Die Zahlen zeigen, dass das keine theoretische Diskussion ist. Zwar weist Deutschland bereits seit Mitte der 1990er Jahre, seit Ende des Booms im Zuge der deutschen Vereinigung, kontinuierlich Exportüberschüsse auf. Aber in den letzten Jahren sind diese Überschüsse nochmals deutlich angewachsen.

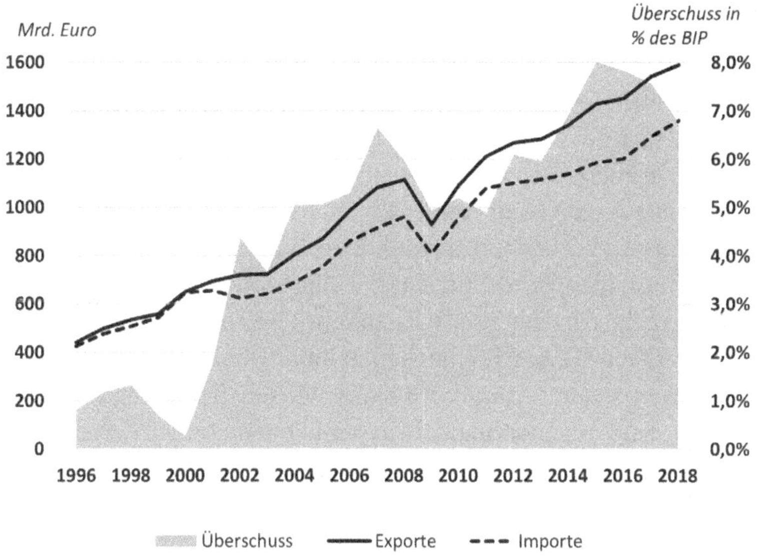

Quelle: Statistisches Bundesamt, eigene Berechnungen

Abbildung 2: Exporte und Importe in Milliarden Euro (linke Achse) und Exportüberschuss in Prozent des Bruttoinlandsprodukts (rechte Achse), 1996 bis 2018

Während etwa bis zum Jahr 2000 Exporte und Importe in nominaler Rechnung noch auf ähnlichem Niveau gelegen hatten, ging die Schere zwischen beiden Größen in den Folgejahren tendenziell immer weiter auseinander. In den Jahren 2016 und 2017 lag unser Exportüberschuss annähernd bei beachtlichen 250 Milliarden Euro. Das ist mehr als das gesamte Bruttoinlandsprodukt Portugals.

Stellt man diese Exportüberschüsse in Relation zur gesamten Wirtschaftsleistung, markierten ebenfalls die genannten Jahre die größten Auswüchse. Auf 8 Prozent im Verhältnis zum Bruttoinlandsprodukt beliefen sich unsere Exportüberschüsse.

Vergleichen wir auch hier längere Phasen, lässt sich der Trend nicht leugnen: In der »kranken Phase« lag unser Exportüberschuss im Durchschnitt bei 3,2 Prozent in Relation zur jeweiligen Wirtschaftsleistung, in der »coolen Phase« im Durchschnitt bei 6,4 Prozent. Also mehr als doppelt so hoch, und zwar Jahr für Jahr. Mehr als sechs von 100 erwirtschafteten Euro haben wir folglich gar nicht für uns selbst genutzt.

Nochmals: Der Wert dieser Güter, die wir exportieren und dafür nicht in gleichem Maße importieren, ist nicht verloren, er ist nicht »weg«. Aber wir nutzen ihn aktuell nicht und geben dafür lieber anderen einen Kredit. Wann dieser Kredit in Form von späteren Importüberschüssen zurückgezahlt wird, ist völlig offen. Wir wissen sogar heute schon, dass er nicht in voller Höhe zurückgezahlt wird. Deutsche Gläubiger haben auf Auslandsvermögen in den letzten Jahren bereits erhebliche Abschreibungen in Kauf nehmen müssen.

In der »coolen Phase« hat unsere Wirtschaftsleistung nicht nur weniger stark zugenommen als in der »kranken Phase«. Wir haben auch weniger dieser Güter selbst genutzt und verwendet.

Der Arbeitsmarkt boomt

Wenn wir bislang nur die Wirtschaftsleistung und ihre Verwendung betrachtet haben, haben wir einen ganz wichtigen Indikator für die wirtschaftliche Zufriedenheit der Menschen außer Acht gelassen: die Beschäftigung. Nur ein (sicherer) Arbeitsplatz ermöglicht wirtschaftliche Stabilität.[6] Erwerbsarbeit fördert die soziale Teilhabe, den Austausch zwischen Menschen, das Teilen von Kenntnissen und von Interessen.[7] Wer erwerbstätig ist, findet Bestätigung und soziale Anerkennung. Er hat überhaupt erst die Chance, in all diesen Bereichen im Leben voranzukommen.

Für Menschen, die – unfreiwillig – arbeitslos sind, gilt das Gegenteil: Ihr Einkommen aus Arbeitslosengeld I oder II ist gering, ihre soziale Teilhabe leidet unter finanziellen Beschränkungen, aber auch unter mangelnden Gelegenheiten, mit anderen Menschen in Austausch zu kommen. Ihnen fehlen Bestätigung und Anerkennung.

6 Hier sollten wir den Zusatz »in aller Regel« machen. Sicher haben auch Sie einen Privatier in Ihrem Bekanntenkreis.

7 Nicht zuletzt ist der Arbeitsplatz auch ein beliebter Heiratsmarkt.

Menschen, die langfristig arbeitslos sind, das ist leider der eindeutige empirische Befund, sind unzufriedener, verfügen über eine schlechtere Gesundheit und weisen eine geringere Lebenserwartung auf. Die Bedeutung der Arbeit geht also weit über den Aspekt der Einkommenssicherung hinaus.

Das Schreckgespenst der 5 Millionen Arbeitslosen, dem wir in der »kranken Phase« ins Gesicht geschaut haben, verbreitet heute in Deutschland keine Furcht mehr. Und dies ist eine beachtliche Errungenschaft, die die »coole Phase« kennzeichnet. In der Tiefe der Krise im Jahr 2009 ist die Anzahl der sozialversicherungspflichtig Beschäftigten nur um 0,5 Prozent zurückgegangen. Die Unternehmen, die ja erhebliche Absatz- und Produktionseinbußen erlitten hatten, haben nach Kräften versucht, ihre Belegschaften zu halten.

Die stärkere staatliche Unterstützung der Kurzarbeit in jener Zeit hat hierzu unzweifelhaft einen wertvollen Beitrag geleistet. Seitdem hat die Beschäftigung in Deutschland kontinuierlich zugenommen. Ende 2009 waren gut 41 Millionen Menschen in Deutschland erwerbstätig, bis Ende 2018 ist diese Zahl auf 45,2 Millionen gestiegen. Ein Anstieg um mehr als 4 Millionen Erwerbstätige in weniger als zehn Jahren. Eine einmalige Entwicklung in der bundesdeutschen Wirtschaftsgeschichte.

Zu diesen Zahlen wird oftmals kritisch eingewendet, es handele sich ja zu großen Teilen um sogenannte prekäre Beschäftigungsverhältnisse: Minijobs, Zeitarbeit, befristete Beschäftigung – alles Jobs, von denen man nicht leben könne und die dem Einzelnen keine Sicherheit böten. Das stimmt, es ist eine Reihe von neuen Beschäftigungsverhältnissen dieser Art entstanden, und sie können in der Tat wirtschaftliche und soziale Probleme bergen. Viele dieser Beschäftigungsverhältnisse sind auf Dauer nicht wünschenswert.

Doch insgesamt zeigt die Statistik ein gänzlich anderes Bild: Der Beschäftigungsboom seit 2010 ist vor allem auf sozialversicherungspflichtige Beschäftigung zurückzuführen. Es sind nicht nur zusätzliche Arbeitsplätze entstanden, vielmehr sind auch prekäre

Beschäftigungsverhältnisse umgewandelt worden. Ganz massiv hat die Erwerbsquote von Frauen und von Müttern zugenommen, nicht nur ein großer wirtschaftlicher, auch ein großer gesellschaftlicher Erfolg.

Im Ergebnis ist die Zahl der sozialversicherungspflichtig Beschäftigten sogar noch etwas stärker angestiegen als die der Erwerbstätigen insgesamt. Die Tatsache, dass sich darunter auch befristete Beschäftigungsverhältnisse finden, schmälert die Erfolgsbilanz nicht. Dabei sind nicht alle zusätzlichen Beschäftigungen Vollzeitjobs. Das Beschäftigungsvolumen – also die in Deutschland geleisteten Arbeitsstunden – ist seit Ende der Krise gleichwohl um rund 7 Prozent angestiegen.

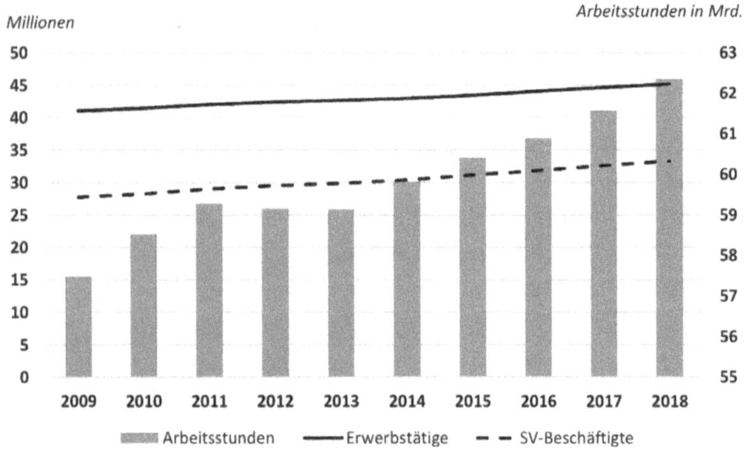

Quelle: Statistisches Bundesamt, Bundesagentur für Arbeit

Abbildung 3: Erwerbstätige und sozialversicherungspflichtig Beschäftigte in Millionen (linke Achse), Arbeitsstunden in Milliarden (rechte Achse), 2009 bis 2018

Stellt man nun die Entwicklung des Bruttoinlandsprodukts und die der Beschäftigung gegenüber, ergibt sich schon rein rechnerisch ein neues Phänomen. Wir brauchen heute weniger Wachstum, um zusätzliche Beschäftigung zu schaffen. Die Beschäftigungsschwelle ist in Deutschland massiv gesunken.

Als Beschäftigungsschwelle bezeichnet man diejenige Wachstumsrate, ab der zusätzliche Beschäftigung aufgebaut wird. Die Lehrbücher der Volkswirtschaftslehre verorteten diese Schwelle lange Zeit bei einer Größenordnung von 2 Prozent Wachstum. In den letzten Jahren haben wir aber kaum noch Wachstum gebraucht, um mehr Menschen in Beschäftigung zu bekommen. Diese Beobachtung wollen wir später noch einmal aufnehmen.

Der Beschäftigungsboom der vergangenen Jahre bringt es auch mit sich, dass die Summe aus Löhnen und Gehältern so stark angestiegen ist wie lange nicht. Seit 2007 legten sie um fast 50 Prozent zu.

Aber Vorsicht: Ob der Einzelne davon profitiert hat, das sagt diese gesamtwirtschaftliche Zahl nicht. Sie kann rechnerisch entweder getrieben sein durch hohe Lohnsteigerungen oder durch einen starken Beschäftigungszuwachs. In Deutschland war Letzteres der Fall. Wer bislang schon beschäftigt war, hat nicht von ganz großen Lohnsteigerungen profitiert und findet sich in dieser positiven Statistik nur zum Teil wieder.

Die falsche politische Rhetorik der Lohnquote

In diesem Zusammenhang können wir mit einem beliebten Kampfbegriff, insbesondere aus dem linken politischen Spektrum, einmal aufräumen: der Lohnquote. Die Entwicklung der Lohnquote wird gern herangezogen, um zu belegen, ob es den Arbeitnehmerinnen und Arbeitnehmern im Zeitverlauf finanziell besser oder schlechter geht.

Was ist die Lohnquote überhaupt? Sie ist nichts anderes als eine Rechengröße der Volkswirtschaftlichen Gesamtrechnungen. Die Einkommen, die sich ergeben, wenn ein Land sein Bruttoinlandsprodukt erwirtschaftet, verteilen sich immer auf drei Komponenten. Das sind zum einen die Löhne und Gehälter der abhängig Beschäftigten, zum anderen die Einkommen der selbstständigen Unternehmer und schließlich die Einkommen aus Kapital (die beiden letztgenannten werden meist zusammengefasst).

In dieser groben Gliederung kann es keine anderen Einkommensarten geben. Der Anteil des Bruttoinlandsprodukts, der auf Löhne und Gehälter entfällt, ist nun die Lohnquote, der andere Teil kann als Gewinnquote bezeichnet werden.

Sie haben bereits bemerkt: Das sind volkswirtschaftliche Aggregate, mit der Verteilung des Einkommens auf einzelne Personen hat das nichts zu tun. Es wird zwar oftmals suggeriert, dass die Löhne den »kleinen Leuten« zufließen und die Gewinne und Kapitaleinkommen den Reichen. So einfach ist es jedoch nicht.

Steigen die Millioneneinkommen von DAX-Vorständen, Investmentbankern und Profifußballern, so steigt damit die Lohnquote. Denn all diese Menschen sind ja abhängig beschäftigt. Wenn der Facharbeiter oder die Supermarktkassiererin sich entschließen, eine private Rentenversicherung für ihre Altersvorsorge abzuschließen, fließt die damit erzielte – vermutlich bescheidene – Rendite in die Gewinnquote ein. Gleiches gilt für das Einkommen eines Start-up-Unternehmers, der sich in den ersten Jahren finanziell vielleicht gerade über Wasser halten kann.

Tatsächlich ist die Lohnquote, die um die Jahrtausendwende noch bei etwa 72 Prozent gelegen hatte, in den Folgejahren deutlich auf bis zu 64 Prozent erodiert. Inzwischen haben wir uns wieder einer Quote von 70 Prozent genähert.

Rufen Sie sich die Entwicklung der Beschäftigung in den beiden Phasen in Erinnerung: Anstieg der Arbeitslosigkeit in der »kranken Phase«, Beschäftigungsboom in der »coolen Phase«. Treiber der Lohnquote war die Entwicklung der Beschäftigung, nicht die der individuellen Löhne. Legen Sie beide Kurven übereinander, so stellen Sie die Parallelen leicht fest.

Die Verteilung von Einkommen ist wichtig für eine Gesellschaft und für den Einzelnen. Vielleicht ist sie sogar ein Schlüssel zur Erklärung von gesellschaftlicher Unzufriedenheit.

Aber die Lohnquote ist dafür schlicht kein geeigneter Indikator. Sie zeigt – so lautet auch der Begriff in der Statistik – die funktionale Einkommensverteilung an. Mit der personellen Einkommensverteilung stimmt das, wie die kurzen Beispiele oben gezeigt haben, nicht unbedingt überein.

Deutschland heute: Schon ganz cool, aber nicht so toll, wie wir denken

Seit 2010 können wir den permanenten Meldungen über die fantastische wirtschaftliche Entwicklung in Deutschland und die unglaubliche Stärke unserer Volkswirtschaft kaum entkommen. Zumindest bis 2018 haben wir allen Nachwehen der Wirtschafts-, Finanz- und Staatsschuldenkrise, allen weltwirtschaftlichen Turbulenzen und allen geopolitischen Unsicherheiten getrotzt. Wir waren über mindestens eine Dekade hinweg die Wachstumslokomotive Europas. Und wir wundern uns gleichzeitig, dass viele Menschen in Deutschland das aus ihrer ganz eigenen Warte anders sehen und in diesen elysischen Chor nicht einstimmen mögen.

Der Blick auf die Zahlen hat gezeigt: Diese Menschen haben nicht ganz unrecht. Der wirtschaftliche Auftritt Deutschlands in den vergangenen gut zehn Jahren ist ambivalent. Wir haben auf der einen Seite einen höchst erfreulichen Beschäftigungsboom, Arbeitslosigkeit spielt in allen Regionen eine immer geringere Rolle, und das Gros der neuen Jobs sind »richtige« Arbeitsplätze, von denen man leben kann und die Sicherheit bieten.

Auf der anderen Seite war das Wirtschaftswachstum in der »coolen Phase« gar nicht so cool. Wir sind seit der Krise sogar deutlich schwächer gewachsen als in der »kranken Phase«. Und wo weniger Wachstum ist, kann weniger Wachstum bei den Menschen ankommen. Ob in der personellen Verteilung des Wachstums ein weiteres Problem liegt, wollen wir nun betrachten.

Kapitel 2

Ist die Einkommensverteilung der Schlüssel?

Einkommensverteilung – warum das wichtig ist

Kaum ein Feld in der Wirtschaftspolitik eignet sich so gut wie die Einkommensverteilung, um damit politisches Schindluder zu betreiben, tendenziös zu argumentieren, die genau passenden Zahlen für das eigene Weltbild zu finden und damit die eigene Position – die schon lange zementiert ist – »zweifelsfrei« zu »belegen«.

Und auch die Wissenschaft ist nicht frei davon, sich bei der Wahl von Untersuchungsgegenständen und Untersuchungsdesigns von normativen Aspekten leiten zu lassen. Das ist gar nicht mal unseriös; es ist nicht möglich, alle Aspekte mit allen verfügbaren Methoden zu untersuchen. Aber es führt eben doch dazu, dass unterschiedliche Forscher und Institute immer wieder unterschiedliche Antworten auf ähnliche Fragen finden.

Niemals werden Sie eine Untersuchung des Instituts für Makroökonomie und Konjunkturforschung – zum großen Teil finanziert durch die gewerkschaftsnahe Hans-Böckler-Stiftung – lesen, die in Verteilungsfragen Entwarnung gibt. Wann sind Sie umgekehrt zuletzt auf eine Meldung des Instituts der deutschen Wirtschaft – in der Hauptsache finanziert von Wirtschaftsverbänden und Unternehmen – gestoßen, in der die Lohnentwicklung unterer Einkommensgruppen besonders problematisiert wird?

Noch mal: Das ist nicht unredlich. Diese und andere Institute arbeiten wissenschaftlich seriös, aber die Wahl des Was und des Wie einer Studie eröffnet eben doch Spielräume.

Die personelle Verteilung von Einkommen und ihre Veränderung im Zeitverlauf ist in ihrer Bedeutung dafür, ob eine Gesellschaft als »fair« empfunden wird, gar nicht zu überschätzen.

Stellen wir uns für einen Moment vor, Geld mache glücklich oder auch nur zufrieden.[8] Wird Ihr Gehalt um 10 Prozent erhöht, das Ihres direkten Arbeitskollegen aber um 15 Prozent, wird Sie das sehr unzufrieden machen. Ihr Einkommen steigt, Sie können sich mehr leisten, aber Sie empfinden es als unfair. 15 Prozent schlägt 10 Prozent. Wenn die Gehaltsschere in einem Unternehmen auseinandergeht, der Pförtner ein wenig mehr, der Vorstandsvorsitzende aber sehr viel mehr verdient, empfinden viele Menschen das als ungerecht, obwohl sich doch absolut für alle die finanzielle Situation verbessert hat. Und nicht wenige stürzt es geradewegs in die Depression, wenn der Nachbar ein größeres Auto fährt als er selbst. Sollten Sie mit dem Gedanken spielen, in eine »bessere« Wohngegend zu ziehen, überlegen Sie sich das gut. Wenn Sie im Vergleich mit ihrer neuen »peer group« im sozialen Status abrutschen, kann das unangenehme psychologische Folgen haben.

Deshalb kommt es bei der Frage, ob eine Gesellschaft als fair empfunden wird und Menschen zufrieden in dieser Gesellschaft leben können, vor allem darauf an, ob die Verteilung der Einkommen als gerecht empfunden wird. Die absolute Höhe des Einkommens steht dabei mit weitem Abstand an zweiter Stelle.

Was ist nun gerecht oder fair? Das Urteil darüber ist höchst subjektiv und individuell. Gerechtigkeit können wir nicht objektiv messen. Messen können wir aber Entwicklungen von Einkommensverteilungen. Doch schon die scheinbar einfachste Interpretation von Veränderungen im Zeitverlauf ist höchst problematisch. Im Allgemeinen wird eine Entwicklung hin zu einer stärkeren Ungleichverteilung von Einkommen als gesellschaftlich nicht wünschenswert betrachtet.

Aber es kommt doch auf die Ausgangslage an! Würden zuvor alle Menschen gleich viel verdienen, wäre eine verstärkte Ungleichheit

---

8 Für alle, die nach großem Reichtum streben: Die empirische Forschung weiß längst, dass mehr Geld nicht kontinuierlich zufriedener macht. Aktuelle Untersuchungen taxieren die Grenze des individuellen Jahresbruttoeinkommens für Menschen in Westeuropa auf gut 80.000 Euro. Sollten Sie mehr verdienen, macht Sie das nicht zufriedener. Lohnt sich also nicht.

der Einkommen unzweifelhaft wünschenswert. Sie wäre gerechter, da somit erstmals individueller Erfolg auch individuell belohnt würde. Die meisten Menschen teilen die Auffassung, dass derjenige, der über besondere Fähigkeiten verfügt, der sich besonders anstrengt oder den vielleicht auch nur ein wenig Glück ereilt, davon auch finanziell profitieren sollte – in weiteren oder engeren Grenzen. Gesellschaftsformen, in denen das nicht so gesehen wird, waren in Reinform immer Utopien (oder je nach Sichtweise: Dystopien). Dort, wo sie (formal) in der Realität bestehen oder bestanden, haben sie sich in den seltensten Fällen durch eine besonders große Gleichverteilung der Einkommen ausgezeichnet.

Wie misst man die Einkommensverteilung eigentlich richtig, und was kommt dabei heraus?

Wir wollen uns verschiedene Möglichkeiten anschauen, die Einkommensverteilung in Deutschland im Zeitverlauf zu betrachten. Auch hier gilt: Das eine richtige Maß gibt es nicht. Aber es gibt verschiedene Messgrößen, die sich in der empirischen Wissenschaft etabliert haben. Vorweg: Das Bild, das sich ergibt, ist diffus und viel weniger eindeutig, als uns öffentliche Diskussionen glauben machen wollen.

Die meisten Menschen erzielen ihr Einkommen »am Markt«, sei es als angestellte Beschäftigte, als Selbstständige, als Vermieter oder durch Erträge auf ihr Erspartes. Dieses Einkommen durchläuft zwar später noch ein komplexes Steuer- und Transfersystem, aber schauen wir uns zunächst diese erste Stufe an.

Im Jahr 1996, dem Beginn unserer Betrachtung, entfielen auf die einkommensstärksten 10 Prozent der Haushalte etwa 30 Prozent der Einkommen, 2016 waren es etwa 35 Prozent. Das ist ein deutlicher Anstieg.

Bemerkenswert ist aber, dass sich dieser Anstieg allein bis zum Jahr 2008 vollzogen hat. Danach ging der Anteil sogar wieder leicht zurück. Demgegenüber haben die 50 Prozent der Haushalte, die die untere Einkommenshälfte bilden, massiv verloren. 1996 entfielen noch 26 Prozent der Einkommen auf sie, aktuell sind es nur noch 21 Prozent. Auch absolut gesehen konnte diese Gruppe kaum Einkommenszuwächse verzeichnen.

Aber auch hier gilt: Die Dynamik beschränkt sich auf die Jahre bis 2008. Danach hat diese Gruppe nach diesem Maß keine Anteile mehr verloren. Die Stundenlöhne sind für die Erwerbstätigen in den unteren Einkommensgruppen nach 2010 sogar teils überdurchschnittlich gestiegen.

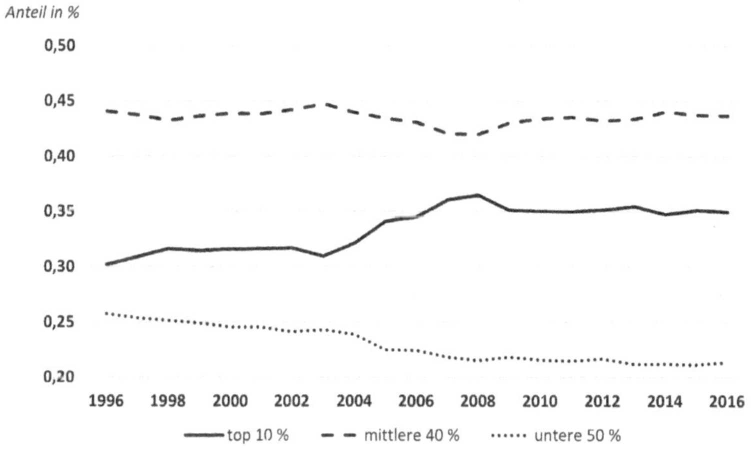

Quelle: World Inequality Database

Abbildung 4: Anteil der Einkommen vor Steuern am Volkseinkommen nach Einkommensgruppen, 1996 bis 2016

Diese Zahlen legen den Befund nahe, dass sich die Einkommen in der »kranken Phase« viel stärker auseinanderentwickelt haben als in der »coolen Phase«. Damit hätten wir in der jüngeren Vergangenheit zwar ein Wachstums-, aber kein verschärftes Verteilungsproblem erlebt. Ein völliger Widerspruch zum vorherrschenden Narrativ. Aber so einfach ist es nicht.

Um die wichtige Frage zu beantworten: »Wie viel Einkommen habe ich zur Verfügung, und wie viel kann ich mir davon leisten?«, muss man die Markteinkommen der Haushalte in verschiedenen Schritten umrechnen.

Zunächst wird berücksichtigt, dass auf die Einkommen Steuern entfallen und Sozialbeiträge entrichtet werden müssen. Bei niedrigen und mittleren Einkommen werden Transfers hinzugerechnet. Um eine Vergleichbarkeit im Zeitverlauf zu ermöglichen, wird zusätzlich die Inflation herausgerechnet. Und schließlich wird die Haushaltszusammensetzung berücksichtigt. Ein Haushalt mit vier Personen hat geringere Lebenshaltungskosten als vier Haushalte mit je einer Person.

Nach diesen Umrechnungsschritten ergibt sich nun ein anderes Bild: Die oberen 10 Prozent der Haushalte konnten in den letzten Jahren ihr Einkommen am stärksten steigern, vor allem jedoch in der ersten Dekade des Jahrhunderts. Auch in einer breit definierten Mitte haben sich die Einkommen verbessert.

Nicht so bei den unteren 20 Prozent: Die Menschen im unteren Einkommensbereich haben seit Ende der 1990er Jahre real an Einkommen verloren! Für die unteren 10 Prozent ging es sogar zwischen 2011 und 2015 nochmals deutlich bergab. Wir sprechen hier nicht nur von Anteilsverlusten, sondern von absoluten Rückgängen der Einkommen.

Wieder ein anderes Bild ergibt sich, wenn wir den sogenannten Gini-Koeffizienten messen. Das ist ein einfaches, übergreifendes Maß und zeigt in einer Zahl den Grad der Einkommensungleichverteilung an. Daran gemessen hat die Ungleichverteilung in Deutschland bis 2005 deutlich zugenommen, ist danach aber – mit kleineren Schwankungen – in etwa konstant geblieben.

Still confused, but on a higher level? Dann betrachten wir noch einen weiteren Indikator: die Armutsrisikoquote. Sie zeigt uns wieder ein anderes Bild. Der Begriff der Armutsrisikoquote ist ebenso schillernd wie irreführend. Er kann wunderbar verwendet werden, um warnend auf vermeintliche Armut in Deutschland hinzuweisen – nur hat er mit Armut überhaupt nichts zu tun. Eine eher statistische Feinheit ist, dass man entsprechend verschiedener Schwellenwerte noch zwischen Armutsrisikoquote und Armutsquote unterscheidet, erstgenannte kann schon aufgrund dieser Definition keine Armut indizieren.

Die Armutsrisikoquote misst, wie viele Haushalte weniger als 60 Prozent des mittleren Einkommens zur Verfügung haben. Die Werte unterscheiden sich nicht unerheblich in Abhängigkeit von der verwendeten Datenquelle. Sie unterscheiden sich noch stärker in Abhängigkeit davon, auf welche Region man den Vergleich abstellt.

Wenn wir das mittlere Einkommen deutschlandweit zum Maßstab machen, weisen beispielsweise die ostdeutschen Bundesländer regelmäßig überdurchschnittliche Armutsrisikoquoten auf, Bayern und Baden-Württemberg kommen auf niedrige Werte.

Beziehen wir die 60-Prozent-Schwelle jedoch auf das mittlere Einkommen des Bundeslandes selbst, dreht sich das Bild. Die Mecklenburger sind plötzlich weniger stark mit Armutsrisiken konfrontiert als die Bayern. Mit hinreichend detaillierten Einkommensdaten könnte man so sicherlich auch viele Menschen im Kreis Starnberg arm rechnen.

Die relative Schwelle erlaubt auch die folgende einfache Überlegung: Wenn jeder einzelne Haushalt sein Einkommen genau verdoppelt, bleibt die Armutsrisikoquote bis auf die letzte Nachkommastelle exakt die gleiche.

Versuchen Sie also, die Assoziation der Armutsrisikoquote mit Armut aus Ihrem Kopf zu streichen[9], und lassen Sie uns das Maß stattdessen als das auffassen, was es ist, nämlich ein Verteilungsmaß unter vielen.

Ist man der Auffassung, möglichst viele Haushalte sollten über wenigstens 60 Prozent des mittleren Einkommens verfügen, ist die Entwicklung der letzten Jahre durchaus beunruhigend. Während in den 1990er Jahren noch etwa 11 Prozent der Haushalte in Deutschland unter der 60-Prozent-Grenze lagen, waren es 2016 rund 17 Prozent. Das zeigt uns an, dass die Verteilung an den Rändern ungleicher geworden ist.

---

9 Klar, das ist nach jahrelanger Berieselung durch die Wohlfahrtsverbände nicht ganz einfach.

Was gilt denn nun? Ist die Einkommensverteilung in Deutschland in den vergangenen Jahren ungleicher geworden oder nicht? Haben einzelne Bevölkerungsgruppen am Aufschwung nicht teilhaben können?

Auch nach diesem Ausflug in die Statistik bleibt das Bild also diffus. Auf der einen Seite zeigt der starke Beschäftigungsaufbau seit 2010 klar eine Teilhabe immer größerer Teile der Bevölkerung an der »coolen Phase« an. Je nach Maß ist die Einkommensverteilung in Deutschland in den letzten Jahren auch nicht deutlich ungleicher geworden.

Auf der anderen Seite zeigen die Entwicklungen der Nettoeinkommen bei den einkommensstärksten 10 Prozent und bei den einkommensschwächsten 10 Prozent, dass die Schere doch auseinandergegangen ist.

Hierfür kann es zwei Gründe geben – und diese Unterscheidung ist fundamental für die Bewertung der Entwicklung: Entweder die schon vorher Reichen sind individuell noch reicher geworden und die Armen nicht, oder die Gruppen sind heute anders zusammengesetzt als früher.

Schaut auf den Einzelnen, nicht auf seine Einkommensgruppe!

Die wirtschaftliche Situation von Menschen verändert sich in aller Regel im Laufe eines Berufslebens. Der erste Job, den man als junger Mensch nach der Ausbildung annimmt, ist typischerweise nicht mit fürstlicher Entlohnung verbunden. Auch die heutigen CEOs großer Unternehmen haben in aller Regel mit kleinen Salären begonnen.

Aber viele Menschen sind ehrgeizig, qualifizieren sich weiter, arbeiten sich voran. Das gilt für alle Berufs- und Qualifikationsgruppen. Damit haben wir auch gute Chancen, im Laufe unseres Berufslebens mehr zu verdienen.[10]

---

10 Sie kennen diese Berechnungen: Wer sein Leben lang in Vollzeit zum Mindestlohn arbeitet, dessen gesetzliche Rente liegt niedriger als der Anspruch auf Grundsicherung im Alter. Aber wer arbeitet schon sein Leben lang in Vollzeit zum Mindestlohn?

Nur werden solche individuellen Entwicklungen in den Statistiken meist nicht deutlich. Die oben dargestellten Zahlen bezogen sich stets auf Einkommensgruppen, nicht aber auf ihre Zusammensetzung, also nicht auf die Entwicklung beim Einzelnen.

Das Deutsche Institut für Wirtschaftsforschung rechnet vor, dass es gerade in den vergangenen Jahren vielen Geringverdienern gelungen ist, ihre individuellen Stundenlöhne deutlich zu steigern. Von jenen 20 Prozent der Beschäftigten mit den niedrigsten Löhnen im Jahr 2010, die in einer Beschäftigung blieben, war die Hälfte in eine höhere Lohngruppe aufgestiegen und gehörte damit binnen relativ kurzer Zeit nicht mehr zu den Niedriglohnempfängern.

Nicht Schritt halten konnten hier die Bezieher von Transfers, also vor allem Rentner und Empfänger von Grundsicherung, die im Zeitverlauf nicht in Beschäftigung gekommen sind. Diese Transferleistungen wurden in den vergangenen Jahren nämlich nur geringfügig, manchmal unterhalb der Inflationsrate angehoben. Hier hat also der Staat seinen Beitrag dazu geleistet, dass sich Transferempfänger abgehängt fühlen.

Beruflicher Aufstieg und wirtschaftliches Fortkommen sind für den Einzelnen möglich. Viele Menschen in Deutschland haben das in den vergangenen Jahren bewiesen und ihre vormals oft schwierige wirtschaftliche Lage verbessern können. Klar, das gilt nicht für jeden. Und eine Gesellschaft, die nicht jedem Menschen Aufstiegschancen bietet, hat in vielen Politikfeldern noch große Aufgaben vor sich. Aber auch in Deutschland ist beruflicher Aufstieg aus wirtschaftlich schwierigen Verhältnissen heraus möglich – und viele haben das in den vergangenen Jahren geschafft.

Was die Statistik für die unteren Einkommensbereiche treibt, was uns anzeigt, dass die Armen ärmer geworden seien, ist etwas anderes. Man nennt das Kompositionseffekt. Die Bevölkerung in Deutschland ist heute ganz anders zusammengesetzt als noch vor zehn, mehr noch als vor zwanzig Jahren.

Die demografische Alterung wird zwar erst Mitte der 2020er Jahre richtig Fahrt aufnehmen, aber schon in den vergangenen Jahren ist

Deutschland gealtert, sodass wir heute viel mehr Rentner haben als noch vor zehn Jahren. Rentner haben jedoch typischerweise ein geringeres Einkommen als Erwerbstätige und rutschen oftmals in untere Einkommensgruppen hinein. Sie drücken damit das statistisch mittlere Einkommen dieser Gruppen. Dass wir mehr Rentner haben, ist für sich genommen allerdings erst mal kein sozialpolitisches Problem, sondern allein ein demografischer Effekt.

Nicht erst in den Jahren 2015 und 2016, sondern bereits in den Jahren zuvor kamen zunehmend Menschen aus dem Ausland nach Deutschland. Auch für diese Gruppe gilt, dass sie in der Regel zunächst einmal nur über geringe Einkommen verfügen, seien es Sozialleistungen oder Arbeitseinkommen. Auf die Einkommen der heimischen Bevölkerung hat das keinerlei direkte Auswirkungen, die Statistiken weisen uns aber wieder sinkende Einkommen in den unteren Gruppen aus.

Und noch einen dritten Effekt, wenngleich quantitativ nicht so bedeutend, sollten wir nicht vernachlässigen. Im langfristigen Trend gibt es in Deutschland immer mehr Alleinerziehende. Zwar weiß die familienpolitische Forschung, dass Mütter und Väter, die ihre Kinder ohne den anderen Elternteil erziehen, sich gern ebenso stark im Job engagieren würden wie Eltern in Paarfamilien. Allein, ohne ein sehr gutes familiäres und soziales Netzwerk fehlt die Zeit für eine Vollzeittätigkeit. Die Folge ist: mehr Alleinerziehende, geringeres mittleres Einkommen, schlechte Entwicklung in den unteren Einkommensgruppen.

Viele Untersuchungen zur Einkommensverteilung verwenden – wir haben das oben gesehen – ein sogenanntes bedarfsgewichtetes Einkommen. Leben zwei Menschen in einem Haushalt, benötigen sie ein geringeres Einkommen, als wenn sie zwei getrennte Haushalte führen würden. Kommt ein Kind dazu, steigen die Kosten nicht gleich um 50 Prozent. Man könnte das auch als Größenvorteil eines Haushalts bezeichnen.

Nun gab es jedoch in Deutschland über viele Jahre einen Trend zu geringeren Haushaltsgrößen. Mehr Menschen leben in Singlehaushalten, mehr Menschen auch in Zwei-Personen-Haushalten. Das hat demografische Ursachen (mehr Rentner), aber auch gesellschaftliche Gründe. Gegen diese Entwicklung ist nichts einzuwenden, sie hat keine sozialpolitische Dimension. Doch die Statistik macht unsere Gesellschaft durch diesen Effekt ärmer.

Haben wir also in Deutschland ein Problem mit der Einkommensverteilung? Wenn ja, hat es sich in den letzten Jahren verschärft? Die Antwort auf die erste Frage hängt davon ab, welche Verteilung wir uns überhaupt wünschen.

Darauf gibt es keine allgemeingültige Antwort. Es gibt nicht die optimale Einkommensverteilung. Diese Frage muss vielmehr jeder individuell für sich beantworten, nicht nur jeder Politiker, sondern ebenso jeder Künstler, Banker, Priester, Lehrer und Hausmann. Und ein demokratischer Prozess muss dann diese Auffassungen zu einem gesellschaftlichen Bild verdichten.

Umfragen zufolge wünschen sich die Deutschen durchaus eine starke Einkommensumverteilung, um Ungleichheiten zum Teil auszugleichen. Allerdings werden Einkommensunterschiede durchaus akzeptiert, wenn sie leistungsgerecht erscheinen. Aber wo eine »gesunde Mitte« liegt, darüber scheint es in Deutschland keinen breiten Konsens zu geben.

Auf die zweite Frage, ob sich die Ungleichverteilung in den letzten Jahren vergrößert hat, bietet uns die Statistik keine eindeutige Antwort. Wenn man alle dargestellten Perspektiven zusammennimmt, lautet die Antwort jedoch: eher nein.

Gerade in den Jahren seit 2010 zeigen sich an verschiedenen Stellen Tendenzen, dass untere Einkommensgruppen wieder bessere Chancen haben. Ganz eindeutig ist das nicht. Aber in den Chor derjenigen einzustimmen, die einer stetig ungleichmäßigeren Einkommensverteilung in Deutschland das Wort reden, fällt anhand der Datenlage doch schwer.

Hat unser Steuersystem ein Gerechtigkeitsproblem?

Die Markteinkommen in Deutschland sind ungleichmäßiger verteilt als die letztendlich verfügbaren Einkommen. Das Steuer- und Transfersystem leistet also eine spürbare Umverteilung von Einkommen. Hier ist vieles nicht perfekt, manche wenig aufeinander abgestimmte Komponenten sind ineffizient, teuer und setzen nicht immer die richtigen Anreize für die Menschen.

Im Besonderen aber entzündet sich eine gesellschaftliche Gerechtigkeitsdebatte an der Höhe der Besteuerung von Haushalten. Reiche Haushalte würden zu gering, arme Haushalte zu stark belastet. Wir wollen uns anschauen, was an diesem Vorwurf dran ist und ob das deutsche Steuersystem tatsächlich ein Gerechtigkeitsproblem hat.

Unser Steuersystem ist komplex. Es versucht, drei Ziele unter einen Hut zu bekommen:[11] Zum einen benötigt der Staat Einnahmen, um seine Aufgaben finanzieren und erfüllen zu können. Staatliche Institutionen vom Deutschen Bundestag bis hin zur Grundschule erfordern Mittel für Bauten, Ausstattung und Personal.

Auch die physische Infrastruktur in Form von Straßen, Stromtrassen und Breitbandkabeln ist nicht kostenlos zu haben. Zudem benötigt die öffentliche Hand Mittel, um Transfers an Haushalte zu leisten, die entweder bedürftig sind (»Hartz IV«) oder sich in bestimmten Lebenssituationen befinden (Kindergeld, Elterngeld).

Das Einnahmeziel erreicht Deutschland – wenn auch über die einzelnen Gebietskörperschaften unterschiedlich – gegenwärtig ausgesprochen gut. Die Steuereinnahmen eilen seit Jahren von einem Rekord zum nächsten. Der deutsche Staat hat kein Einnahmeproblem.

Zweitens sollen Steuern steuern. Mit Steuern kann man Güter teurer oder günstiger machen. Eine höhere Tabak- oder Mineralölsteuer macht es prinzipiell unattraktiver, zu rauchen oder Auto zu

---

11 Glücklicherweise gibt es in Deutschland so viele unterschiedliche Steuern, dass es grundsätzlich möglich ist, alle drei Ziele zu erreichen, lieber Jan Tinbergen.

fahren. Wie stark der Einzelne darauf tatsächlich reagiert, hängt allerdings von seinem Geldbeutel und seinen Alternativen ab.

Umgekehrt soll es mit niedrigen Körperschaftsteuern für Unternehmen attraktiver werden zu investieren. Grundsätzlich wird hier einfach der umgekehrte Zusammenhang zwischen Preis und Nachfrage ausgenutzt. Das klappt mal besser und mal schlechter.

Drittens hat unser Steuersystem den Anspruch, Einkommen zwischen unterschiedlichen Gruppen umzuverteilen. Die Einkommensteuer folgt explizit dem Grundsatz der Besteuerung nach wirtschaftlicher Leistungsfähigkeit. Wer viel verdient, soll viele Steuern zahlen, wer wenig verdient, wenige.

Ausgestaltet ist dieses Prinzip dadurch, dass die Steuersätze auf zusätzliches Einkommen in mehreren Stufen steigen, die Steuersätze also einen progressiven Verlauf aufweisen. Dabei ist ein progressiver Tarif nicht unbedingt nötig, um progressiv zu besteuern. Ein Freibetrag, gefolgt von einem linearen Tarif (»flat tax«), ermöglicht ähnliche Ergebnisse. Politisch muss die Idee aber seit der Bundestagswahl 2005 als gescheitert gelten. Auch die Umsatzsteuer enthält solche progressiven Elemente. Der ermäßigte Steuersatz von 7 Prozent soll bestimmte Güter des lebensnotwendigen Bedarfs verbilligen. Da Haushalte mit niedrigem Einkommen einen größeren Teil ihres Budgets zum Beispiel für Nahrungsmittel ausgeben, werden sie entlastet – so der Grundgedanke.

Über viele Jahrzehnte ist allerdings die Liste der umsatzsteuerreduzierten Güter zu einer Chronik des Lobbyismus in Deutschland geworden. Zahlreiche Produkte des täglichen Bedarfs werden mit dem Regelsatz besteuert, zahlreiche Luxusprodukte mit 7 Prozent. Wenig könnte dies anschaulicher verdeutlichen als die Beispiele Babywindeln (19 Prozent) und Rennpferde (7 Prozent).

Wird unser Steuersystem diesem dritten Anspruch, der Umverteilung von hohen zu niedrigen Einkommen, also gerecht?

Vorab: Die Volksweisheit, dass die Reichen keine oder kaum Steuern zahlten, ist keine Weisheit, sondern eine Mär. Grundsätzlich gilt auch empirisch, dass mit steigendem Einkommen nicht nur die absolute, sondern auch die am Einkommen gemessene relative Steuerlast zunimmt. Prinzipiell funktioniert also die beabsichtigte Umverteilung über das Steuersystem. Gleichwohl lohnt ein Blick in die Details.

Der progressive Verlauf in der Einkommensteuer wirkt wie beabsichtigt: Die 10 Prozent der einkommensschwächsten Haushalte (erstes Dezil) erzielen etwa 2,5 Prozent aller Bruttohaushaltseinkommen, sie zahlen aber gar keine Einkommensteuer. Auch das zweite Dezil trägt kaum merklich zum Einkommensteueraufkommen bei. Die unteren 20 Prozent der Haushalte zahlen also (fast) keine Einkommensteuer.

Das einkommensstärkste Zehntel der deutschen Haushalte leistet bei einem Anteil am Bruttoeinkommen von etwas mehr als einem Viertel fast die Hälfte des Einkommensteueraufkommens (einschließlich Solidaritätszuschlag). Mit steigendem Einkommen steigt die Belastung, gemessen am eigenen Einkommen, stetig an. So hat es der Gesetzgeber gewollt, so kann es die Gesellschaft auch erwarten.

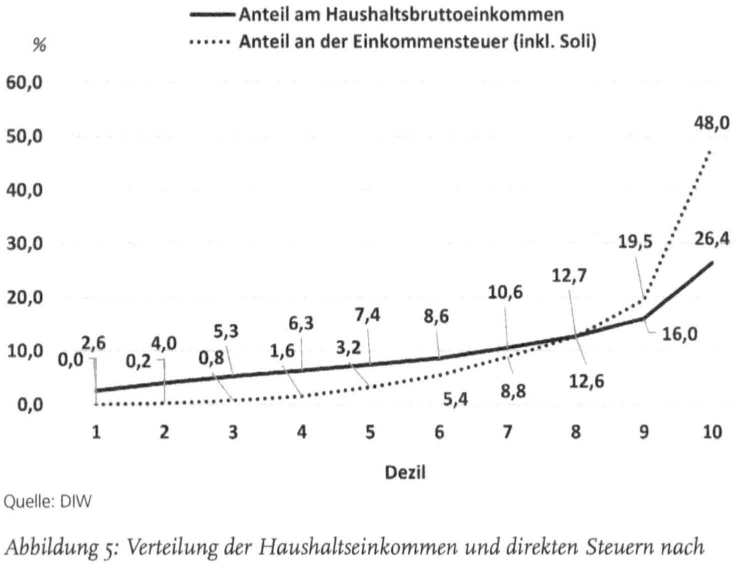

Quelle: DIW

Abbildung 5: Verteilung der Haushaltseinkommen und direkten Steuern nach Einkommensdezilen, Anteile am Gesamtaufkommen in Prozent, 2015

Aber wir zahlen ja nicht nur direkte Steuern. Neben der Umsatzsteuer auf beinahe alle Produkte gibt es spezielle Verbrauchssteuern auf zahlreiche einzelne Produkte. Die Mineralölsteuer, die Kraftfahrzeugsteuer und die Tabaksteuer dürften die bekanntesten sein. Aber auch die Rennwett-, die Lotterie- und die Sektsteuer[12] verteuern spezifisch einzelne Produkte.

Wenn man das mit berücksichtigt, sieht die Lage anders – völlig anders – aus. Die einkommensschwächsten 10 Prozent der Haushalte, die ja gar keine Einkommensteuer bezahlen, werden über indirekte Steuern mit insgesamt mehr als 20 Prozent belastet. Und mit steigendem Einkommen geht die Gesamtsteuerlast sogar zunächst einmal runter!

Erst in der gehobenen Mittelschicht liegt die steuerliche Gesamtbelastung wieder so hoch wie bei den Ärmsten. Und selbst die oberen 10 Prozent kommen mit einer Gesamtbelastung von weniger als 30 Prozent gemessen an den Ärmsten noch gut weg.

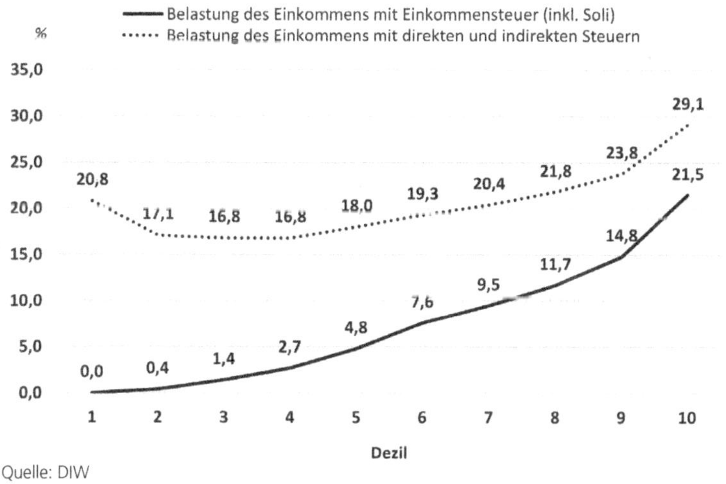

Quelle: DIW

Abbildung 6: Steuerliche Belastung der Haushaltsbruttoeinkommen nach Einkommensdezilen in Prozent, 2015

12 Die Schaumweinsteuer, wie sie offiziell heißt, wurde im Jahr 1902 zur Finanzierung der kaiserlichen Kriegsflotte eingeführt. Man könnte sich heute zumindest mal eine andere Begründung einfallen lassen – oder den Steuersatz zur Reparatur der Gorch Fock kräftig erhöhen.

Wie kann das sein? Direkte Steuern fallen an, wenn man Geld verdient. Indirekte Steuern fallen an, wenn man es ausgibt. Nun geben ärmere Haushalte – notgedrungen – einen größeren Teil ihres Einkommens mehr oder weniger direkt wieder aus. Folglich fallen auch für einen höheren Anteil ihres Einkommens Verbrauchssteuern an. Einige Ökonomen sind der Auffassung, dieses Argument tauge nichts. Wenn man nur lang genug in die Zukunft schaue, über Generationen (der Autor möchte ergänzen: über sehr, sehr viele Generationen) hinweg, werde am Ende immer das gesamte Einkommen und Vermögen ausgegeben und damit durch indirekte Steuern belastet. Eine solche Weitsicht wünscht man sich!
Insgesamt führt nun die große Bedeutung der indirekten Steuern in unserem Steuersystem eben zu diesen hohen Belastungen.

Das war nicht immer so. Vielmehr hat die Wirtschaftspolitik in Deutschland in den zurückliegenden zwanzig Jahren systematisch indirekte Steuern erhöht und direkte tendenziell gesenkt. Die Erhöhung der Umsatzsteuer von 16 auf 19 Prozent im Jahr 2007 war eine Steuererhöhung um fast 20 Prozent! Hinzu kamen Energiesteuern, höhere Versicherungssteuern und Tabaksteuern und manche mehr. Auch erhöhten ausnahmslos alle Bundesländer in den vergangenen Jahren die Grunderwerbsteuer, die den Kauf eines Eigenheimes teurer macht.

Demgegenüber haben wir in der ersten Dekade des Jahrhunderts Entlastungen in der Einkommensteuer gesehen, vor allem durch die Senkung des Spitzensteuersatzes und die Einführung einer niedrigeren Besteuerung von Kapitaleinkommen. Darüber hinaus wurden steuerliche Familienleistungen ausgeweitet und ab 1997 die Vermögensteuer nicht mehr erhoben.

Die indirekten Steuern könnten ein Schlüssel sein zum Verständnis des Gefühls vieler Menschen, steuerlich über Gebühr belastet zu sein und sich »nichts mehr leisten« zu können. Das Perfide an indirekten Steuern ist: Sie belasten das eigene Einkommen genauso wie die direkten Steuern, nur sieht man sie nicht so deutlich.

Welchen Betrag an Einkommensteuer ich bezahle, sehe ich jeden Monat auf meiner Gehaltsabrechnung und einmal im Jahr auf meinem Steuerbescheid. Wie viel von meinen täglichen Ausgaben in den Staatssäckel fällt, könnte ich mir mühsam ausrechnen. Natürlich tue ich das nicht, sondern bleibe nur zurück mit dem Gefühl, dass das womöglich ganz schön viel ist. Und dieses Gefühl trügt nicht, das zeigen die oben zitierten Zahlen aus den Verteilungsanalysen.

Ist es etwa das Vermögen, nicht das Einkommen, Dummkopf?

Zur wirtschaftlichen Zufriedenheit tragen nicht nur das Einkommen und das Empfinden bei, die Einkommen in der Gesellschaft seien gerecht verteilt. Etwas auf der hohen Kante zu haben, vielleicht eine Immobile zu besitzen, gibt finanzielle Sicherheit. Es hilft, die Furcht vor einer beruflichen Durststrecke zu mildern oder größere Anschaffungen zu stemmen, wenn man noch ein paar Reserven in der Hinterhand hat. Es ist auch schön, sich aus dem Ersparten etwas Außergewöhnliches leisten zu können, was aus dem monatlichen Einkommen vielleicht nicht möglich wäre.

Auch hier jedoch dominiert das Gefühl, das ganze Vermögen liege bei »den Reichen«, während man selbst allenfalls ein paar tausend Euro als Reserve auf dem Konto habe. Und mehr noch: Die Reichen werden doch immer reicher. In einer Gesellschaft, in der dieses Gefühl eine faktische Basis hat, ist ihr Zusammenhalt Gefahren ausgesetzt. Aber stimmt das denn auch?

Die vermögendsten 10 Prozent der Haushalte verfügen über 55 Prozent des Gesamtvermögens (netto) aller Deutschen. Die untere Hälfte nur über 3 Prozent. Die Verteilung der Vermögen in Deutschland ist also sehr viel ungleicher als die der Einkommen.

Das sollte jedoch grundsätzlich nicht überraschen. Vermögen entsteht über die Jahre durch Sparen und Kapitalerträge. Mit höheren Einkommen ist es möglich, nach und nach mehr Vermögen zu bilden. Hinzu kommen Erbschaften. Meist entspringen Erblasser und Erbe derselben sozialen Gruppe. So konzentriert sich Vermögen über die Zeit – solange die Politik das nicht korrigieren möchte.

Im Jahr 2017 verfügte jeder Haushalt in Deutschland im Durchschnitt über ein Nettovermögen – also nach Abzug von Schulden – von rund 230.000 Euro. Das hört sich nach viel an. Teilt man aber – wie bei der Berechnung des Durchschnitts – nicht die Gesamtvermögen durch die Anzahl der Haushalte, sondern die Haushalte, nach ihrem Vermögen geordnet, in zwei gleich große Teile, so ergibt sich ein anderes Bild. Das sogenannte Medianvermögen liegt nur bei rund 70.000 Euro und damit nur bei einem Drittel des Durchschnittsvermögens; 50 Prozent der Haushalte haben mehr, 50 Prozent haben weniger als 70.000 Euro.

Der Unterschied erklärt sich dadurch, dass in der oberen Hälfte viele Haushalte über sehr große Vermögen verfügen, die den Durchschnitt nach oben ziehen. Dieser Vergleich zwischen Durchschnitt und Median zeigt nochmals deutlich, dass die Vermögen in Deutschland sehr ungleich verteilt sind.

Die unteren 20 Prozent der Haushalte besitzen so wenig Vermögen, dass ihre Werte in der Grafik nicht einmal sichtbar sind, die unteren 5 Prozent sind netto sogar verschuldet. Haushalte, die so gerade in die oberen 10 Prozent rutschen, sind hingegen bereits achtmal so vermögend wie der Haushalt genau in der Mitte. Hier zeigt sich eine deutlich größere Diskrepanz als bei unseren europäischen Nachbarn. Im Durchschnitt des Euroraums liegt dieser Unterschied beim Faktor fünf.

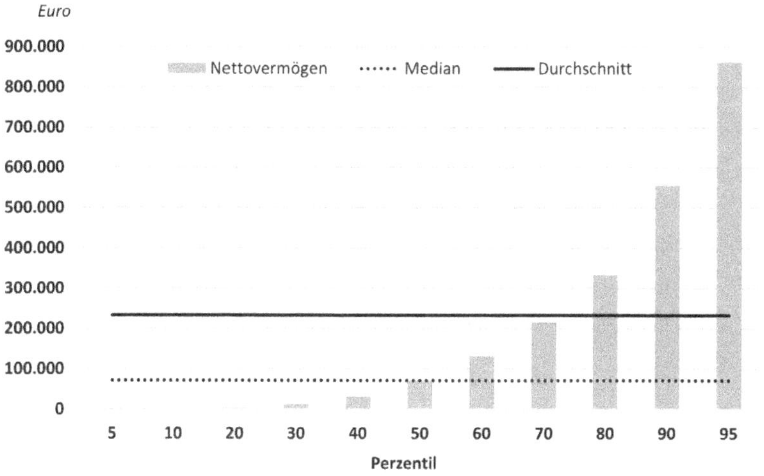

Quelle: Deutsche Bundesbank

Abbildung 7: Nettovermögen der Haushalte, nach Dezilen, in Euro, 2017

Die gute Entwicklung bei der Beschäftigung in unserer »coolen Phase« hat dazu geführt, dass die Vermögen in allen Haushaltsgruppen seit 2010 angestiegen sind. Das ist erfreulich und widerspricht dem weit verbreiteten Bild, große Bevölkerungsgruppen könnten gar kein Vermögen bilden.

Für die Gruppen mit den ohnehin schon höheren Vermögen kamen aber noch weitere Effekte hinzu. Sie profitierten erheblich vom Immobilien- und Aktienboom der zurückliegenden Dekade. Heute ist ein entscheidender Faktor dafür, zu einer vermögenderen Gruppe zu gehören, der Immobilienbesitz. Das war früher nicht so ausgeprägt der Fall. Dieser Befund wird uns später noch beschäftigen.

So haben sich die Vermögen zwischen den einzelnen Gruppen insgesamt noch weiter gespreizt. Der Abstand beispielsweise zwischen dem unteren und dem oberen Viertel liegt heute um etwa 30 Prozent höher als noch 2010. Ganz eindeutig ist es jedoch nicht, dass sich die Vermögensverteilung in Deutschland massiv ungleicher darstellt als vor wenigen Jahren. So ist beispielsweise auch der Anteil der wohlhabendsten 10 Prozent am Gesamtvermögen spürbar gesunken.

Wie immer bei diesen Analysen kommt es auf Maß und Perspektive an.

Die Verteilung der Vermögen in unserer Gesellschaft ist nach verschiedenen Messgrößen ein wenig, aber keineswegs dramatisch ungleicher geworden, vor allem getrieben durch den Immobilienboom in vielen Regionen Deutschlands. Grundsätzlich gilt heute wie schon eine Dekade zuvor, dass die Vermögen sehr viel ungleicher verteilt sind als die Einkommen.

Und die Gesellschaft muss entscheiden, ob sie das so möchte.

KAPITEL 3

Was hat uns in den letzten zehn Jahren beflügelt?

Die jüngste »coole Phase« der deutschen Wirtschaft hat uns – wenngleich wir sie im vorangegangenen Kapitel auch kritisch beurteilt haben – einen nunmehr über zehn Jahre langen Aufschwung und einen nie gekannten Beschäftigungsboom beschert.

Befindet sich unsere Volkswirtschaft in dieser zweiten Dekade des 21. Jahrhunderts in einer so außergewöhnlich dynamischen und robusten Verfassung, haben wir zur rechten Zeit genau die richtige Wirtschaftspolitik betrieben, oder hatten wir schlicht Glück?

Um dieser Frage auf den Grund zu gehen, sollten wir zunächst einmal systematisieren, auf welchen Ebenen Konjunktur und Wachstum unterstützt werden können.

Zum einen wirken auf unsere Wirtschaftsentwicklung externe Faktoren, auf die wir keinen oder nur einen sehr begrenzten Einfluss ausüben können. Ob die Weltkonjunktur boomt oder schwächelt, unsere etablierten Güter in der Welt stärker oder schwächer nachgefragt werden, das haben wir als Land mit einem Anteil von nicht einmal 5 Prozent an der weltweiten Wirtschaftsleistung nicht in der Hand.

Ebenso wenig steuern wir den nominalen Wechselkurs des Euro mit seinen Wirkungen auf die Preise von Exporten und Importen. Auch die Geldpolitik der Europäischen Zentralbank wird nicht von Deutschland bestimmt, die der amerikanischen Notenbank Fed schon gar nicht. Inwieweit also waren uns diese und weitere externe Faktoren in den zurückliegenden Jahren gewogen?

Zum anderen hat die Wirtschaftspolitik, haben Haushalte und Unternehmen selbstverständlich auch selbst einen großen Einfluss auf die Wirtschaftsentwicklung. Das sind die internen Faktoren. Entscheidungen in der Steuerpolitik gehören ebenso hierzu wie das Arbeitsangebot, wie Regulierungen auf verschiedenen Märkten oder die Frage, wie viel die Unternehmen investieren.

Natürlich, in einer Ökonomie hängt alles mit allem zusammen. Wirtschaftliche Entwicklungen sind immer das Resultat von Milliarden und mehr täglichen Einzelentscheidungen. Das versuchen moderne ökonomische Modelle heute zu berücksichtigen. Diese sogenannten Agentenmodelle beschreiben das Verhalten von – typisierten – Akteuren und rechnen es dann auf die Volkswirtschaft hoch.[1] Wir wollen uns darauf konzentrieren, die wichtigsten und prägenden Einflussfaktoren darzustellen. Mancher Nebenast wird dabei wissentlich und vorsätzlich außer Acht gelassen.

Wie Europa und die Welt uns geholfen haben

Die Nullzinspolitik als großer Konjunkturmotor

Im zweiten Halbjahr 2008 hatte die weltweite Finanzkrise längst auch Europa erreicht. Die Produktionszahlen brachen ein, in vielen europäischen Ländern zeichnete sich eine scharfe Rezession ab und war bereits spürbar. Wie andere Notenbanken – diese zum Teil schon früher – reagierte auch die Europäische Zentralbank.

Am 15. Oktober senkte sie den Zins, zu dem sich Geschäftsbanken bei der Zentralbank Geld leihen können, erstmals seit dem Jahr 2003 wieder. Mit der Reduzierung des Leitzinses (Hauptrefinanzierungssatz) um einen halben Prozentpunkt auf 3,75 Prozent leitete die Europäische Zentralbank eine nie gekannte Serie von Zinssenkungen ein, die sie bis heute nicht umgekehrt hat.

1 Mit Schlapphüten haben diese Agenten nichts zu tun, es handelt sich bei der Bezeichnung nur einmal mehr um eine sprachfaule Übertragung aus dem Englischen.

Bis Mai 2009 folgten in schneller Folge weitere Zinsreduktionen auf dann nur noch 1 Prozent. Bereits zu diesem Zeitpunkt hatte die europäische Geldpolitik historisch neue, historisch niedrige Dimensionen erreicht. Die nachfolgenden vorsichtigen Ansätze, den Leitzins wieder anzuheben, wurden im Zuge der immer ernster werdenden Staatsschuldenkrise südeuropäischer Länder wieder aufgegeben.

Vielmehr drehte die Notenbank die Zinsschraube so weit auf, wie es nach orthodoxer Auffassung überhaupt nur möglich ist: Seit März 2016 liegt der Leitzins unverändert bei 0,0 Prozent. Jedoch hat diese Nullzinspolitik, mit der man die wirtschaftliche Lage im Euroraum stabilisieren und Investitionen anreizen wollte, nicht die erhofften Wirkungen gezeigt. Im Grunde gilt das bis heute.

Gemessen an der ultralockeren Geldpolitik sind Wachstum und Inflation im Euroraum viel zu niedrig. Damals blieben die intendierten Kreditvergaben und Investitionstätigkeiten schwach und die wirtschaftliche Erholung zunächst aus. Die Leitzinssenkungen kamen nicht überall in der Wirtschaft an. Dafür waren das Misstrauen an den Märkten zu hoch und die Ertragsaussichten von Investitionen zu niedrig.

Beim Instrument der Leitzinsen hatte man mit der Senkung auf 0,0 Prozent den letzten Pfeil aus dem Köcher gezogen, sodass sich die Zentralbank entschloss, zu weiteren Maßnahmen zu greifen. Damit betrat sie Neuland.

Unter Strapazierung ihres Mandats kaufte sie auf indirektem Wege Staats- und später auch Unternehmensanleihen, um die Zinsen für diese Papiere unmittelbar zu senken. Auf diese Weise wurden die Krisenstaaten wie auch Unternehmen von Finanzierungskosten entlastet. Zudem müssen seit Juni 2014 Geschäftsbanken, die bei der Notenbank Geld »parken«, einen Strafzins entrichten, der im Herbst 2019 auf eine Höhe von 0,5 Prozent angehoben wurde.

Kurzum: Man wollte alles tun, damit hoch verschuldete Staaten entlastet werden und Unternehmen wieder verstärkt Investitionen tätigen. Das war und ist noch immer der Beitrag der Europäischen Zentralbank, um die vor mehr als zehn Jahren ausgebrochene Finanz-,

Wirtschafts- und Staatsschuldenkrise im Euroraum zu überwinden. Und es ist kein geringer Beitrag.

Was bedeutet das für Deutschland? Die Binnenwirtschaft in Deutschland hat von dieser expansiven Geldpolitik der vergangenen Jahre deutlich profitiert. Am deutlichsten ist dies in der Bauwirtschaft zu beobachten, die sich nach vielen schwachen Jahren in einem enormen Boom befindet. Gegenüber 2007 liegen die jährlichen Bauinvestitionen zwölf Jahre später um immerhin mehr als 17 Prozent höher.

Aber auch andere Investitionen sind günstig, wenn die Finanzierungskosten bei oder nahe 0 Prozent liegen. Hier standen und stehen jedoch andere, bremsende Faktoren bislang einem Investitionsboom im Wege. Auch die relativ günstige Entwicklung der privaten Konsumausgaben kann zu einem Teil auf die niedrigen Zinsen zurückgeführt werden. Sparen ist unattraktiver geworden.

Und schließlich stützt das eigentliche Ziel der beschriebenen Zentralbankpolitik, nämlich die Volkswirtschaften in den europäischen Krisenländern zu stabilisieren, auch unsere Exporte. Seitdem es Portugal, Spanien, Irland, Italien und nunmehr auch Griechenland wieder besser geht, fragen die Menschen in diesen Ländern wieder mehr Güter aus der Welt und damit auch aus Deutschland nach.

Wenn in den kommenden Jahren die Europäische Zentralbank die Zinsen langsam wieder anheben sollte, fallen diese Stimulanzen weg. Dessen müssen wir uns bewusst sein, und darauf sollten wir vorbereitet sein.

Vor allem der Staat profitiert

Einer der größten Nutznießer der expansiven Geldpolitik ist jedoch der deutsche Staat. Die öffentlichen Haushalte, also zum Beispiel der Bundeshaushalt, decken einen Teil ihrer Einnahmen durch Kreditaufnahme an den Kapitalmärkten. Das galt auch in den letzten Jahren, in denen gerade der Bundeshaushalt durch die plakative »Schwarze Null« gekennzeichnet war. Denn selbst wenn der Staat in einem Jahr nicht mehr ausgibt, als er einnimmt, so muss er doch jedes Jahr auslaufende Schuldtitel durch neue ersetzen. Auch ohne Nettoneuverschuldung nimmt er brutto neue Schulden auf. Erst wenn der öffentliche Schuldenstand bei null läge, würde dieses Karussell der permanenten Anschlussfinanzierungen zum Stillstand kommen.

Die Nullzinspolitik der Europäischen Zentralbank drückt nun auch die Zinsen, die der Staat seinen Gläubigern bieten muss, um einen Kredit zu erhalten. Zinsaufschläge können dann im Wesentlichen nur entstehen, wenn man in Zukunft höhere Leitzinsen erwartet oder wenn der Schuldner keine einwandfreie Bonität genießt.

Letzteres etwa gilt weiterhin für Länder wie Griechenland oder Italien, die als Mitglieder im Euroraum zwar ebenfalls unter dem Schirm der EZB-Politik stehen, aber als Staaten eine schlechtere Bonität aufweisen. In Deutschland sind nun die Renditen für längerfristige Staatsanleihen dramatisch in den Keller gerutscht. Dramatisch für die Anleger, himmlisch für den Staat.

International wird Deutschland ein derart hohes Vertrauen in die Rückzahlung der Kredite entgegengebracht, dass die Renditen für Bundesanleihen zeitweise in den negativen Bereich rutschten. Man war also bereit, noch Geld mitzubringen, nur um Deutschland Geld leihen zu dürfen. Dies spiegelt die zeitweise Unsicherheit auf den Kapitalmärkten auf das Deutlichste wider. Lieber in Deutschland sicher ein wenig Geld verlieren als in anderen Ländern möglicherweise alles.

Die Folgen für die öffentlichen Haushalte waren und sind noch immer enorm. Während die durchschnittliche Verzinsung der öffentlichen Schulden Deutschlands vor der Finanzkrise bei 4,5 Prozent gelegen hatte, hat sie sich bis 2016 auf rund 2 Prozent mehr als halbiert und ist seitdem weiter rückläufig. Der Grund dafür, dass sie sich nicht noch näher an die Null-Prozent-Marke bewegt hat, liegt darin, dass auch heute noch »alte«, zum Bespiel 30-jährige Staatsanleihen, im Portfolio des Staates liegen, die den Gläubigern weiterhin vergleichsweise hohe Zinszahlungen garantieren. Mit jedem Jahr der Nullzinspolitik geht aber die Durchschnittsverzinsung weiter zurück.

Was das für die Zinslast der öffentlichen Haushalte bedeutet, lässt sich auch in absoluten Zahlen bemessen. Der deutsche Staat insgesamt spart durch die niedrigen Zinsen gegenwärtig rund 50 Milliarden Euro pro Jahr ein. Das entspricht etwa 1,5 Prozent des Bruttoinlandsprodukts – Tendenz steigend. Für den Zeitraum 2008 bis 2016 ermittelte die Deutsche Bundesbank eine kumulierte Entlastung in Höhe von 240 Milliarden Euro!

Wenn der Staat nun jedes Jahr 50 Milliarden Euro mehr zur Verfügung hat, eröffnet ihm das erhebliche zusätzliche Spielräume.[2] Für Mehrausgaben, für Schuldenabbau oder für Steuersenkungen. Die deutsche Politik hat sich vor allem für Mehrausgaben entschieden. In unterschiedlichem Maße wurden in manchen öffentlichen Haushalten auch absolut die Schulden zurückgeführt. Steuersenkungen – und damit der Weg, Bürgern und Unternehmen direkt die eigenen Spielräume zu vergrößern – blieben völlig aus.

Das hätte man anders machen können. So problematisch manche der Mehrausgaben für die langfristigen Perspektiven unserer Wirtschaft sind, kurzfristig haben sie doch die Konjunktur belebt und damit zur »coolen Phase« beigetragen.

Auch dies war aber ein Sondereffekt. Man muss es deutlich sagen: Der Staat hat seine Haushalte nicht konsolidiert, er hat sie von der Europäischen Zentralbank konsolidieren lassen und in dieser Zeit seine sonstigen Ausgaben sogar noch überproportional gesteigert. Die Nullzinspolitik wird nicht ewig Bestand haben, zumindest die Jüngeren unter uns werden auch noch Zinssätze größer null erleben. Auch die exzellente Bonität des deutschen Staates ist also nicht in Stein gemeißelt.

Die demografische Alterung wird auch fiskalisch zur Herausforderung. Gepaart mit möglicherweise schwächeren Wachstumszahlen kann sich unsere Kreditwürdigkeit künftig durchaus wieder ver-

2 Des einen Freud, des anderen Leid: Den Gläubigern fehlen damit natürlich Kapitaleinkommen in exakt gleicher Höhe. Da ein Gutteil der Gläubiger aber im Ausland sitzt, fällt die Bilanz für Deutschland insgesamt immer noch positiv aus.

schlechtern. Mindestens die Jüngeren unter uns werden auch wieder höhere Zinsen erleben, und die Zinslasten der öffentlichen Haushalte können wieder ansteigen.

Euro-Abwertung als weiteres Konjunkturprogramm

Eng verknüpft mit den Zinsen ist der Wechselkurs. Niedrige Zinsen für Kapitalanlagen in Deutschland – sei es für Staatsanleihen oder für Unternehmensanleihen – locken kaum ausländische Anleger an, die nach hoher Rendite trachten. Allein die hohe Sicherheit macht deutsche Wertpapiere gegenwärtig attraktiv.

Für den Euroraum insgesamt sieht es seit nunmehr einer Dekade nicht besser aus. Zwar können in einigen Ländern höhere Renditen erzielt werden, das geht aber auch mit höheren Risiken einher. Zudem hat es in Europa viel länger gedauert als beispielsweise in den USA, bis sich unsere Volkswirtschaften allmählich von der Krise erholt hatten. Lange Zeit war es auch deshalb nicht besonders attraktiv, in Europa zu investieren. Die Ertragsaussichten von Investitionen fallen in schwächelnden Volkswirtschaften nun mal geringer aus.

Ein Wechselkurs bestimmt sich durch Angebot und Nachfrage nach einer Währung gegenüber einer anderen Währung. Aus den genannten und einer Reihe weiterer Gründe war die Nachfrage nach Euro in den vergangenen Jahren nicht besonders hoch. Wir haben uns nicht gerade als der attraktivste Währungsraum der Welt präsentiert.

Die Folgen waren an den Devisenmärkten abzulesen: Im Durchschnitt des Jahres 2008 musste man für einen Euro noch 1,47 US-Dollar bezahlen. 2015 und 2016 lag der Wechselkurs nach langem Sinkflug nur noch bei 1,11 Euro im Jahresdurchschnitt. Unsere Exporte in die USA sind also binnen weniger Jahre um 25 Prozent billiger geworden.

Nun exportieren wir nicht nur in die USA oder in andere Länder, denen unsere Exporteure Rechnungen in US-Dollar ausstellen. Wenn wir alle Währungen unserer wichtigen Handelspartner berücksichtigen, hat der Euro immer noch um 12 Prozent abgewertet. Der sogenannte reale effektive Wechselkurs des Euro ist in dem genannten Zeitraum um 19 Prozent gesunken. Real effektiv bedeutet, dass nicht nur alle Währungen der wichtigen Handelspartner in die Berechnung einfließen (»effektiv«), sondern dass zusätzlich Inflationsdifferenzen zwischen den Ländern berücksichtigt werden (»real«). Die Abwertung war ein riesiges Konjunkturprogramm für unsere Exportwirtschaft.

Gleichwohl haben sich unsere Exporte keineswegs über die Maßen dynamisch gezeigt. Im Durchschnitt der »coolen Phase« legten sie um weniger als 3 Prozent pro Jahr zu. Wenn man den scharfen Einbruch 2009 herausrechnet, um gut 5 Prozent. In der »kranken Phase« waren es noch 8 Prozent jährlich gewesen. Hat also der günstige Wechselkurs nur das Schlimmste für unsere Exportwirtschaft verhindert?

Der Ölpreis hat einen weiteren Schub gegeben

Fehlen dürfen in keiner Erklärung wirtschaftlicher Entwicklungen Ausführungen zur Ölpreisentwicklung. Moderne Volkswirtschaften sind heute in weitaus geringerem Maße von Öl abhängig, als dies in früheren Jahrzehnten der Fall war. Das Wort Ölpreiskrise – in den 1970er Jahren geprägt – wird keine Renaissance in unserem Wortschatz erleben, sondern nach und nach für Wirtschaftshistoriker reserviert werden.

Gleichwohl ist auch heute noch ein Einfluss des Ölpreises auf unsere Wirtschaft messbar. Weiterhin gibt es manch ölintensive Industrie, wie etwa die Chemie- oder die Gummiindustrie. Zudem ist Rohöl weiterhin der dominierende Rohstoff für unsere Mobilität, sei es auf der Straße, zu Wasser oder in der Luft. Und auch für die Wärmeerzeugung spielt Öl nach wie vor eine beträchtliche Rolle.

Deshalb lohnt ein Blick auf die Ölpreisentwicklung nicht nur zur Wahrung der Konformität, sondern ebenso aus inhaltlichen Gründen. Von Juni 2014 bis Januar 2016 ist der Preis für ein Fass (159 Liter) der

Sorte Brent von 113 US-Dollar auf nur noch 33 US-Dollar abgestürzt. Nach einer Erholung in der Folgezeit hat sich der Preis bis Mitte 2019 auf eine Größenordnung von rund 70 US-Dollar eingependelt.

Ausmaß und Tempo dieses Preisverfalls waren außergewöhnlich, die Ursache ausnahmsweise weder ein politischer Konflikt im Nahen Osten noch ein Nachfrageeinbruch in den Industrieländern, sondern eine wahrhaft strukturelle Verschiebung. Durch die Methode des Fracking, das von den USA seit Beginn dieses Jahrhunderts verstärkt zur Förderung sogenannten unkonventionellen Erdöls und Erdgases angewandt wird, hat sich der Weltmarkt für Öl und Gas massiv gewandelt. Das weltweite Angebot ist gestiegen, und zwar nicht nur kurzfristig, der Preis ist gefallen, und die USA wurden praktisch über Nacht vom Ölimporteur selbst zum Ölbaron. Dieser Effekt wird von Dauer sein.

Zinsen, Wechselkurs und Öl. Es lief nicht schlecht für die deutsche Wirtschaft. Die externen Rahmenbedingungen, um nach der Krise wieder durchzustarten und einen lang anhaltenden Aufschwung zu schaffen, waren ausgesprochen günstig. Das gilt jedenfalls für diese angebotsseitigen Faktoren, durch die die Produktionskosten der deutschen Unternehmen entlastet oder der Preisdruck gedämpft wurden.

Wo uns Europa und die Welt gebremst haben

Demgegenüber befand sich ja im Jahr 2009 nicht nur Deutschland in der Rezession. Beinahe die gesamte Welt erlebte einen Abschwung, eine Rezession, eine Krise. Von 194 Ländern, für die der Internationale Währungsfonds Daten zur Verfügung stellt, ist 2009 in 85 Ländern die Wirtschaftsleistung gegenüber dem Vorjahr gesunken. Im Folgejahr waren es noch 18 Länder, 2011 immerhin noch elf Volkswirtschaften.

Darunter befanden sich, zumindest im Jahr 2009, alle europäischen Schwergewichte ebenso wie die USA. Mitgerissen wurden auch die großen Schwellenländer wie etwa Brasilien. Nur China und Indien zeigten sich scheinbar völlig unbeeindruckt von der weltweiten Krise und setzen ihren Kurs mit annähernd zweistelligen jährlichen Wachstumsraten ungehindert fort.

China war damals, nur zehn Jahre zurück, noch ein anderes Land als heute. Während wir heute von einer wirtschaftlichen Supermacht sprechen, war 2009 noch das Attribut aufstrebend gerechtfertigt. China war zwar bereits global wichtig, hatte aber bei weitem noch nicht die überragende Bedeutung für die Geschicke der Weltwirtschaft, wie dies heute der Fall ist.

Die Finanzmärkte waren weitgehend von denen der westlichen Welt abgeschottet – ein Vorteil zu jener Zeit. Und auch die Exporte in die großen Industrieländer sind heute für China noch einmal weitaus bedeutender als noch vor einer Dekade. So gelang es dem Reich der Mitte, sich zu einem guten Teil gegen die schwere Krankheit zu immunisieren, die sich epidemisch von den USA ausgebreitet und die Welt erfasst hatte.

Nach und nach fasste ein Land nach dem anderen wieder Fuß. In den USA gelang dies etwas schneller, viele europäische Länder brauchten etliche Jahre, um sich von der Krise zu erholen, oder haben es bis heute noch nicht ganz geschafft. In den Schwellenländern nahm das Wachstum wieder Fahrt auf, viele von ihnen blieben jedoch krisenanfällig und erlitten später Rückschläge. Alles in allem blieb die weltwirtschaftliche Lage fragil, und der gesamten Periode seit 2009 mangelte es an der früheren Dynamik.

Von Einzeljahren abgesehen war dies kein besonders favorables Umfeld für deutsche Exporteure. Die deutschen Unternehmen, die die Welt beliefern, vor allem die Exporteure von Investitionsgütern, hatten schon bessere Dekaden erlebt. Maschinen und Anlagen für Industrie und Bau, die Fuhrparks von Unternehmen und die Ausfuhr weiterer Güter erhielten einen Dämpfer. Auch Chemieprodukte, Güter der Elektrotechnik und Metallerzeugnisse werden im Ausland nur dann nachgefragt, wenn dort die Industrie gut läuft. In den Segmenten, in denen die deutschen Unternehmen seit vielen Jahrzehnten ein besonders gutes Bild abgeben und erfolgreich sind wie wenige andere, war es also besonders schwierig.

Die weltweite Nachfrage, die Dynamik der Weltwirtschaft stand uns in unserer »coolen Phase« nicht so eng zur Seite, wie wir es aus früheren Zeiten gewohnt waren. Das hat nicht nur unsere Exportzuwächse gedämpft.

Wenn es in der Exportwirtschaft nicht so brummt wie gewohnt, fehlen auch Investitionen im Inland, fehlt auch Einkommen, fehlt auch Kaufkraft für die Binnenwirtschaft. In der Vergangenheit ist oftmals über den Export auch der private Konsum angesprungen. Dieses Muster beobachten wir nicht mehr. Mittlerweile müssen wir selbst dafür Sorge tragen, wenn der Konsum zu einer stärkeren Stütze unserer Wirtschaft werden soll.

Was wir selbst in der Hand haben

Wir haben gesehen: Wir navigieren im großen Meer der Weltwirtschaft. Wenn die See rauer wird, der Wind auffrischt und von vorn weht, wird es ungemütlicher und schwieriger, den Kurs zu halten. Aber ein Schiff, eine Volkswirtschaft, die gut in Schuss ist, bleibt manövrierfähig.

Deutschland kann – allein oder zusammen mit seinen europäischen Partnern – grundsätzlich selbst bestimmen, in welche Richtung es fährt. Allenfalls im Tempo müssen wir uns beeinflussen lassen. Dass wir als Land stets selbst unseren Kurs festlegen können, das sollte unser Bewusstsein prägen. Was in der Welt passiert, kann uns empfindlich stören, aber langfristig haben wir unsere Geschicke und unsere ökonomische Stärke selbst in der Hand.

Eine kluge Wirtschaftspolitik reagiert schnell und zielgerichtet, wenn nötig; sie gibt den Menschen Raum, sich anzustrengen, kreativ zu sein und neue Lösungen zu suchen, wo immer möglich; und sie baut für die Zukunft vor. Den Aspekt der Zukunftsfähigkeit betrachten wir im nachfolgenden Kapitel.

In der Krise schnell reagiert, dann Reformen verweigert

Schnell und zielgerichtet reagiert hat die Wirtschaftspolitik in Deutschland in der »coolen Phase« genau ein Mal. Mit dem sogenannten Konjunkturpaket II[3] hat sich die Bundesregierung Anfang 2009 massiv gegen die Rezession gestemmt, die Deutschland zu diesem Zeitpunkt bereits erreicht hatte. Ein Bündel unterschiedlichster Maßnahmen an verschiedenen Stellen sollte die einbrechende Nachfrage auffangen, Investitionen stärken, aber auch einer einzelnen Branche gezielt unter die Arme greifen. Zudem wurden die Regelungen für Kurzarbeit ausgeweitet.

Wenngleich auch im Nachhinein nicht alle Maßnahmen ohne Makel sind, hat doch das Gesamtpaket einen wesentlichen Beitrag dazu geleistet, dass Deutschland sich so schnell wieder aus der Rezession befreien konnte.

Ein wichtiger Aspekt war, dass die Unternehmen – unterstützt durch die staatlichen Maßnahmen zur Beschäftigungssicherung – wo immer möglich auf Entlassungen verzichtet haben. Im nachfolgenden Aufschwung zahlte es sich aus, dass man die Beschäftigten, die man nun wieder dringend brauchte, weiterhin an Bord hatte. Der Internationale Währungsfonds schätzte damals, dass die Konjunkturpakte die deutsche Wirtschaft 2009 um etwa 1,5 Prozent stabilisiert haben.

Bei aller Kritik im Detail stieß das Konjunkturpaket seinerzeit auf große und breite Zustimmung. In der Tat hatte man in einer schwierigen Phase noch Schlimmeres verhindert.

Die Wirtschaftspolitik tat gut daran, in den Folgejahren auf große Konjunkturstimuli zu verzichten. Natürlich gab es Maßnahmen,

---

3 Ein bereits 2008 aufgelegtes, aber deutlich kleineres Konjunkturprogramm wurde dann im Nachhinein Konjunkturpaket I genannt.

von denen auch konjunkturelle Impulse ausgingen. Das ist bei jeder Änderung von Ausgaben oder Einnahmen geradezu unvermeidbar. Aber als sich unsere Wirtschaft wieder in ruhigeren Fahrwassern befand, blieben die großen Programme aus. Gut so.

Leider blieben auch große Reformen aus, die den Menschen Raum geben, sich anzustrengen, kreativ zu sein und neue Lösungen zu suchen.

Die Agenda-Reformen der Regierung Schröder waren ein Relikt aus der »kranken Phase«, unterstützen aber bis heute die gute Beschäftigungsentwicklung. Auch die großen Reformen in der Rentenversicherung stammen aus der Zeit vor 2009. Die Rentenformel berücksichtigt seitdem explizit die demografische Entwicklung.

Steigt im Zuge der Alterung der Gesellschaft die Zahl der Neurentner, wird der Rentenanstieg gedämpft. Und die wichtige Anhebung des gesetzlichen Renteneintrittsalters von fünfundsechzig auf siebenundsechzig Jahre – schrittweise vollzogen bis 2029 – wurde 2007 ins Gesetzblatt geschrieben. Unter Rentenexperten herrscht weitgehende Einigkeit, dass vor allem diese beiden Maßnahmen die Gesetzliche Rentenversicherung bis 2030 demografiefest gemacht haben.

Über eine »Agenda 2020« oder »Agenda 2030« ist häufig diskutiert worden. In Regierungserklärungen und Gesetzestexten sucht man sie bis heute vergeblich.

Weitere große Arbeitsmarktreformen? Fehlanzeige. Substanzielle Fortschritte im Steuerrecht? Nicht zu erkennen. Sind in den zurückliegenden zwölf Jahren Gütermärkte reformiert worden, damit neue Unternehmen einen leichteren Zugang zu bestehenden Märkten haben oder Verbraucher von mehr Wettbewerb und damit günstigeren Preisen profitieren können? Allenfalls punktuell. Wo sind die großen öffentlichen Investitionsprogramme, sei es in Infrastruktur oder in Köpfe? Nichts zu sehen.

Das ist die große Sünde der Wirtschaftspolitik in der »coolen Phase«, die uns noch lange beschäftigen und später auf die Füße fallen wird. Die Politik hat diese Phase ohne Anführungsstriche geschrieben. Die selektive Wahrnehmung guter Zahlen führte in eine ausgeprägte wirtschaftspolitische Lethargie.

Zwei Lichtblicke in der Arbeitsmarkt- und in der Familienpolitik

Zwei Ausnahmen von der Verweigerung, große Wirtschafts- und Sozialpolitik zu betreiben, sind aber zu erwähnen. Und es sind wichtige Lichtblicke. Zum einen wurde am 1. Januar 2015 erstmals in Deutschland ein allgemeiner gesetzlicher Mindestlohn in Höhe von zunächst 8,50 Euro je Stunde eingeführt. Eine aus insgesamt neun Vertretern von Arbeitgebern, Arbeitnehmern und der Wissenschaft (nicht stimmberechtigt) bestehende Mindestlohnkommission beschließt eine regelmäßige Dynamisierung des Mindestlohns. Mit der Einführung des Mindestlohns wurde ein Konstruktionsfehler der Zusammenlegung von Arbeitslosenhilfe und Sozialhilfe (»Hartz IV«) behoben. Durch die Absenkung der Unterstützungsleistung sahen sich Beschäftigungssuchende in nicht tarifgebundenen Unternehmen oder Branchen damit konfrontiert, gegebenenfalls extrem niedrig entlohnte Tätigkeiten anzunehmen. Der allgemeine gesetzliche Mindestlohn schafft hier nun eine Untergrenze. Unternehmen können nicht mehr beliebig niedrige Löhne zahlen.

Das ging zulasten des Staates, der dann die sehr niedrigen Einkommen aufgestockt hat. Bei allen Schwierigkeiten in der Umsetzung und Kontrolle im Detail wurde mit dem allgemeinen gesetzlichen Mindestlohn doch die größte offene Flanke der Hartz-Reformen geschlossen.

Zuvor befürchtete Beschäftigungsverluste größeren Ausmaßes konnten bislang nicht beobachtet werden. Ob der Beschäftigungsboom trotz, wegen oder völlig unabhängig vom Mindestlohn anhält, ist eine leider gar nicht so einfach zu beantwortende empirische Frage. Neue Erkenntnisse werden wir dazu wohl im nächsten Abschwung gewinnen.

Zum anderen kann der Familienpolitik der zurückliegenden Jahre ein gutes Zeugnis ausgestellt werden. Die bereits Ende der Nullerjahre begonnenen Reformen wurden in den vergangenen Jahren nach und nach weiterentwickelt. Dabei wurde besonderes Augenmerk darauf gelegt, die Vereinbarkeit von Familie und Beruf zu verbessern. Die Familienpolitik ist ein schönes Beispiel dafür, wie eine politische Linie über mehrere Legislaturperioden und über unterschiedliche Regierungen beibehalten werden kann, statt mit jedem neuen Minister ein Rad wieder zurück- oder vorzudrehen. Konzeptionell geht diese Linie mindestens auf die Zeit von Ministerin Renate Schmidt (2002–2005) zurück, wurde dann vor allem von Ursula von der Leyen (2005–2009) vorangetrieben und seitdem von allen nachfolgenden Familienministerinnen fortentwickelt.[4]

Die Politik hat erkannt, dass die Vereinbarkeit von Familie und Beruf der Schlüssel zu gleich mehreren Türen ist. Im Zentrum steht der konsequente Ausbau der Kinderbetreuung: Durch die Verbesserung der Betreuungsangebote sind die Hürden für Familien gesenkt worden, ihren Kinderwunsch zu realisieren. Eine zunehmend verlässliche Betreuung vermag Unsicherheiten abzubauen. Selbstverständlich ist bei der Kinderbetreuung noch nicht alles perfekt, aber im Vergleich zum Beginn der Nullerjahre ist der Fortschritt enorm. Wir nehmen das heute schon allzu selbstverständlich.

Die Geburtenraten und sogar die Geburtenzahlen gehen in Deutschland heute wieder nach oben. Der zweite Partner – meist die Frau – hat heute viel mehr Freiräume, ebenfalls oder verstärkt erwerbstätig zu sein. Nie ist die Müttererwerbstätigkeit in Deutschland so stark gestiegen wie in den letzten Jahren. Mit einem zweiten Einkommen sind Familien wirtschaftlich stabiler als in der traditionellen Einverdienerfamilie. Armutsrisiken gehen zurück.

---

4 Nun, von fast allen. Ministerin Kristina Schröder (2009–2013) hat sich wohl – dieses Urteil dürfte man nicht nur in einer Fußnote fällen – schlicht nicht für diese Reformen interessiert.

Schließlich profitieren Kinder, die neben der Familie auch in einer Einrichtung betreut werden, von zusätzlichen sozialen und kognitiven Reizen und Bildungsangeboten. Das fördert die frühkindliche Entwicklung.

All diese Wirkungen der Familienpolitik – neben der Kinderbetreuung gibt es eine Reihe weiterer wirksamer Instrumente – fußen nicht auf Plausibilitätsüberlegungen, sondern sind in einer mehrjährigen großen Evaluationsstudie wissenschaftlich nachgewiesen worden. Damit hat die Familienpolitik auch einen Beitrag zum Beschäftigungsboom in Deutschland geleistet. Selbstverständlich ist auch hier nicht alles Gold, was glänzt. Die Familienpolitik bremst durch verschiedene Instrumente auch den Beschäftigungsboom. Maßnahmen wie das Ehegattensplitting oder die beitragsfreie Mitversicherung von Ehepartnern in der Gesetzlichen Krankenversicherung wirken wie eine Steuer auf die Ausweitung beziehungsweise Aufnahme einer Beschäftigung des zweiten Partners. Diese Instrumente sind jedoch zumindest nicht verschärft worden, sondern wirken »nur« so negativ wie eh und je. Das ist ein wichtiger Unterschied.

Zuwanderung und Tarifpolitik haben den Beschäftigungsboom unterstützt

Während sich auf diese Weise das Arbeitsangebot von Frauen und Müttern erhöht, hat auch die Zuwanderung nach Deutschland in den vergangenen Jahren eine erhebliche Rolle dabei gespielt, dass die Beschäftigung in Deutschland so stark gestiegen ist.

Nur mit den Personen, die 2010 dem Arbeitsmarkt hierzulande zur Verfügung standen, wäre der Beschäftigungsboom gar nicht möglich gewesen. Obwohl in Deutschland jedes Jahr mehr Menschen sterben, als geboren werden – was durchgehend bereits seit dem Jahr 1972 gilt –, und obwohl jedes Jahr mehrere hunderttausend Menschen Deutschland verlassen, hat die Bevölkerungszahl seit 2010 um 2,6 Millionen Menschen zugenommen.

Das ist keineswegs ein alleiniges Phänomen der hohen Flüchtlingszahlen in den Jahren 2015 und 2016. Bereits bis 2014 war ein Anstieg von mehr als 600.000 Personen zu verzeichnen. Diese Menschen aus anderen EU-Ländern und aus Drittstaaten wurden von den guten Beschäftigungsaussichten bei uns angelockt und konnten Lücken auf unserem Arbeitsmarkt schließen.

Man darf sich ja die Menge an Arbeitsplätzen, die in einem Land zur Verfügung stehen, nicht als Naturkonstante vorstellen. Sie hängt vielmehr ganz wesentlich davon ab, ob verschiedene Qualifikationen und Beschäftigungen zueinander passen. In einer arbeitsteiligen Volkswirtschaft ist ein Arbeitsplatz in aller Regel auch von vor- und nachgelagerten Produktionsschritten abhängig.

Ob ein zusätzlicher Arbeitsplatz entsteht – oder dies gleich millionenfach geschieht, wie in den vergangenen Jahren –, hängt natürlich auch entscheidend davon ab, ob er wettbewerbsfähig ist. Voraussetzung für Wettbewerbsfähigkeit ist, dass das richtige Produkt – nämlich das, das auch nachgefragt wird – auf effiziente Art und Weise hergestellt wird.

Darüber hinaus kommt es aber entscheidend darauf an, dass die Kosten, vor allem die Lohnkosten, nicht so hoch ausfallen, dass Hersteller aus anderen Ländern Vorteile haben und unsere Unternehmen und mit ihnen die Arbeitsplätze verdrängen.

Ein gängiges Maß, um die sogenannte preisliche Wettbewerbsfähigkeit zu messen, sind die Lohnstückkosten, besser: ihre Veränderung im Zeitverlauf. Seit Ende der 1990er Jahre haben wir hier unsere Position deutlich verbessern können, sowohl gegenüber den anderen europäischen Ländern als auch gegenüber wichtigen Volkswirtschaften in Amerika und Asien. Deutschland hat heute im Großen und Ganzen kein Problem mehr mit der preislichen Wettbewerbsfähigkeit.

Es ist das Verdienst der Tarifvertragsparteien, also von Arbeitgebern und Arbeitnehmern, über lange Jahre hinweg eine maßvolle und verantwortungsvolle Tarifpolitik betrieben zu haben. Verantwortungsvoll deshalb, da sie stets die Beschäftigung im Blick hatte. Die

Lohnsteigerungen waren über die Jahre insgesamt niedrig genug, um die preisliche Wettbewerbsfähigkeit der Unternehmen zu verbessern, und – gerade in den letzten Jahren – hoch genug, um den privaten Konsum zu unterstützen.

Wir hatten viel Glück und hätten mehr daraus machen müssen

Das Fazit bei der Zusammenfassung der Ursachen für die Entwicklung in der »coolen Phase« fällt ernüchternd aus. Geholfen hat uns die Geldpolitik, geholfen hat uns der Wechselkurs, geholfen hat uns zum Teil der niedrige Ölpreis. Zudem zeitigen die wichtigen Reformen aus der »kranken Phase« weiterhin ihre Wirkungen.

Im Zuge der Agenda 2010 konnte die Beschäftigungsschwelle nachhaltig gesenkt werden. Wirtschaftswachstum ist beschäftigungsintensiver als in früheren Zeiten. Die Rentenreformen der Nullerjahre haben diese wichtige Säule der sozialen Sicherung vorübergehend stabilisiert.

Gebremst hat uns das über mehrere Jahre labile und insgesamt gedämpfte europäische und weltwirtschaftliche Umfeld. Daran konnten wir wenig ändern. Umso wichtiger wäre es gewesen, die »coole Phase« durch die richtigen Reformen weiter zu stützen. Die wirtschaftliche Entwicklung war hinreichend solide, es gab Spielräume, um den gesellschaftlichen Zusammenhalt zu stärken.

Mit Ausnahme der Einführung des gesetzlichen Mindestlohns und des massiven Ausbaus der Kinderbetreuung sucht man die großen wirtschafts- und sozialpolitischen Programme, die ambitionierten Maßnahmen, die großen Politikentwürfe hierfür jedoch vergebens. Zehn Jahre Aufschwung, zehn Jahre Beschäftigungsboom wurden nicht dafür genutzt, die Gesellschaft zu stärken. Das muss uns für die kommenden Jahre skeptisch stimmen.

Oder sind wir besser auf die Zukunft vorbereitet, als wir denken?

KAPITEL 4

Sind wir gut auf die Zukunft vorbereitet?

Im vorangegangenen Kapitel haben wir gesehen, dass unsere wirtschaftliche Entwicklung der vergangenen Jahre zu einem guten Teil von günstigen äußeren Rahmenbedingungen geprägt war, auf die wir selbst gar keinen Einfluss hatten. Die großen wirtschafts- und sozialpolitischen Würfe müssen wir mit der Lupe suchen. Aber vielleicht ist das ja gar nicht schlecht. Vielleicht hält sich die Politik nur weise aus wichtigen Themen heraus und lässt die Unternehmen, Beschäftigten und Verbraucher einfach machen.

Um die Frage zu beantworten, ob wir gut auf die Zukunft vorbereitet sind, sollten wir deshalb auch nicht vom Deutschen Bundestag verabschiedete Gesetze zählen oder ein anderes quantitatives Maß zur Messung politischer Aktivität heranziehen. Vielmehr sollten wir betrachten, was hinten rauskommt – unabhängig davon, auf wessen Initiative oder Anstrengung es fußt, wessen Verdienst es ist oder welcher Zufall im Spiel war. Aus dieser Diagnose ergibt sich dann gegebenenfalls wiederum politischer Handlungsbedarf.

Ist Deutschland also heute in einer Verfassung, die ein solides, ein vielversprechendes Fundament für unsere künftige wirtschaftliche und gesellschaftliche Entwicklung darstellt? Sind wir heute in einer guten Startposition, damit die Wirtschaft in den kommenden Jahren prosperiert und der gesellschaftliche Zusammenhalt in Deutschland wieder gestärkt wird? Oder hat die »coole Phase« große Herausforderungen überdeckt, die nun mit aller Wucht zutage treten?

Die möglichen günstigen Rahmenbedingungen für eine erfolgreiche Wirtschaft und Gesellschaft sind zahlreich und könnten niemals abschließend aufgezählt werden. Wir wollen uns in diesem Kapitel auf eine Reihe von Faktoren konzentrieren. Die Auswahl ist geleitet von der Überlegung, dass diese Faktoren sowohl die Wirtschaft als auch den sozialen Zusammenhalt betreffen.

Selbstverständlich gibt es auch Rahmenbedingungen, bei denen das Ziel der Wettbewerbsfähigkeit und des Wachstums dominieren und gesellschaftliche Aspekte im Hintergrund stehen. Das betrifft gerade Politiken für einzelne Branchen, aber auch Fragen wie die Besteuerung von Unternehmen oder der Forschungsaktivitäten. Am Ende hängen an Wachstumsfragen zwar immer auch gesellschaftliche Fragen, vor allem in Form von Arbeitsplätzen oder von Gerechtigkeitsüberlegungen bei der Verteilung von Gewinnen. Diese stehen aber dann nicht im Vordergrund.

Unsere Auswahl wichtiger Rahmenbedingungen für unsere künftige Entwicklung bleibt subjektiv und unvollständig. Es ist der Versuch, die wirklich wichtigen Felder mit großem Einfluss auf Wachstum, Beschäftigung und gesellschaftlichen Zusammenhalt abzustecken und zu schauen, ob diese Felder gut bestellt sind.

Deutschland altert – kann man da nichts machen?

»Deutschland altert so schnell wie kein anderes Land auf der Welt.« Diesen Satz hört man häufig. Ein wenig pointiert beschreibt er die große gesellschaftliche Herausforderung, vor der Deutschland steht, sehr zutreffend: Egal, welchen Indikator wir betrachten, Deutschland gehört in jedem Fall zur Spitzengruppe der alternden Gesellschaften weltweit.

Demografische Alterung ist dabei zunächst einmal weder etwas Gutes noch etwas Schlechtes. Begriffe wie »Überalterung«, die einen vermeintlich zu hohen Anteil alter Menschen beschreiben, verbieten sich daher. Es gibt keine »perfekte« Altersstruktur. Eine Gesellschaft kann sich auf verschiedene demografische Situationen einstellen.

Die Herausforderung liegt in der Veränderung. Wenn sich die Altersstruktur unserer Bevölkerung in relativ kurzer Zeit – und zehn bis zwanzig Jahre sind eine kurze Zeit – drastisch verschiebt, entspringt daraus auf vielen Feldern großer Anpassungsbedarf. Darauf sollten wir vorbereitet sein.

Warum altert Deutschland eigentlich so stark?

Als zentrales und sehr einleuchtendes Argument für die Alterung wird immer wieder die niedrigere Geburtenrate angeführt. Diese wird zudem mit dem plakativen Begriff des »Pillenknicks« begründet. Das ist richtig, aber es ist nur ein Teil der Erklärung.

Tatsächlich lag die Geburtenrate in Deutschland seit den frühen 1970er Jahren in etwa konstant bei 1,4 lebend geborenen Kindern je Frau, später rutschte sie weiter in Richtung 1,3 ab. Erst in jüngster Zeit ist wieder ein leichter Anstieg zu beobachten.

Die Auswirkungen sind leicht auszurechnen: Wenn über Jahrzehnte hinweg weniger Kinder geboren werden, als zum Erhalt der Bevölkerungszahl notwendig wären, nämlich 2,1 Kinder, (aufgrund von Kindersterblichkeit in den ersten Lebensjahren liegt die bestandserhaltende Geburtenrate bei etwas über 2), muss die Bevölkerung zwangsläufig stark altern. Bei bestandserhaltender Geburtenrate würde die Bevölkerung nur durch die steigende Lebenserwartung älter werden. Zuwanderung kann die Schrumpfung der Bevölkerungszahl zwar aufhalten, nicht aber ihre Alterung.[5]

So einleuchtend die Erklärung für die niedrige Geburtenrate ist, zwei Effekte fehlen bei diesem Argument: Zum einen fiel die Einfüh-

5 Warum nicht? Zuwanderer sind doch in der Regel jünger als die hiesige Bevölkerung. Aber: Zuwanderer altern auch! Und zwar genauso schnell wie Einheimische. Verrückt.

rung und Verbreitung der Antibabypille in eine Zeit, in der Deutschland von großen gesellschaftlichen Umbrüchen gekennzeichnet war. Ende der 1960er Jahre brachen alte, traditionelle Familienbilder zunehmend auf. Der Kinderwunsch vieler Paare nahm ab. Auch ohne die Antibabypille wäre die Geburtenrate in jener Zeit zurückgegangen.

Zum anderen müssen wir berücksichtigen, dass die Zahl der Neugeborenen nicht nur von der Geburtenrate abhängt, sondern auch von der Anzahl der potenziellen Mütter. Und die fehlten ab Ende der 1960er Jahre. Das waren genau jene Kinder, die in der zweiten Hälfte des Zweiten Weltkriegs, als es zu einem regelrechten Geburteneinbruch gekommen war, nicht geboren wurden.

Genau andersherum verhält es sich mit den Babyboomern in den 1950er und frühen 1960er Jahren: Die Geburtenrate war hoch – traditionelle Familienstrukturen und ein Nachholeffekt aus der Nachkriegszeit prägten das Bild. Aber die Anzahl der potenziellen Mütter war ebenfalls hoch. Das wiederum war eine unmittelbare Folge der pronatalistischen Politik und des damit einhergehenden Geburtenanstiegs ab 1933, während des dunkelsten Kapitels der deutschen Geschichte.[6] Nie in der deutschen Nachkriegsgeschichte wurden mehr Kinder geboren als 1964, fast doppelt so viele wie heute pro Jahr.

Dieser kurze Ausflug in die Historie der deutschen Demografie ist hilfreich, um zu verstehen: Demografie hat ein extrem langes Gedächtnis. Ein Teil der Herausforderungen, mit denen wir in den kommenden Jahren konfrontiert werden, hat seinen Ursprung bereits in den 1930er Jahren, also hundert Jahre zuvor.

Das bedeutet auch, dass wir uns weniger damit beschäftigen sollten, wie wir den demografischen Wandel verhindern können – das können wir nämlich nicht –, sondern vielmehr damit, wie wir uns darauf vorbereiten können.

---

6 Halten Sie sich für 2024 schon mal den Kalender frei. Sie werden viele Einladungen zu 60. Geburtstagen erhalten.

Die heutige Bevölkerungspyramide Deutschlands ist geprägt von Kriegen, Krisen und gesellschaftlichen Umbrüchen aus einhundert Jahren. Grafisch stellt sie sich eher als zerfledderter Baum denn als gleichmäßige geometrische Figur dar. Wissen wir denn so genau, wie es in Zukunft aussehen wird? Ja, das wissen wir ziemlich genau. Das Schöne an Bevölkerungsprognosen auch über eine lange Zeit hinweg ist, dass sie sehr verlässlich sind.

Selbst wenn wir ein Vierteljahrhundert in die Zukunft blicken, betrachten wir in der überwiegenden Zahl Menschen, die heute schon geboren sind. Zuwanderer vermögen den Altersaufbau nicht nachhaltig zu verändern, Geburtenzahlen schwanken nicht stark genug, um sehr große Unsicherheiten in der Prognose zu verursachen, und die Perspektiven auf die künftige Lebenserwartung bewegen sich in einem relativ engen Spektrum.

Deshalb ist es für die Politik sehr einfach, sich fundiertes Wissen über den demografischen Wandel anzueignen. Frustrierend für die Politik mag sein, dass sie so wenig ändern kann. Und überraschend ist, dass sie vor diesen verlässlichen Prognosen oftmals ebenso verlässlich die Augen verschließt.

Von den 83,2 Millionen Menschen, die heute (Ende 2019) in Deutschland leben, sind 18 Prozent jünger als zwanzig Jahre. Bei diesem Alter zieht der Demograf gern die Grenze der Gruppe, die sich im Allgemeinen in Ausbildung befindet. Im Mittel zwischen beruflicher und akademischer Ausbildung stellt dies sicher für Länder wie Deutschland eher eine Untergrenze dar. Danach beginnt die Erwerbsphase, die wir bis zum Alter von fünfundsechzig Jahren abgrenzen können. Zwar steigt das gesetzliche Renteneintrittsalter auf siebenundsechzig Jahre. Aber da dies erst in einigen Jahren erreicht wird und auch danach das tatsächliche Renteneintrittsalter, wie schon heute, ein wenig darunter liegen wird, ist die Abgrenzung bei fünfundsechzig Jahren bis auf Weiteres sinnvoll. In dieser Altersgruppe, die die Erwerbsphase kennzeichnet, befinden sich noch 60 Prozent der Bevölkerung. Fünfundsechzig Jahre oder älter sind heute bereits 22 Prozent.

Aber in den kommenden Jahren gehen die Baby-Boomer in Rente. Wer 1964 geboren wurde, ist 2029 dann fünfundsechzig Jahre alt. Auch davor und danach sind die Jahrgänge stark besetzt. So werden 2030 bereits 26 Prozent der Menschen in Deutschland im Rentenalter sein. In nur gut zehn Jahren ein Anstieg um fast 20 Prozent! Und der Anteil der Menschen im Erwerbsalter sinkt auf weniger als 56 Prozent.

Noch deutlicher wird die Alterung der deutschen Gesellschaft, wenn wir den sogenannten Altenquotienten betrachten. Er zeigt in einer einzigen Kennziffer an, wie sich das demografische Verhältnis zwischen Rentnern und Personen im Erwerbsalter verändert. Kommen heute auf einhundert Menschen im Erwerbsalter etwa sechsunddreißig Rentner, so werden es 2030 bereits siebenundvierzig sein. Wenige Jahre später wird er die Marke von fünfzig überschreiten. Richtung 2040 geht der Altenquotient sogar wieder ganz leicht zurück. Das liegt daran, dass die Babyboomer in diesen Jahren langsam das System verlassen.[7]

Der Altenquotient ist deshalb besonders aussagekräftig, da er sehr deutlich anzeigt, wie viele Erwerbspersonen einen Rentner »versorgen« müssen. Heute sind es knapp drei, in gut zehn Jahren werden es nur noch zwei sein. Bei der »Versorgung« geht es nicht nur um die umlagefinanzierte gesetzliche Rente, sondern gesamtwirtschaftlich darum, dass die Erwerbstätigen all das erwirtschaften, was die gesamte Bevölkerung verwendet. Die Erwerbstätigen sind in dem Sinne Produzenten, die Rentner ausschließlich Konsumenten der Wirtschaftsleistung.

7 Vulgo: Sie sterben.

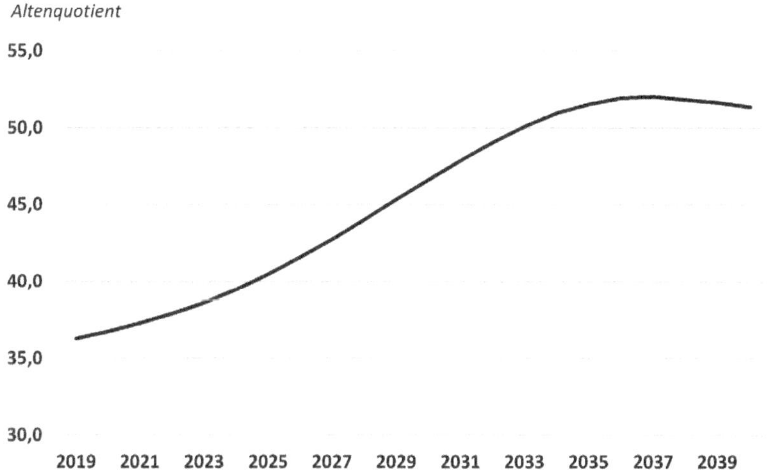

Quelle: Statistisches Bundesamt 2019, eigene Berechnungen

Abbildung 8: Altenquotient, 2019 bis 2040

Der Befund, dass die deutsche Gesellschaft altert, ist unumstößlich. Mehr noch: Sie altert aufgrund der Babyboomer und der schwach besetzten nachfolgenden Generation so stark wie nie zuvor. Mitte der 2020er Jahre wird der demografische Wandel richtig Fahrt aufnehmen und wenige Jahre später seinen vorläufigen Höhepunkt erreichen. Haben sich die Renten- und die Arbeitsmarktpolitik darauf eingestellt?

Ist die Rente trotzdem sicher?

Bei aller Komplexität im Detail ist das Prinzip der gesetzlichen Altersrente sehr einfach zu verstehen. Die heutige Rente muss immer auch heute erwirtschaftet werden.[8] In Reinform gibt es damit drei Größen, die zu jedem Zeitpunkt zueinander passen müssen: das Verhältnis von Rentnern zu Erwerbstätigen, die Beitragshöhe und die Renten-

8 Dass dies nicht für kapitaldeckende Systeme gelten würde, ist ein Irrtum, auf den Gerhard Mackenroth schon 1952 hingewiesen hat.

höhe. Hinzu kommt in Deutschland noch ein steuerfinanzierter Zuschuss aus dem Bundeshaushalt.

Zwei der drei Größen kann man frei bestimmen, die dritte ergibt sich dann. Möchte man alle drei bestimmen, muss der Bundeszuschuss zusätzlich für einen Ausgleich sorgen. So einfach ist es im Prinzip.

Für die Zeit bis 2030 sieht die aktuelle Gesetzeslage vor, dass zum einen der Anstieg der Zahl der Rentner gegenüber jener der Erwerbstätigen gedämpft werden (»Rente mit 67«), zum anderen der Beitragssatz nicht über 22 Prozent des Bruttoeinkommens steigen und zum Dritten das Rentenniveau nicht unter 43 Prozent sinken soll. All dies sind schon erhebliche Veränderungen gegenüber der heutigen Situation mit einem Beitragssatz von weniger als 19 Prozent und einem Rentenniveau von 48 Prozent. Aber es sind erste Vorbereitungen auf den demografischen Wandel.

Dabei gibt es seit langem erhebliche Widerstände gegen diese Haltelinien. Im Grunde genießt keine davon gesellschaftliche Akzeptanz. Die »Rente mit 67« steht bereits seit Jahren unter Beschuss, Absenkungen des Rentenniveaus stellen für viele ein Tabu und den sicheren Weg in die Altersarmut dar, und hohe Beitragssätze lösen bei den Beschäftigten keinen Jubel aus.

Darauf hat die Politik in den vergangenen Jahren reagiert und Teile ihrer früheren zukunftsorientierten Rentenpolitik zurückgedreht, ob es die »Rente mit 63« für langjährige Erwerbstätige ist oder die Garantie des heutigen Rentenniveaus bis 2025, ohne die Beitragssätze groß zu erhöhen. Da auch nach jeder Rentenreform die Einnahmen und Ausgaben der Rentenversicherung übereinstimmen müssen, steigt dadurch zwangsläufig unsere vierte Komponente, der Bundeszuschuss, stark an, der schon heute mehr als 100 Milliarden Euro jährlich beträgt.

So kontrovers die Debatte um die »richtige« Rentenpolitik schon heute geführt wird und so schwierig es ist, einen ökonomisch und sozial ausgewogenen und weithin akzeptierten Kompromiss zu finden: Bis 2025 und auch bis 2030 wird die demografische Alterung ja noch längst nicht ihren Höhepunkt erreicht haben. Die Frage der »richtigen« Rentenpolitik wird in Zukunft noch größer und die Antwort noch schwieriger. Für diese Zeit aber gibt es in der Politik bis heute kein Konzept.

Sie beschäftigt sich schlicht nicht mit der Frage, wie es nach 2030 zu einem fairen Ausgleich zwischen Erwerbstätigen und Rentnern kommen kann. Dabei muss man sich eines vor Augen führen: Demografischer Wandel lässt sich nicht wegreformieren. Er kann nur verteilungspolitisch moderiert werden. Und dafür bleibt nur die genannte, sehr überschaubare Zahl von möglichen Stellschrauben. Keine davon ist angenehm für die Betroffenen. An der einen zu fest zu drehen, an der anderen zu wenig birgt enormen Sprengstoff für den gesellschaftlichen Zusammenhalt in Deutschland.[9]

Unsere Rentengesetzgebung ist für den demografischen Wandel der kommenden fünf bis zehn Jahre gut vorbereitet – für die Zeit danach aber, in der noch größere Herausforderungen vor der Tür stehen, ist sie nackt.

Uns gehen die Fachkräfte aus

Eine ausgewogene Verteilung der Lasten der Alterung der Gesellschaft zwischen den Generationen hinzubekommen stellt nur eine der beiden großen Herausforderungen des demografischen Wandels dar. Eine zweite: Uns gehen die Fachkräfte aus. Der Beschäftigungsboom der vergangenen Jahre hat schon heute den Arbeitsmarkt in vielen Regionen und Qualifikationen leergefegt.

Mit der sinkenden Zahl der Arbeitslosen steigt die Zahl der offenen Stellen. Allein die bei der Bundesagentur für Arbeit gemeldeten offenen Stellen liegen seit zwei Jahren bei jahresdurchschnittlich fast 800.000. Noch weit mehr Stellen bleiben unbesetzt, ohne dass sie offiziell gemeldet werden. Allein demografisch bedingt werden wir

9 Über Irrwege und Wege aus dem vermeintlichen Rentendilemma in späteren Kapiteln mehr.

im Jahr 2030 fast 4 Millionen Arbeitskräfte weniger haben als noch heute.

Schon auf dem Ausbildungsmarkt zeigen sich die Engpässe. Die Zeiten, in denen die Politik Ausbildungsoffensiven startete, um Jugendlichen zu einem Ausbildungsplatz zu verhelfen, sind lange vorbei. Heute bleiben viele Ausbildungsplätze, die die Unternehmen anbieten, unbesetzt – 2018 gemäß einer Befragung des Deutschen Industrie- und Handelskammertages in jedem dritten Betrieb. Jedes vierte Unternehmen mit unbesetzten Ausbildungsplätzen bekam nicht eine einzige Bewerbung.

Inzwischen können sich Jugendliche ihren Ausbildungsplatz oftmals aussuchen. Zwangsläufig bleiben Betriebe zurück, die ihre Plätze nicht besetzen können. Dort, wo heute Auszubildende fehlen, fehlen aber morgen die Fachkräfte.

Die Frage, wo genau die Fachkräfte künftig fehlen, ist nicht allein anhand der künftig Beschäftigten in einer Branche oder einer Qualifikation zu beantworten. Eine Formel, nach der aus einer rückläufigen Beschäftigtenzahl auf einen Mangel an Fachkräften zu schließen wäre, greift zu kurz. Ob eine Fachkraft wirklich fehlt oder nur nicht da ist, ergibt sich immer aus dem Zusammenspiel von Angebot und Nachfrage. So können Branchen stark wachsen, aber wegen großer Produktivitätsfortschritte trotzdem weniger Beschäftigte benötigen.

In den meisten Branchen der deutschen Industrie ist das seit Jahrzehnten zu beobachten, ohne dass wir bereits seit den 1950er Jahren von einem Fachkräftemangel sprechen müssten. Es kann auch sein, dass Unternehmen im Zeitverlauf zwar nicht mehr oder weniger Mitarbeiter, jedoch andere Qualifikationen benötigen. Viele Berufsbilder sind im Wandel, heute sind oftmals andere Qualifikationen und Fertigkeiten gefragt als früher.

Umgekehrt kann es sein, dass in einem Beruf zwar künftig weniger Menschen gebraucht, aber trotzdem mehr zusätzliche Fachkräfte benötigt werden. Das gilt zum Beispiel für manche Tätigkeit in der Industrie, ebenso im Bereich Verkehr und Logistik.

Heute relativ alte Belegschaften und wenig Nachwuchs bedingen aber Engpässe auch in diesen Fällen. Es kommt eben auch darauf an, was die jungen Menschen lernen möchten. Die Beispiele der Auszubildenden zeigen, dass sich immer mehr Schulabgänger, wenn sie die Möglichkeit haben, für ein Studium und gegen eine Ausbildung entscheiden. Damit steigt der Mangel in den Ausbildungsberufen.

Wenn man die verschiedenen Aspekte zusammennimmt, die das künftige Angebot und die künftige Nachfrage nach Arbeit bestimmen, so wird deutlich, dass Fachkräftemangel auf den einzelnen Ebenen sehr unterschiedlich ausgeprägt sein kann. Allerdings: Kaum eine Branche, kaum eine Qualifikation, kaum eine Berufsgruppe ist davon ausgenommen.

Fachkräftemangel ist kein alleiniges Phänomen der IT-Branche oder der Pflegeberufe. Die richtig qualifizierten Arbeitskräfte werden uns fast überall fehlen. Und zunehmend liegt der Schwerpunkt des Fachkräftemangels bei den Ausbildungsberufen, während durch die steigenden Studierendenzahlen die Lücke bei vielen Akademikerberufen vorläufig noch überschaubar bleibt.

Die gesamtwirtschaftliche Dimension des Fachkräfteproblems ist enorm. So schätzt das Basler Prognos Institut, dass sich die Fachkräftelücke in Deutschland von heute bereits etwa 1,5 Millionen bis 2031 auf ein Maximum von 3,6 Millionen erhöhen könnte – wenn keine Gegenmaßnahmen ergriffen werden.

Nun könnte man sagen: Gut, dann produzieren wir halt weniger. Wenn dabei die Arbeitslosigkeit noch weiter zurückgeht, fast jeder eine Arbeitsstelle findet, dann kann das für die Gesellschaft doch nicht schlecht sein.

Wäre es aber.

Aus Sicht der Unternehmen ist die Sache klar: Wo Arbeitskräfte fehlen, kommt es zu Engpässen in der Produktion, manch ein Betrieb wird ganz aufgeben müssen, etwa weil er mit kleineren Stückzahlen nicht mehr wettbewerbsfähig arbeiten kann.

Auch wird es schwieriger, Familienbetriebe in die Hände der nächsten Generation zu übergeben. Welcher junge Unternehmensnachfolger möchte das Risiko übernehmen, den elterlichen Betrieb nicht erfolgreich weiterführen zu können, weil er die richtigen Mitarbeiter nicht mehr findet? Dort, wo der Fachkräftemangel zu Unternehmensschließungen führt, wird auch die Arbeitslosigkeit wieder steigen.

Aber auch aus direkter Sicht der Beschäftigten ist die Sache zweischneidig. Der eigene Arbeitsplatz funktioniert ja nicht unabhängig von anderen Tätigkeiten. Wenn es zu wenig medizinisches Pflegepersonal gibt, kann der Betrieb eines Krankenhauses nicht im eigentlich notwendigen Umfang aufrechterhalten werden. Dann können aber auch weniger Ärzte und Verwaltungsangestellte beschäftigt werden.

Der eigene Arbeitsplatz hängt meist auch von anderen ab, mit denen man zusammenarbeitet. Können dort Stellen nicht besetzt werden, ist das auch ein Problem für den eigenen Arbeitsplatz.

Gesellschaftlich problematisch ist aber noch ein weiterer Aspekt. Extreme Engpässe hier, kleinere Lücken dort und vielleicht sogar ein Überangebot an der einen oder anderen Stelle werden dazu führen, dass sich die Löhne deutlich ungleicher entwickeln werden als in der Vergangenheit. In der Privatwirtschaft werden schon heute Berufseinsteigern in der IT-Branche bei bestimmten Spezialisierungen Fantasiegehälter gezahlt. Nein, keine Fantasiegehälter – sondern genau jene Gehälter, die die Unternehmen bereit sind zu bezahlen, weil sie wissen, welche Produktionseinbußen sie hinnehmen müssten, wenn sie diese IT-Fachkraft nicht bekämen.

Der steigende Fachkräftemangel hat das Potenzial, die Phase der relativ stabilen Entwicklung der Einkommensverteilung zu beenden, die wir seit mehr als zehn Jahren in Deutschland beobachten können. Die Einkommen könnten wieder auseinanderdriften und den gesellschaftlichen Zusammenhalt in Deutschland erneut vor eine schwierige Prüfung stellen.

Wie für die Alterung der Gesellschaft gilt auch für den Fachkräftemangel, dass der Blick in die Zukunft – bei allen Unsicherheiten im Detail – eine große Verlässlichkeit aufweist. Die Erkenntnis und das Wissen, um zu handeln, sind vorhanden.

Auf dem Arbeitsmarkt können wir in gewissen Grenzen der Demografie sogar noch ein Schnippchen schlagen. Trotz steigender Beschäftigtenzahlen ist das Arbeitspotenzial in Deutschland bei weitem noch nicht ausgeschöpft: Frauen, darunter vor allem Mütter, ebenso wie ältere Menschen sind nach wie vor unterdurchschnittlich häufig erwerbstätig. Auch arbeiten viele von ihnen in kleiner Teilzeit mit Umfängen in der Größenordnung von zwanzig Stunden pro Woche.

Viele dieser Teilzeitkräfte würden – das zeigen Befragungen – ihre Stundenzahl gern ausweiten. Die Aufgabe liegt darin, das gesellschaftliche Umfeld so zu gestalten, dass es für den Einzelnen attraktiv ist, eine Arbeit aufzunehmen oder sie auszuweiten. Gleiches gilt für die Wahl zukunftsträchtiger Ausbildungen und Qualifikationen. Es gibt Gründe dafür, dass Pflegeberufe von vielen Menschen nicht als attraktiv wahrgenommen werden. Also müssen wir sie attraktiv machen. Das hat mit der Bezahlung ebenso zu tun wie mit weiteren Arbeitsbedingungen und der gesellschaftlichen Wertschätzung.

Große und vor allem konkrete Initiativen, die die Bezeichnung »Fachkräfteoffensive« verdienen oder gleich selbst im Namen tragen, kommen allzu oft nur von der Wirtschaft. Die Politik hat das Problem selbst zwar auch längst erkannt, man muss allerdings den Eindruck haben, sie befinde sich – jenseits punktueller Maßnahmen – noch weitgehend in der Konzeptionsphase gegen den Fachkräftemangel.

Das ist zu wenig. Schließlich muss sich die Politik das Thema Ausbildungsfähigkeit auf die Agenda schreiben. Allzu viele junge Menschen kommen aus Familien, die seit mehreren Generationen von Grundsicherung leben. Auch diese Menschen haben Talente, die sie am Arbeitsmarkt, für die Gesellschaft und für sich selbst einbringen können. Dazu müssen sie aber oftmals erst befähigt werden, und dabei benötigen sie Unterstützung.

Und wenn wir die Fachkräftelücke durch bessere Ausnutzung des vorhandenen Potenzials nicht schließen können? Dann benötigen wir mehr Zuwanderung in den Arbeitsmarkt. Alle Modellrechnungen zeigen, dass mehr Zuwanderung eine tragende Säule der Fachkräftepolitik sein muss. Daran wird kein Weg vorbeiführen.

Hier tut sich Deutschland traditionell schwer, jedenfalls auf der einen Seite. Nämlich jener der Zuwanderung aus aller Welt. Auch das jüngste, 2019 vom Deutschen Bundestag beschlossene Fachkräfteeinwanderungsgesetz versprüht weder im Wort noch im Geist eine große Offenheit und ein herzliches Willkommen für ausländische Fachkräfte. Hier geht es ausschließlich um von uns benötigte Fachkräfte, also um unseren eigenen Vorteil. Es liegt also ganz allein in unserem Interesse, diese wohl ausgesuchte Gruppe von Zuwanderern willkommen zu heißen. Umso bedauerlicher, dass die vereinbarten Erleichterungen für den Zugang zum deutschen Arbeitsmarkt nach allgemeiner Einschätzung nur sehr überschaubare Wirkungen zeigen werden.[10]

Auf der anderen Seite leben wir in einem Europäischen Binnenmarkt mit 500 Millionen Menschen (noch einschließlich des Vereinigten Königreichs gerechnet), in dem jeder Unionsbürger seinen Arbeitsplatz frei wählen kann. Die Arbeitskräftefreizügigkeit stellt gleichermaßen den ökonomisch unbedeutendsten wie den sozial stolzesten Pfeiler des Binnenmarktes dar. Dass jeder seinen Arbeitsplatz innerhalb der Europäischen Union frei wählen kann, ist eine große gesellschaftliche Errungenschaft; dass die wenigsten es tun, macht ihn wirtschaftlich so wenig bedeutsam.

Aber das Potenzial, Arbeitskräfte aus anderen EU-Ländern anzuwerben, ist enorm. Die formalen Zugangshürden sind sehr viel geringer als bei Beschäftigten aus Drittstaaten, die Qualifikationen ähnlicher und vergleichbarer und die kulturelle Nähe größer.[11] Ein offensiver Fokus der Politik auf diese Gruppe, die uns bei der Lösung unseres Fachkräfteproblems helfen kann, ist nicht erkennbar.

---

10 Selbst der zuständige Bundesinnenminister rechnet nicht damit, „... dass dieses Gesetz zu zusätzlicher, zu großer zusätzlicher Einwanderung führen wird“. Hallo? Warum macht er dieses Gesetz dann?

11 Eine wunderbare Initiative hat die Metropolregion Nürnberg gestartet, um nach dem Brexit polnische Arbeitskräfte aus dem Vereinigten Königreich ins schöne Mittelfranken zu locken. Schauen Sie selbst: https://www.bewareofgoodlife.de/.

Der demografische Wandel steht in Deutschland nicht mehr vor der Tür, sondern bereits auf der Schwelle. Er wird unser Land in den kommenden fünfzehn Jahren massiv verändern. Alle Fakten dazu liegen auf dem Tisch. Die Vorbereitungen der Politik auf den beiden großen Feldern Rente und Fachkräfte sind erkennbar, sie umfassen aber bislang weder den gesamten Zeitraum noch die gesamte Dimension der Herausforderungen.

Wenn hier nicht zügiger und konsequenter in die Zukunft gehandelt und die Zeit genutzt wird, um für die notwendigen Veränderungen gesellschaftliche Akzeptanz zu gewinnen, werden die Folgen des demografischen Wandels unsere Wirtschaft schwächen und unseren gesellschaftlichen Zusammenhalt auf eine harte Probe stellen.

Wir haben die Fakten, wir haben noch die Zeit, und wir haben die Möglichkeiten, den demografischen Wandel ökonomisch tragfähig und sozial verträglich zu gestalten.[12]

In der Produktivitätsfalle

Die Produktivität ist für jeden Betrieb, jede Branche, jede Volkswirtschaft die entscheidende Größe, die über Erfolg, Wachstum und Wohlstand entscheidet. Wenn ein Unternehmen mehr produzieren möchte, kann es nicht endlos mehr Menschen einstellen und mehr Maschinen einsetzen.

Die Ressource Arbeitskraft ist endlich und – wie wir gesehen haben – in Deutschland schon ausgesprochen knapp. Maschinen, oder allgemein Kapitalgüter, verlieren mit der Zeit an Wert, sind technisch nicht mehr auf dem neuesten Stand. Ein überbordender Maschinenpark ist also vor allem teuer.

12 Ansätze, wie man es nicht machen sollte (Kapitel 6) und wie man es doch machen könnte (Kapitel 7), folgen.

Am Ende kann man nur mehr produzieren, wenn man besser wird. Neue Produktionstechnologien, neue Organisationsformen der Arbeit, neue höher werthaltige Produkte sind langfristig der einzige Schlüssel zum Wachstum. Die Geschichte des Wirtschaftswachstums seit Beginn der Industrialisierung ist eine Geschichte der Produktivitätsfortschritte. Interessanterweise gab es vor der Industrialisierung in den Agrargesellschaften praktisch keine Produktivitätsfortschritte. Unseren Wohlstand verdanken wir dem Umstand, dass Menschen stets bestrebt sind, Dinge besser zu machen[13] – und dass dies in einer Marktwirtschaft auch belohnt wird.

Deutschland ist in ganz besonderem Maße darauf angewiesen, besser zu werden. Denn wir werden künftig weniger Menschen haben, die das Einkommen des Landes erwirtschaften. Die Summe an Arbeitsstunden wird in den kommenden Jahren demografisch bedingt zurückgehen. Wir haben das gesehen. Allein dadurch wird unsere wirtschaftliche Entwicklung gebremst. Also: Wir sollten besser werden. Aber zunächst werfen wir einen Blick auf die Produktivitätsentwicklung der vergangenen Jahre. Dieser Blick ist sehr aufschlussreich für die Einschätzung der Zukunft.

Die Produktivität ist kaum noch gewachsen

Es gibt verschiedene Maße, um Produktivität zu messen. Im Allgemeinen betrachtet man die Arbeitsproduktivität, die sich aus der einfachen Division der Wirtschaftsleistung durch die Anzahl der gearbeiteten Stunden ergibt. Wie viel wird in einer Volkswirtschaft im Durchschnitt in einer Stunde erwirtschaftet? Das hängt natürlich nicht nur davon ab, wie sehr wir uns anstrengen. Maßgeblich sind technische Neuerungen, Innovationen sowie Investitionen in Maschinen und Infrastruktur.

13 Wir dürfen davon ausgehen, dass nicht nur Erfindergeist, sondern auch Faulheit beim Streben nach Produktivitätsfortschritten eine Rolle spielen. Um wie viel bequemer ist unser tägliches Leben heute im Vergleich zu früheren Jahrhunderten oder auch nur Jahrzehnten?

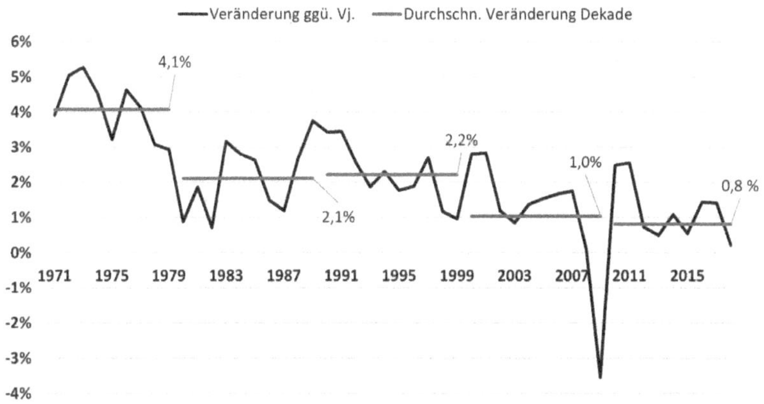

Abbildung 9: Entwicklung der Arbeitsproduktivität, 1970 bis 2018

Heute werden in Deutschland im Durchschnitt über alle Branchen und Unternehmen nominal rund 50 Euro je Stunde erwirtschaftet. Das stellt auch im internationalen Vergleich ein respektables Niveau dar. Seit 1970 ist unsere Arbeitsproduktivität preisbereinigt um den Faktor 2,7 gewachsen. Wir schaffen heute in derselben Arbeitszeit also annähernd dreimal so viel wie vor fast fünfzig Jahren – oder müssen für das Gleiche statt einer Stunde nur noch zweiundzwanzig Minuten arbeiten. Produktivitätswachstum als Quell unseres Wohlstands.

Leider liegen die großen Produktivitätssteigerungen schon lange zurück. Die Entwicklung befindet sich seit Jahrzehnten in einem kontinuierlichen Abwärtstrend. Noch in den 1970er Jahren lag das Wachstum der Arbeitsproduktivität bei jährlich mehr als 4 Prozent. Der schleichende Rückgang über die Zeit mündete in den 2000er Jahren in den seitdem konstanten Trend von nur noch 1 Prozent pro Jahr. Das ist nicht viel.

Diese Entwicklung ist bedenklich und passt so gar nicht zu den Erfolgsmeldungen über die deutsche Wirtschaft in der »coolen Phase«. Bedenklich ist sie aus mehreren Gründen. Zum einen verlieren wir an internationaler Wettbewerbsfähigkeit, wenn sich Unternehmen aus anderen Ländern schneller verbessern als wir. Zum anderen bleiben nur geringe Spielräume für Lohnerhöhungen. Wenn durch Produktivitätsgewinne ein Plus erwirtschaftet wird, kann das zwischen Arbeitgebern und Arbeitnehmern aufgeteilt werden. Mehr aber nicht.

Im Zuge des Fachkräftemangels kommen viele Arbeitnehmer immer stärker in die Position, höhere Löhne durchzusetzen. Wenn die aber nicht erwirtschaftet werden können, geht dies zulasten der Gewinne der Unternehmen. Das kann für einige Jahre gutgehen; auf Dauer ist es aber kein tragfähiges Konzept, wenn Unternehmen keine Gewinne erzielen.

Schließlich ist bedenklich, wie sich diese schwache Produktivitätsentwicklung im Detail darstellt. Die OECD kommt in einer viel beachteten Studie zu dem Schluss, dass die gesamte Produktivitätsentwicklung der letzten Jahre von einer relativ kleinen Anzahl sogenannter Global Frontier Firms getrieben wird. Diese Unternehmen sind typischerweise größer, profitabler, jünger, innovativer und stärker international eingebunden als die übrigen Unternehmen.

Deren Produktivitätsfortschritte waren in den vergangenen Jahren keineswegs rückläufig, sondern lagen im Durchschnitt bei bemerkenswerten 3,5 Prozent pro Jahr – Werte, die wir hierzulande gesamtwirtschaftlich eben nur aus den 1970er Jahren kennen. Die übrigen Unternehmen kommen demgegenüber gerade mal auf ein mickriges halbes Prozent. Das verschärft für diese Firmen die oben genannten Probleme.

Es verschärft aber auch eine Tendenz des Auseinanderdriftens von auf der einen Seite sehr und auf der anderen Seite nur mäßig erfolgreichen Unternehmen – mit allen Folgen für Beschäftigungschancen und Lohnentwicklungen der unterschiedlichen Gruppen. So kommt der Produktivitätsentwicklung unmittelbar eine gesellschaftliche Dimension zu.

Die Gründe dafür sind nicht beruhigend

Nun stellt sich die Frage, wie es zu diesem starken Verfall der Produktivitätsentwicklung kommen konnte. Sind wir in Deutschland, dem Land der Tüftler und Erfinder, nicht mehr innovativ? Fällt uns nichts mehr ein, um unsere Produktionsprozesse und unsere Produkte zu verbessern? Die eine Antwort auf diese Frage gibt es nicht. Neben vielen weiteren Faktoren gibt es mindestens drei Gründe, die wirklich von Bedeutung sind für unser schwaches Produktivitätswachstum. Zwei davon sind weitgehend unstrittig, nicht alle sind beruhigend.

Erstens liegt ein Beschäftigungsboom nie gekannten Ausmaßes hinter uns. Erklärtes Ziel der Hartz-Gesetzgebung war es, gering Qualifizierte in den Arbeitsmarkt zu integrieren. Das ist zu einem Gutteil gelungen und aus wirtschaftlicher wie aus gesellschaftlicher Sicht höchst erfreulich.

Geringe Qualifikation geht jedoch in aller Regel auch mit geringer Produktivität einher. Das erklärt ja gerade die Schwierigkeiten dieser Gruppe am Arbeitsmarkt. Befinden sich mehr gering Qualifizierte in Beschäftigung, drückt das die gesamtwirtschaftliche Produktivitätsentwicklung. Aber das ist kein Problem, das ist die rein statistische Nebenwirkung einer Politik, die ihr Ziel erreicht hat.

Zweitens sendet die Nullzinspolitik der Europäischen Zentralbank eine klare Botschaft an die Unternehmen aus: Wenn ihr euch kostenlos verschulden könnt, muss das eingesetzte Fremdkapital keine Rendite mehr erzielen.

Das hört sich an wie das Paradies: Man steckt fremdes Geld in seine Firma, muss damit aber nichts erwirtschaften. Die Kehrseite dieser Medaille ist jedoch: Durch diese Geldpolitik können heute Unternehmen am Markt überleben, die dort eigentlich nichts zu suchen haben.

In einem normalen Zinsumfeld benötigt man gute Ideen und Konzepte, Innovationsgeist, den Puls am Markt, eine gute Organisation der Firma und gute Mitarbeiter. Das ist alles nicht nötig für Zombie-Firmen – eigentlich schon tot, aber durch niedrige Zinsen künstlich am Leben gehalten. Diese Unternehmen drücken die Produktivitätsentwicklung ebenfalls und werden bei einem künftigen Zinsanstieg noch schneller wieder vom Markt verschwinden, als sie dort aufgetaucht sind.

Drittens müssen wir der Wahrheit ins Gesicht schauen: Trotz der Digitalisierung liegen die großen Innovationen der Industriegeschichte hinter uns. Groß bedeutet nicht nur technologisch herausragend. Groß ist eine Innovation erst dann, wenn sie breit und tief in der Wirtschaft verankert ist. Zudem muss von ihr ein wirklicher Produktivitätsschub ausgehen.

Ein neues Produkt der Spitzentechnologie mag beeindruckend sein. Seine wirtschaftliche Durchschlagskraft kann aber begrenzt bleiben. Einige Beispiele für wirtschaftshistorisch wirklich wichtige Innovationen, die kleine Auswahl ist beliebig:[14]

Im Jahr 1928 entdeckte der Brite Alexander Fleming – im Übrigen zufällig – die Wirksamkeit von Penicillin gegen bakterielle Krankheitserreger. Er legte damit den Grundstein für die Entwicklung zahlreicher weiterer Antibiotika. In den vergangenen neun Jahrzehnten wurden weltweit Millionen und Abermillionen Menschenleben durch den Einsatz von Antibiotika gerettet. Antibiotika sind überall relativ leicht verfügbar, haben ein weites Einsatzgebiet und weisen einen extrem hohen Nutzen für die Gesundheit auf.

Rein ökonomisch betrachtet bedeuten schnellere Heilung und eine geringere Todesrate bei bakteriellen Erkrankungen mehr verfügbare Arbeitskräfte und eine höhere potenzielle Wirtschaftsleistung. Der große ökonomische Hebel der Antibiotika ist die globale Reichweite.

Im Jahr 1951 kam in Deutschland die erste vollautomatische Waschmaschine auf den Markt.[15] Mit zunehmendem Einkommen

---

14 Nicht alle Beispiele wirkten sich genau genommen statistisch unmittelbar auf den oben präsentierten Indikator der Arbeitsproduktivität aus, aber andere Maße wie die Kapitalproduktivität und eben die Wirtschaftsleistung insgesamt sind evident.

15 Den einen Erfinder der Waschmaschine gibt es nicht, Vorläufer gehen bis in das 17. Jahrhundert zurück.

der Haushalte in den Wirtschaftswunderjahren fand sie rasch große Verbreitung. Seit langem steht in fast jedem deutschen Haushalt eine Waschmaschine. Das hat zu enormer Zeiteinsparung bei der Hausarbeit geführt. Der »Waschtag« früherer Jahrzehnte, fester Bestandteil im Wochenplan eines Haushalts, existiert heute nicht mehr.

Die Zeitersparnis bedeutete neue Freiräume für andere Tätigkeiten. Sie war sicher nicht Ursache, aber über die Jahrzehnte gemeinsam mit anderen technischen Erleichterungen im Haushalt doch Katalysator für die steigende Erwerbstätigkeit von Frauen und Müttern. Notwendige Voraussetzung dafür, erwerbstätig zu sein, ist nun einmal die verfügbare Zeit.

Seit Anfang der 1970er Jahre können Mikroprozessoren serienmäßig industriell hergestellt werden. In der Folge wurden Computer erstmals wirklich leistungsfähiger und günstiger. Dies schuf die Voraussetzungen dafür, dass Computer immer stärker Einzug in die Arbeitswelt hielten.[16]

Die Fähigkeiten der damaligen Computer sind in keiner Weise vergleichbar mit ihren heutigen Möglichkeiten; sie waren zunächst aus heutiger Sicht einfache Schreib- und Rechenhilfen. Aber ihre Wirkung war revolutionär. Wo bislang in den »Schreibstuben« mit der Schreibmaschine oder gar von Hand geschrieben und auf Papier gerechnet und gezeichnet wurde, half nun der Computer. Die regelrechten Sprünge in der Produktivität sind leicht vorstellbar.

Diese drei Beispiele sind bewusst anekdotisch gewählt. Ebenso bewusst wurden weder die Dampfmaschine noch die Eisenbahn gewählt. Es waren weder das Penicillin noch die Waschmaschine, noch die ersten wirklich nutzbaren Computer allein, die unserer Produktivität einen Schub gegeben haben. Die drei Beispiele stehen vielmehr als *partes pro toto* für bahnbrechende Innovationen aus verschiedensten Bereichen.

Alle drei Beispiele sind keine Hightech-Innovationen. Ihnen ist aber gemein, dass sie schnell eine große Verbreitung gefunden und

16 Wer hätte sich den Z3 von Konrad Zuse aus dem Jahr 1941 ins Büro stellen wollen?

die Arbeitsbedingungen in der gesamten Wirtschaft und Gesellschaft grundlegend verändert haben.

Wo waren solche Innovationen in den vergangenen fünfzehn Jahren? Vieles wurde weiterentwickelt, verbessert, schneller, praktischer, komfortabler und günstiger gemacht. Die Revolutionen aber sind ausgeblieben. Die Erfindung und Einführung des Smartphones im Jahr 2007 war zwar technisch gesehen revolutionär und beschert bis heute dem Nutzer zahlreiche Erleichterungen im Alltag sowie grenzenlose Unterhaltung; einen Produktivitätsschub aber hat sie nicht ausgelöst.

Aber jetzt kommt ja die Digitalisierung

Das alles ist vielleicht nicht so schlimm, denn jetzt kommt ja die Digitalisierung. Und da sie Einzug hält in wirklich alle Lebens- und Arbeitsbereiche, wird sie uns einen neuen, vielleicht nie gekannten Produktivitätsschub verleihen.

Beides falsch! Erstens steht die Digitalisierung nicht vor der Tür, sondern begleitet uns bereits seit mindestens fünfzehn Jahren, also fällt der Vormarsch der Digitalisierung zeitlich ziemlich genau mit dem letzten Rückgang unserer Produktivitätsfortschritte zusammen. Und damit zweitens: Dass uns die Digitalisierung neue Höhenflüge in der Produktivitätsentwicklung bescheren wird, ist alles andere als ausgemacht.

Woran liegt das? Durch die Digitalisierung kann doch ein Großteil der Arbeitsprozesse effizienter gestaltet werden. Es kommen neue Produkte, neue digitale Geschäftsmodelle auf den Markt. Warum sieht man das nicht in der Statistik?

Sicher, es gibt statistische Messprobleme, die Wirkungen der Digitalisierung richtig abzubilden. Das zentrale Argument der Produktivitätspropheten der Digitalisierung aber lautet: Das kommt alles noch. Wir befänden uns gerade noch auf dem unteren flachen Teil der »Abschussrampe«. Wir müssten nur noch weitere Innovationen und vor allem die weitere Diffusion der digitalen Technologien abwarten.

Diese Argumentation ist eine Strategie, mit der man sich gegen widerstreitende Argumente immunisiert. Sie kann nicht widerlegt werden. Und sie ist leider ein gutes Stück Prinzip Hoffnung.

Damit unsere Produktivitätskurve wirklich wieder nach oben geht, brauchen wir nicht nur stetig Innovationen. Vielmehr müssen die künftigen Innovationen in ihrer Wirkung auf das Wirtschaftsleben stärker sein als die vergangenen.

Das müssen wir nicht ausschließen, aber wir sollten doch vorsichtig sein mit unseren Hoffnungen. Die Botschaft lautet: Wir sollten uns nicht zu sehr auf die Digitalisierung verlassen. Sie allein wird es nicht richten. Wir müssen uns vielmehr darauf einstellen, dass wir in Deutschland auch künftig ein Produktivitätsproblem haben werden und damit für viele Bevölkerungsgruppen die Einkommenszuwächse nicht in den Himmel wachsen werden.

Die Mischung aus dem sicheren Befund, dass wir demografisch bedingt weniger Arbeitskräfte haben werden, und dem plausiblen Befund, dass wir unsere Produktivitätshoffnungen dämpfen sollten, ist durchaus explosiv. In Summe künftig deutlich mehr zu produzieren, deutlich mehr zu erwirtschaften und damit auch mehr Teilhabe zu ermöglichen wird eine größere Herausforderung. Der Schlüssel, diese Herausforderung zu bewältigen, ist, der Produktivitätsfalle zu entkommen. Dafür musste aber erst einmal das breite Bewusstsein vorhanden sein, dass wir in Deutschland vor einem echten Produktivitätsproblem stehen.

Bilden wir die Jungen – und die Alten – richtig aus?

Das Thema Bildung und ihre Bedeutung für die Gesellschaft und die Ökonomie ist ein breites und viel bearbeitetes Feld. Gleichzeitig ist der Begriff Bildung ein sehr allgemeiner. Er kann sich auf die Vermittlung von Wissen, von Kompetenzen, von spezifischen Fähigkeiten zu Problemlösungen und auf manches mehr beziehen.

An dieser Stelle soll nicht der Versuch unternommen werden, die oben gestellte Frage umfassend zu beantworten. Er wäre im Rahmen dieses kurzen Abschnitts zum Scheitern verurteilt.

Ökonomisch verwertbares Wissen hat immer eine funktionale Rolle und bildet so zumindest keine perfekte Schnittmenge mit humanistischen Bildungsvorstellungen. Deshalb befindet es sich auch in stetem Wandel. In der Arbeitswelt von heute und morgen ist nicht ein Mehr an Wissen, ist nicht ein Mehr an Fähigkeiten gefragt als in der Arbeitswelt von gestern, es ist nur anderes gefragt: vor allem die Kompetenz, mit den digitalen Möglichkeiten umzugehen, sie weiterzuentwickeln und produktiv in die Produktionsabläufe einzubringen.

Und hier finden wir ein weiteres Erklärungsmuster dafür, dass uns die Digitalisierung bislang keine großen Produktivitätsschübe beschert hat. Alle Investitionen in digitale Hard- und Software sind für ein Unternehmen nur dann etwas wert, wenn die Mitarbeiter damit umgehen und sie effizient nutzen können. Das darf sich aber nicht auf wenige IT-Spezialisten in den Betrieben beschränken. Denn dann fehlt uns die nötige breite Diffusion, damit die Digitalisierung ihre große Wirkung entfalten kann. Es geht vielmehr um die Befähigung ganzer Belegschaften. Nicht jeder muss programmieren können, eine solche Forderung ist Unfug, aber jeder muss seine Arbeitsweise – mehr oder weniger stark – anpassen.

Die Fähigkeit, mit den digitalen Möglichkeiten effizient umzugehen, lernt man nicht *en passant*. Hier müssen Staat und Unternehmen zusätzlich investieren. Während der Staat im allgemeinen Bildungsbereich, also in Schule und Hochschule, die Vermittlung von digitalen Kompetenzen insgesamt in seinem Pflichtenheft stehen hat, ist die Aufgabe der Unternehmen noch schwieriger.

Kein Unternehmen ist wie das andere, sie unterscheiden sich in ihrer Organisationsstruktur und ihren Arbeitsprozessen voneinander. Deshalb ist es so schwierig, standardisierte und damit auch günstig skalierbare Ansätze zu entwickeln und zu nutzen. Unter dem

Strich sind digitale Bildung, Ausbildung und Weiterbildung schlicht sehr teuer. Nach einer Faustformel müssen für jeden Euro, der in Hard- und Software investiert wird, zehn Euro für die Befähigung der Mitarbeiter ausgegeben werden. Die Summen, die dann im Raum stehen, sind enorm. Dass hier noch Nachholbedarf besteht, kann nicht verwundern und steht außer Frage.

Wie gut hat der Finanzminister uns auf die Zukunft vorbereitet?

Die öffentlichen Finanzen sind ein Thema, das den wenigsten Menschen Freudentränen in die Augen schießen lässt, wenn sie sich damit befassen sollen. Finanzwissenschaftliche Feinschmecker hingegen, denen das Herz aufgeht, wenn sie über die Verästelungen des horizontalen und vertikalen Finanzausgleichs, die Feinheiten des Solidarpakts II und steuerliche Inzidenzanalysen dozieren, bringen für diese Ignoranz oftmals wenig Verständnis auf.

Und in einem Punkt haben sie recht: Der Zustand der öffentlichen Finanzen ist von überragender Bedeutung für das Gemeinwohl. Viele Länder Europas, allen voran Griechenland, haben das in der Finanz- und Staatsschuldenkrise schmerzhaft erlebt. Wenn der Staat keine Mittel hat, in hinreichendem Maße in Bildung, Infrastruktur, seine Institutionen sowie in Wissenschaft und Forschung zu investieren und Mittel für soziale Transfers aufzubringen, setzt er die Zukunftsfähigkeit und den gesellschaftlichen Zusammenhalt des Landes aufs Spiel. Ist die staatliche Schuldenlast so schwer, dass sie nicht mehr bedient werden kann und das Land erst bildlich, dann buchstäblich unter ihr zusammenbricht, kann es dadurch in seiner Substanz gefährdet und für Jahrzehnte wirtschaftlich zurückgeworfen werden. So wird Griechenland erst Anfang der 2030er Jahre das Vorkrisenniveau seiner Wirtschaftsleistung wieder erreicht haben. Fast fünfundzwanzig wirtschaftlich verlorene Jahre – eine ganze Generation.

Wir haben Schulden abgebaut

Deutschland ist weit von einer Überschuldung entfernt. Im Gegenteil: Der Bundesfinanzminister verkündet seit Jahren Überschüsse in seinem Haushalt. Der Begriff »schwarze Null« wirkt fast zu bescheiden. Auch wenn man die Bundesländer, die Kommunen und die Sozialversicherungen hinzunimmt, macht Deutschland seit 2014 keine zusätzlichen Schulden mehr. Im Gegenteil, wir zahlen erstmals über eine längere Periode hinweg mehr alte Schulden zurück, als wir neue aufnehmen.

In Relation zur gestiegenen Wirtschaftsleistung ist unser Schuldenstand noch stärker zurückgegangen. Waren es im Jahr 2010, kurz nach dem Höhepunkt der Krise, 81 Prozent, dürften wir 2019 wieder die Marke von 60 Prozent unterschritten haben und damit erstmals seit mehr als anderthalb Jahrzehnten das Maastricht-Kriterium der Schuldenstandsquote erfüllen. Die Finanzwissenschaft kennt neben dieser sogenannten expliziten Verschuldung auch die implizite Verschuldung, die künftige Zahlungsverpflichtungen des Staates etwa aus Pensionsansprüchen umfasst. Schätzungen zur impliziten Schuldenstandsquote gelangen regelmäßig zu Werten von mehreren hundert Prozent in Relation zur Wirtschaftsleistung, hängen aber auch sehr stark von den zugrunde gelegten Rechenannahmen ab.

Man muss es betonen: Die Entwicklung der Verschuldung über die letzten zehn Jahre sticht gegenüber allen anderen Mitgliedern der Europäischen Währungsunion heraus. Der jahrzehntelange Trend immer höherer Staatsschulden ist gebrochen. Die niedrigere Schuldenstandsquote bietet uns einen größeren finanzpolitischen Spielraum für die Zukunft. Das ist höchst erfreulich.

Die Freude ist nicht ungetrübt

Jedoch leider keine Freude ohne ein Aber. Eine niedrige Schuldenstandsquote, gar staatliche Schuldenfreiheit, stellt keinen Selbstzweck dar. Staaten dürfen sich verschulden. Es geht darum, eine Balance zu finden: Verschuldet sich der Staat stark genug, um seine Zukunftsaufgaben zu bewältigen und gute Voraussetzungen für Wachstum zu schaffen, verschuldet er sich nur so weit, dass er die Schulden noch schultern kann?

Und für die Frage, ob wir es mit einer dauerhaften Trendumkehr bei der Schuldenentwicklung zu tun haben, müssen wir darauf schauen, ob die öffentlichen Haushalte in den vergangenen Jahren aktiv konsolidiert wurden oder ob uns die »coole Phase« auch hier großes Glück beschert hat.

Das Glück für den Finanzminister liegt im Steuersystem. Einige Steuerarten reagieren stark auf die Konjunktur, vor allem die Ertragsteuern wie die Gewerbesteuer oder die Körperschaftsteuer. Andere sind mit ihrem progressiven Verlauf so ausgestaltet, dass die Belastung mit steigender Bemessungsgrundlage immer höher wird. So ist die Belastung durch Lohn- und Einkommensteuer über die Jahre deutlich gewachsen.

Das Aufkommen an Lohn- und Einkommensteuer ist seit 2007 um bemerkenswerte 71 Prozent angestiegen und damit weitaus rasanter als die Erwerbseinkommen insgesamt. Mit Beschäftigungsboom um Lohnerhöhungen allein ist das nicht zu erklären. Das Körperschaftsteueraufkommen stieg um 46 Prozent und das Aufkommen an Gewerbesteuer um immerhin 39 Prozent.[17]

Nimmt man all das zusammen, so ist in den vergangenen gut zehn Jahren jeder erwirtschaftete Euro stetig stärker besteuert worden: 2007 waren es noch 21,4 Cent, aktuell sind es 22,9 Cent. Das sieht auf den ersten Blick nicht nach viel aus. Es stellt aber eine durchschnittliche Steuererhöhung um immerhin 7 Prozent dar. Oder in Euro gerechnet: Allein 2018 hat der Staat durch die gestiegene Steuerquote über 50 Milliarden Euro mehr eingenommen, als wenn die

17 Wir wollen aber auch einige Steuerarten nicht unerwähnt lassen, denen es nicht so gut ergangen ist: Biersteuer (–13 Prozent), Zwischenerzeugnissteuer (–31 Prozent), Totalisatorsteuer (–55 Prozent).

relative Steuerbelastung der deutschen Unternehmen, Arbeitnehmer und Verbraucher konstant gewesen wäre. Man kann also auch Steuern erhöhen, ohne an den Steuersätzen oder den Bemessungsgrundlagen zu drehen.

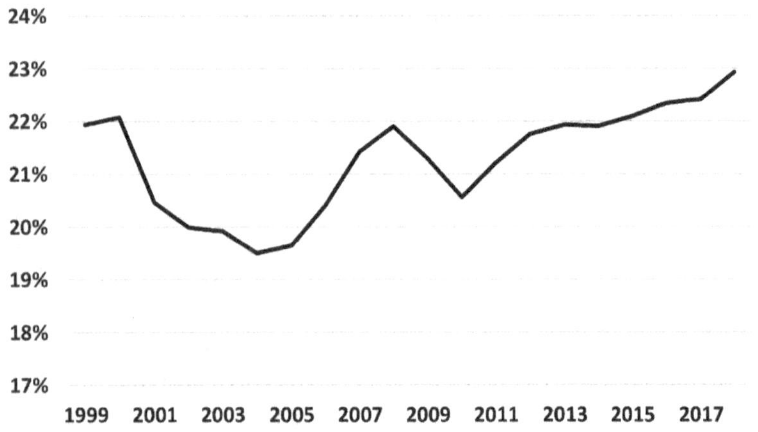

Quelle: Statistisches Bundesamt 2019, eigene Berechnungen

Abbildung 10: Steuerquote (Steuereinnahmen des Staates in Relation zum nominalen Bruttoinlandsprodukt), 1999 bis 2018

Mit diesem steuerlichen Rückenwind fällt es leicht, gleichzeitig mehr Geld auszugeben und dennoch neue Defizite zu vermeiden. Der Preis dafür ist, dass die Bürger und Unternehmen in den vergangenen Jahren mehr von ihrem Verdienten an den Staat abführen mussten. Die »schwarze Null« wurde also faktisch durch Steuererhöhungen ohne Gesetzesänderungen erkauft. Zudem durch die Nullzinspolitik der Europäischen Zentralbank, wie wir zuvor gesehen haben. Das Mantra mancher politischen Partei, Steuererhöhungen auszuschließen, ist vor diesem Hintergrund eine leere Worthülse – oder eine bewusste Verdummung des Wählers.

Die Staatshaushalte sind nicht solide

Damit aber steht die Nachhaltigkeit der »schwarzen Null« in Frage. Wenn sich die Steuereinnahmen bei guter Wirtschafts- und Beschäftigungslage überdurchschnittlich erhöhen, kann sich das Blatt im nächsten Abschwung auch rasch wieder wenden. Nachhaltig wäre es, dauerhafte, konjunkturunabhängige Ausgaben stärker auf den Prüfstand zu stellen. Davon war in den vergangenen Jahren wenig zu sehen. Solide öffentliche Finanzen stehen eben stets auf zwei festen, verlässlichen Pfeilern: den Einnahmen und den Ausgaben.

Und die Ausgaben sollten zukunftsgerichtet sein. Im Allgemeinen versteht man Investitionen als zukunftsgerichtete Ausgaben. Tatsächlich haben die öffentlichen Haushalte in den vergangenen Jahren ihre Ausgabenschwerpunkte nicht auf Investitionen gelegt. Der öffentliche Kapitalbestand – also die Ausstattung mit Verkehrswegen, Gebäuden und so weiter – ist in mehreren der letzten Jahre sogar gesunken!

All dies ist erstaunlich, da ja zum einen die Steuereinnahmen sprudelten wie nie zuvor, zum anderen die Finanzierungsbedingungen im Zuge der Nullzinspolitik der Europäischen Zentralbank und mit negativen Verzinsungen auf deutsche Staatsanleihen nach wie vor geradezu himmlisch sind.

Der Staat gibt zu wenig zukunftsorientiert aus

Der Investitionsbegriff ist in der statistischen Abgrenzung nicht ganz unproblematisch. Nicht alles, was wir landläufig als zukunftsorientiert bezeichnen würden, wird als Investition erfasst: weder die Personalausgaben für Lehrer noch regelmäßige Instandhaltungskosten bestehender Infrastruktur. Zudem nutzt zum Beispiel ein neuer Kindergarten ohne die dazu gehörenden Erzieherinnen und Erzieher wenig. Auch blähen staatliche Mittelverschwendungen Investitionsausgaben in der Statistik auf, ohne dass die Volkswirtschaft davon einen Nutzen hätte.

Deshalb erscheint der Begriff der zukunftsorientierten staatlichen Ausgaben sinnvoller als ein rein statistischer Investitionsbegriff. Eine Bilanz zu ziehen fällt hier ungleich schwerer, da wir sie nicht in einem Indikator fassen können. Vielmehr ist ein vertiefter Blick in verschiedene Politikfelder hilfreich. Die wenigen gewählten Beispiele sind selektiv, spiegeln aber ein sehr verschwommenes Bild wider: Bei den zukunftsorientierten staatlichen Ausgaben ist kein stringentes Konzept, keine systematische Reaktion auf die sich abzeichnenden großen Herausforderungen der Zukunft erkennbar.

Klimawandel und Energiewende: Von den Klimazielen 2020 hat sich die Bundesregierung bereits klammheimlich verbschiedet, die versprochenen Reduktionen beim CO2-Ausstoß sind nicht zu halten. Die Stromerzeugung bleibt noch lange zu einem hohen Anteil fossil, der Ausstieg aus der Braunkohleförderung ist auf das Jahr 2038 festgeschrieben.

Windstrom in Norddeutschland gibt es zwar reichlich. Der Transport nach Süddeutschland, wo nach dem Atomausstieg nicht mehr genug Strom selbst produziert wird, stockt jedoch. Fehlende Hochleistungsleitungen und überlastete Netze werden zur systemischen Gefährdung für den Wirtschaftsstandort.

Verkehrswende: Auch das einst ausgegebene politische Ziel, dass bis zum Jahr 2020 eine Million Elektro-Pkw zugelassen sein sollten, wurde längst aufgegeben. Die Anzahl der neu zugelassenen Fahrzeuge mit Verbrennungsmotor steigt weiter an, darunter vor allem die der sogenannten SUVs.[18]

Es ist für private Haushalte wie für Unternehmen schlicht (noch) nicht attraktiv, auf alternative Antriebe umzusteigen. Das liegt zum Teil in den Händen der Automobilindustrie, aber auch der Staat kann durch eine zielgerichtete Politik mehr tun. Investitionen in die Ladeinfrastruktur, Ausgaben zur Umgestaltung der Verkehrsinfrastruktur, um emissionsarme Fahrzeuge zu bevorzugen, schließlich auch Maßnahmen des Ordnungsrechts.

---

18 Sogenannt, da der erste Buchstabe dieses Kürzels für „Sport“ steht.

Österreich und Italien errichten gemeinsam den Brennerbasistunnel, um den wichtigsten Alpenübergang vor dem endgültigen Lkw-Infarkt zu schützen und langfristig den Großteil der Gütertransporte im Alpentransit auf der Schiene abzuwickeln. Die von Deutschland zugesagten ausgeweiteten Zulauftrassen befinden sich aktuell noch in der Planung – man sucht noch nach den passenden Korridoren. Eine von Deutschland verschuldete Verzögerung von mindestens zehn Jahren gilt jetzt schon als sicher. Mindestens zehn Jahre, in denen der Brennerbasistunnel sein volles Potenzial nicht wird ausschöpfen können.

Digitalisierung: Niemand sollte sagen, der Staat schlafe hier. Im Bundeskanzleramt gibt es eine eigene Staatsministerin für Digitalisierung, dem Bundesverkehrsministerium obliegt der Ausbau der digitalen Infrastruktur. Deren Zustand stellt in ländlichen Regionen nach wie vor ein massives Wettbewerbshindernis dar. Fehlende Breitbandanschlüsse und Funklöcher sind seit langem sprichwörtlich. Wir liegen in der digitalen Infrastruktur bei weitem nicht in der Spitzengruppe, so wie es unser Anspruch sein sollte, um gut auf die Zukunft vorbereitet zu sein.

Dieses Zeugnis stellen uns verschiedene international vergleichende Untersuchungen aus. Eine aktuelle Erhebung der OECD zu schnellem Internet zeigt, dass im Jahr 2018 im Länderdurchschnitt 25 Prozent aller stationären Internetanschlüsse hochleistungsfähige Glasfaserverbindungen waren. In Korea, Japan und Litauen sind es mehr als 70 Prozent – Deutschland befindet sich mit einem Anteil von weniger als 3 Prozent auf dem sechstletzten Platz von 37 Ländern.

Im Digital Economy and Society Index der Europäischen Kommission liegt Deutschland hauchdünn über dem EU-Durchschnitt.[19] Dieser aus mehreren Indikatoren zusammengesetzte Index betrifft nicht nur den Staat, augenfällig ist aber: Besonders schlecht schneiden wir bei der Digitalisierung der öffentlichen Verwaltung und der öffentlichen Dienstleistungen ab. Hier haben wir einen klaren Inves-

19 Und noch knapper vor Österreich (Erhebung 2019).

titionsbedarf, und zwar in Infrastruktur und in Köpfe, die damit umgehen können.

Energiewende, Verkehrswende, Digitalisierung – all diese Beispiele haben sich ja nicht die Bürger auf ihre persönliche Wunschliste geschrieben, als sie gefragt wurden, wie sie sich die Zukunft vorstellen. Die Politik, alle Regierungen auf allen föderalen Ebenen, haben diese Ziele ausgegeben, da man sie als zukunftsorientiert erkannt oder definiert hat.

Deshalb wäre zu erwarten, dass die Politik das Land durch entsprechende Ausgaben – seien sie in der Statistik als Investitionen klassifiziert oder nicht – auch konsequent auf diese Veränderungen und Herausforderungen vorbereitet. Vorsichtig ausgedrückt: Noch bleiben ein paar Aufgaben zu erledigen.

Den großen Herausforderungen haben wir uns noch nicht gestellt

Bei den großen Herausforderungen, den Bereichen, in denen wir uns auf die Zukunft vorbereiten müssen, herrscht kein Mangel an Erkenntnissen. Alle Details des demografischen Wandels der kommenden fünfzehn Jahre und die sich daraus ergebenden Schwierigkeiten sind bekannt.

Dass die schwache Produktivitätsentwicklung eine »Zeitbombe« für Wirtschaft und Gesellschaft in Deutschland darstellt, muss sicher noch stärker ins Bewusstsein treten. Die Herausforderungen in der Bildung sind evident, erscheinen aber manchmal noch diffus. Und die Ausgabenpolitik der öffentlichen Hand ist zwar seit längerem breiter Kritik ausgesetzt, wird aber erst im nächsten Abschwung ihre Schwächen für alle sichtbar offenbaren.

Auf all diesen Feldern gehen wir nicht unvorbereitet in die kommende Dekade, aber doch mit erheblichen Defiziten. Nach einer erfolgreichen »coolen Phase« starten wir mit Trainingsrückstand in die kommende Saison. Wir wissen, wo unsere Schwächen liegen, sind aber noch nicht bereit, konsequent an ihnen zu arbeiten.

Zum Teil fehlen die richtigen »Trainingsmethoden«, zum Teil wollen wir uns selbst nicht zu sehr weh tun, und zum Teil überschätzen wir unsere Fähigkeiten schlicht. Letzteres ist sicher der größte Fehler. Wenn wir heute nicht bereit sind, uns ein wenig weh zu tun, uns etwas mehr anzustrengen, mehr zu wagen, wird der Anpassungsschmerz künftig umso größer sein, der gesellschaftliche Zusammenhalt noch stärker unter Druck geraten.

Und wenn uns die richtigen »Trainingsmethoden« fehlen, können wir Experten fragen. Sie haben immer eine Antwort. Ob sie damit Wirtschaft und Gesellschaft allerdings immer einen guten Dienst erweisen, betrachten wir im nächsten Kapitel.

KAPITEL 5

Auf wen sollte die Politik hören?

Winter 2018, Deutsche Bundesbank. Der Sachverständigenrat zur Begutachtung der gesamtwirtschaftlichen Entwicklung hat seine Alumni zu einem Treffen nach Frankfurt geladen. Das älteste und nobelste Beratergremium der Bundesregierung, 1963 auf Bestreben von Ludwig Erhardt und gegen den Willen des späten Konrad Adenauer gegründet, legt seit mehr als einem halben Jahrhundert stets im November sein Jahresgutachten vor, ein mehrere hundert Seiten starkes Konvolut aus ökonomischer Analyse und Handlungsoptionen für die Wirtschaftspolitik. In Wahrheit sind die Handlungsoptionen Handlungsempfehlungen. Sie dürfen aber nicht so heißen, da das Gesetz, auf dem die Gründung des Sachverständigenrates fußt, in §2 Empfehlungen des Gremiums ausdrücklich untersagt. Die Bundesregierung schenkt dem Werk der fünf Ratsmitglieder und eines knappen Dutzends wissenschaftlicher Mitarbeiter mal mehr, mal weniger Beachtung.[1]

Beim »Familientreffen« in Frankfurt stellt der Vorsitzende des Rates das aktuelle Jahresgutachten vor, ein Parforceritt durch alle wichtigen wirtschaftspolitischen Themen wie Euro, Geldpolitik, Arbeitsmarkt, Staatsfinanzen, Umweltpolitik und manches mehr. Eine Vorlesung, die dem Zuhörer in kompakter Form einen hervorragenden Überblick über den aktuellen Zustand und die großen Baustellen der deutschen Volkswirtschaft vermittelt.

---

1 Aus der Regierungszeit von Bundeskanzler Helmut Kohl ist die Anekdote überliefert, dass das Bundeskanzleramt seine Pförtner angewiesen habe, die Annahme der für die Nacht angekündigten Lieferung des Gutachtens zu verweigern.

Ein früherer Vorsitzender, der die Arbeit des Rates insbesondere nach der Jahrtausendwende mit prägte, wagt einen Vergleich der Handlungsoptionen des Gremiums mit dem wirtschaftspolitischen Programm der Großen Koalition aus Union und SPD, die zu dem Zeitpunkt gerade ihren Koalitionsvertrag geschlossen hat.

Punkt für Punkt werden Koalitionsvertrag und Jahresgutachten abgeglichen, und meist lautet das Fazit: Das, was die Koalition vereinbart hat, entspricht nicht den »Empfehlungen« des Rates. Mit jedem Punkt wächst die Empörung des Vortragenden, dass die Politik wieder mal nicht auf den Rat des Rates gehört habe.

Erst allmählich begreift das Auditorium: Der Mann meint es ernst! Eine Empörung aus einem bemerkenswerten Selbstverständnis heraus und unter Verkennung der eigenen Rolle. Selbstverständlich ist die Koalition, die Bundesregierung, die Politik allgemein nicht verpflichtet, auf ihre Beratergremien zu hören. Sie kann es, und sie tut es auch häufig, aber sie muss eben nicht.

Der wichtigste Grund dafür, einen Rat nicht zu berücksichtigen, liegt darin, dass die Politik oftmals noch weitere Ziele verfolgen muss als diejenigen, die im Fokus der Berater stehen. Angebracht wären also Bescheidenheit und Demut statt Empörung.

Diese kleine Anekdote zeigt, wie schwierig die Rolle des Politikberaters einzuordnen ist. Was sind seine Aufgaben? Welche Kompetenzen muss er mitbringen? Wie wichtig kann er, wie wichtig darf er überhaupt für die Politik sein? Und nicht zuletzt: Wo sind seine Grenzen, und wie bemerkt die Öffentlichkeit, wenn er sie überschreitet?

Warum braucht die Politik eigentlich Beratung?

Wir wollen uns in diesem Buch, in dem es ja um die Frage geht, wie Deutschland wieder glücklicher wird, aus einem Grund mit dem Thema Politikberatung befassen: Um diese Frage zu beantworten, ist die

Politik auf Sachverstand aus dem gesamten Land angewiesen. Gute Politik benötigt nicht nur gute Politiker und gute Beamte – und kann sich glücklich schätzen, falls sie beides hat.

Unser Land verfügt über weitaus mehr Sachverstand als den einiger zehntausend Beamter in Brüssel und Berlin. Und auch die Weisheit eines einzelnen Autors, der sich mit Rezepten für eine zufriedenere Gesellschaft befasst, ist nicht grenzenlos. Deshalb braucht die Politik in unserer Frage und in vielen anderen Bereichen externe Beratung.

Der Politikberater genießt in weiten Teilen der Bevölkerung keinen guten Ruf. Ausufernde, millionenschwere Beraterverträge mit überschaubarem Nutzen für die Politik – dieses Bild bestimmt die öffentliche Diskussion. Wenn die Beratungspraxis in einem der großen Bundesministerien über die Jahre hinweg Blüten treibt, ist das prägend für die gesamte öffentliche Wahrnehmung.

Auch über dieses Beispiel hinaus vermittelt die Politik nicht den Eindruck, sie würde besonders sparsam mit ihren Haushaltsmitteln umgehen, wenn es darum geht, externe Beratung einzukaufen.

Allein die Bundesregierung »leistet« sich nicht nur den Sachverständigenrat zur Begutachtung der gesamtwirtschaftlichen Entwicklung, sondern zusätzlich vergleichbare Räte für Umweltfragen, für Gesundheit und andere. Mehrere Bundesministerien verfügen zudem über einen wissenschaftlichen Beirat. Und schließlich gibt die Bundesregierung jährlich einen dreistelligen Millionenbetrag für Verträge mit externen Beratern aus. Hinzu kommen die Ausgaben der Landesregierungen und der Kommunen.

Warum tut die Politik das? Ist das gerechtfertigt? Helfen uns die Berater, wieder glücklicher zu werden?

Es gibt mehrere Gründe, warum es für die Politik nicht nur verlockend ist, externe Beratung in Anspruch zu nehmen, sondern auch sinnvoll – im Sinne einer guten Politik und damit auch im Sinne des Bürgers. In diesen Fällen ist externe Beratung gerechtfertigt und sogar angezeigt.

Die Beamten, die in den Berliner Ministerien jeden Tag an politischen Konzepten, Förderprogrammen und Gesetzesentwürfen arbeiten, sind in ihrer großen Mehrzahl überaus kompetente Menschen. Deutschland kann sich glücklich schätzen, über eine gute Ministerialbürokratie zu verfügen.

Aber auch die besten Beamten können nicht sämtliche Themenfelder in aller Tiefe und Breite bearbeiten. Mal ist spezialisierte wissenschaftliche Expertise gefragt, mal gelangen neue Themen so schnell auf die Agenda, dass sie intern noch gar nicht hinreichend abgedeckt werden können.

Gute Politik kann aber nur auf Grundlage der besten verfügbaren Erkenntnisse gemacht werden. Es wäre ignorant, all das Wissen außerhalb der dicken Wände des Finanz- und des Wirtschaftsministeriums nicht zu nutzen. Da, wo das eigene Wissen an Grenzen stößt, ist es sinnvoll, sich weiteres von außen dazuzukaufen, sei es über permanente Gremien, sei es über punktuelle Beraterverträge.

Darüber hinaus ist externe Beratung oftmals schlicht eine Frage der Effizienz, das ist klassische externe Arbeitsteilung. Nicht alles, was Berater und Wissenschaftler machen, ist besonders schwierig. Man sollte nicht der Vorstellung erliegen, diese Menschen seien besonders schlau und kompetent und deshalb so stark gefragt. Mitnichten.

Ein Beratungsunternehmen oder ein wissenschaftliches Institut repräsentiert ebenso eine gut ausgebildete Mitarbeiterschaft wie andere Institutionen. Bei weitem nicht alles ist dort exzellent. Das muss es aber auch nicht sein, denn diese Organisationen verfügen oftmals über ausgeprägte Spezialisierungsvorteile.

Wer sich über viele Jahre oder sogar sein ganzes Berufsleben lang mit einem speziellen Thema befasst, beherrscht es naturgemäß deutlich besser als ein Beamter, der im politischen Alltag rasch zwischen verschiedenen Themen hin und her springen muss. Auch Beratungsunternehmen sind so organisiert, dass spezialisierte Teams bestimmte Themen besonders gut abdecken und diese Leistungen dann verschiedenen Kunden anbieten.

In diesen Fällen ist es für die Politik einfach günstiger und effizienter, Berater zu bezahlen, als selbst Spezialisten aufzubauen, deren Spezialisierung vielleicht nach einem Jahr schon gar nicht mehr benötigt wird.

Schließlich sind Berater gute Prellböcke für unerfreuliche Nachrichten oder unbequeme Wahrheiten. Das ist ein Spiel, auf das sich die Beteiligten ganz bewusst miteinander einlassen. Oftmals ist ja schon vor Vergabe eines Beratungsauftrags absehbar, zu welchem Ergebnis ein Gutachten gelangen wird, jedenfalls dem Grunde nach. Kommunikativ ist es für die Politik sehr viel einfacher, dieses Ergebnis als wissenschaftliche – geradezu unumstößliche – Erkenntnis eines externen Beraters zu deklarieren statt als Analyse einer politischen Institution wie eines Ministeriums. Auch bei unpopulären Ergebnissen gilt: Der Berater wird, wenn er über eine gute und seriöse Reputation verfügt, kaum öffentlich an den Pranger gestellt werden, die Politik kann ihre Hände in Unschuld waschen. Win-win.

Die Politik bestimmt die Ziele

Es ist also keine Schande, kein Versagen, wenn die Politik externen Sachverstand nutzt, um Entscheidungen vorzubereiten. Umgekehrt wäre es vielmehr sträflich, auf das Wissen, all die Expertise außerhalb ihrer eigenen Häuser zu verzichten. Besser würde die Politik dadurch nicht.

Die Rollenverteilung zwischen Politik und Beratung muss aber klar sein: Die Politik bestimmt die Ziele, Berater unterstützen auf dem Weg dorthin. Nur die vom Volk gewählten Parlamente und die von ihnen wiederum gewählten Regierungen verfügen über die demokratische Legitimation, wirtschaftliche und gesellschaftliche Ziele auszugeben.

Um diese Ziele wird in einer Demokratie gerungen, sie sind nicht richtig oder falsch, sondern mehrheitsfähig oder nicht. Politische

Parteien werben bei ihren Wählern um Unterstützung für ihre Ziele. In Koalitionsregierungen einigen sich die Partner auf gemeinsame oder zumindest gemeinsam getragene Ziele.

Politische Ziele können sich im Zeitverlauf ändern und tun es auch regelmäßig. Was heute als erstrebenswert erachtet wird, kann morgen oder übermorgen von der Agenda verschwinden. Entweder haben sich die externen Bedingungen verändert oder die politischen Mehrheiten oder schlicht die eigene Position der politischen Protagonisten. Einige Beispiele:

Klimaschutz spielte in früheren Jahrzehnten keine große politische Rolle, heute unterstützen im Deutschen Bundestag mit einer Ausnahme alle Fraktionen eine aktive Klimapolitik. Sie sind einig in dem Ziel, den Ausstoß von Klimagasen zu reduzieren.

Grund für den allmählichen Sinneswandel sind die externen Rahmenbedingungen: Die weltweiten Emissionen von Klimagasen haben in den zurückliegenden Jahren und Jahrzehnten rapide zugenommen, der Klimawandel ist heute schon spürbar.

Zudem haben sich die politischen Mehrheiten gewandelt. Die Bevölkerung in Deutschland steht einer verschärften Klimapolitik heute weitaus aufgeschlossener gegenüber als noch vor wenigen Jahren. Das spiegelt sich auch in Umfragen und Wahlergebnissen wider.

In der Arbeitsmarktpolitik stand Anfang des Jahrtausends das Ziel im Vordergrund, die hohe Arbeitslosigkeit in Deutschland zu reduzieren. Die Agenda 2010 hat dafür die Weichen gestellt. Man hat damals diesem übergeordneten Ziel andere Ziele untergeordnet und Nebenwirkungen in Kauf genommen. So entstand nicht zuletzt im Zuge der Reformen ein Niedriglohnsektor von erheblichem Ausmaß in Deutschland.

Rund anderthalb Dekaden später und 2,5 Millionen Arbeitslose weniger ist das Beschäftigungsziel ein wenig in den Hintergrund und das Ziel einer Lohnuntergrenze in den Vordergrund gerückt. Das mündete in der Einführung eines allgemeinen gesetzlichen Mindestlohns im Jahr 2015. Auch hier haben sich die Rahmenbedingungen über die Zeit geändert, und mit ihnen die politischen Prioritäten.

Drittes Beispiel: Zum Ende des Jahres 2005 wurde die Eigenheimzulage, mit einem Volumen von mehr als 10 Milliarden Euro pro Jahr eine der größten Subventionen in Deutschland, abgeschafft.[2] Man sah einerseits große Mitnahmeeffekte – also die Subventionierung von Haushalten, die ohnehin gebaut hätten. Andererseits war offenkundig, dass damit Menschen, die sich bewusst für Wohnraum zur Miete entschieden hatten, diskriminiert wurden.

Außer von der Bau- und Wohnungswirtschaft wurde die Eigenheimzulage als überflüssige, teure und ineffiziente Subvention erkannt und ihre Streichung allgemein begrüßt. Dreizehn Jahre, mehrere Haushaltsüberschüsse in Folge, einen Immobilienboom und um sich greifende Wohnraumknappheit später wurde im Jahr 2018 das Baukindergeld eingeführt, wiederum eine Subvention zur Unterstützung von Immobilienerwerb. In seiner Konstruktion nicht deckungsgleich mit der früheren Eigenheimzulage, in seiner Zielrichtung aber doch ähnlich: Der Immobilienerwerb von Haushalten, diesmal fokussiert auf jene mit Kindern, soll gefördert werden.

Die ökonomischen Argumente gegen eine solche Förderung sind dieselben geblieben. Die Rahmenbedingungen und die politischen Prioritäten aber haben sich in diesen dreizehn Jahren verschoben.

Wenn nun Politikberater sagen: Wir brauchen mehr Klimaschutz, wir brauchen einen (höheren) Mindestlohn, wir brauchen ein Baukindergeld – oder eben das Gegenteil von alldem –, dann haben sie ihren Job verfehlt. Das ist nicht ihre Aufgabe.

Aufgabe der Politikberatung ist allein, einen möglichst guten, möglichst effizienten Weg zur Erreichung der von der Politik vorgegebenen Ziele aufzuzeigen. Effizienz bedeutet: zu möglichst geringen Kosten und mit möglichst wenigen Nebenwirkungen.

Die Frage, die Berater zu beantworten haben, lautet also: Ist es sinnvoll, zur Erreichung des Ziels Klimaschutz eine CO2-Steuer einzuführen oder den Handel mit Emissionszertifikaten auszuweiten

---

2 Da sich die Förderung über mehrere Jahre erstreckte, wurden Altfälle auch über 2005 hinaus weiter gefördert.

oder zu einem anderen Instrument aus dem umweltökonomischen Werkzeugkasten zu greifen? Beispiel Mindestlohn: Es ist eine rein politische Aufgabe zu entscheiden, wie viel eine Stunde Arbeit mindestens wert sein soll.

Beratung nimmt die Politik in Anspruch, um mögliche Nebenwirkungen vorab zu untersuchen. Nebenwirkungen liegen vor allem in möglichen Beschäftigungsverlusten bei einem zu hohen Mindestlohn. Genau dafür ist eine Mindestlohnkommission gegründet worden.[3] Aber auch wenn Wissenschaftler warnen, ein bestimmter Mindestlohn würde soundso viele Arbeitsplätze vernichten, liegt es weiterhin in der Souveränität der Politik abzuwägen: Nehmen wir für flächendeckend »ordentliche« Löhne mehr Arbeitslosigkeit in Kauf?

Auch das politische Ziel, den Immobilienerwerb von Familien zu fördern, ist von Wissenschaftlern und Beratern nicht infrage zu stellen, allen berechtigten Bedenken im Hinblick auf Diskriminierung anderer Gruppen zum Trotz. Ihre Aufgabe besteht auch in diesem Fall darin, einen Weg aufzuzeigen, wie dieses Ziel mit möglichst geringen Kosten, Risiken und Nebenwirkungen erreicht werden kann.

Warum kommt es dann nicht immer – besser: meistens nicht – zur optimalen Ausgestaltung und zum besten Weg der Zielerreichung? Ganz einfach. Weil es in der Politik stets Nebenziele gibt, und das sind fast immer Verteilungsziele. Man möchte entweder Unternehmen und Bürger nicht zusätzlich belasten (CO2-Steuer), unteren Lohngruppen mehr finanzielle Teilhabe ermöglichen oder doch den Unternehmen nicht zu viel aufbürden (Mindestlohn) oder Familien etwas Gutes tun (Baukindergeld).

Bei Verteilungsfragen aber kann es immer nur eine wissenschaftliche Analyse geben (wer bekommt wie viel?), nicht jedoch eine wissenschaftliche Beurteilung (wie viel für wen ist richtig?). Das ist und bleibt Aufgabe der Politik. Immer auch mit einem Blick auf die nächsten Wahlen, natürlich, aber verwerflich ist das nicht.

---

3 Die im Übrigen für ihre überschaubare Aufgabe mit recht großzügigen Mitteln ausgestattet ist.

Seien Sie misstrauisch bei politischen Forderungen von Wissenschaftlern und Beratern

Nicht immer ist auf den ersten Blick erkennbar, ob ein Wissenschaftler oder Berater im oben genannten Sinne Ziele oder Entscheidungen der Politik mit seinen Analysen unterstützt oder ob er vielmehr eigene politische Forderungen aufstellt. Solche Forderungen genießen dann in großen Teilen der Öffentlichkeit die Aura einer höheren Wahrheit, nach der sich nicht zu richten die Politik eine große Dummheit begeht. Interessanterweise drängen Wissenschaftler weit stärker in die Öffentlichkeit als klassische Berater. Sicher nutzen sie dabei aus, dass sie schon qua Berufsstand in weiten Teilen der Bevölkerung eine hohe Glaubwürdigkeit und Reputation genießen. Bei klassischen Beratern ist das ja in der Tat anders.

Der Ratgebende versteckt eine politische Forderung, wenn er denn eine erhebt, in aller Regel unter dem Deckmantel der Wissenschaft. »Aus wissenschaftlicher Sicht muss ...«, wird dann gern formuliert. Falsch. Aus wissenschaftlicher Sicht muss gar nichts, weder etwas getan noch unterlassen werden.

Weder kann ein Mindestlohn oder ein Beitragssatz in der Rentenversicherung zu hoch noch ein Wechselkurs oder eine Forschungsförderung zu niedrig sein. Wofür zu hoch oder zu niedrig? Die Aufgabe des Beraters oder Wissenschaftlers ist es allein, auf die Folgen zum Beispiel hoher Beitragssätze oder niedriger Forschungsförderung hinzuweisen, um der Politik eine fundierte Abwägung ihrer Entscheidung zu ermöglichen.

Am einfachen Beispiel der Rentenversicherung: Ein hoher Beitragssatz zugunsten höherer Renten bedeutet eine Einkommensumverteilung von jung zu alt. Das Problem verstärkt sich, wenn damit Beschäftigungsverluste einhergehen. Oder noch deutlicher: Man kann den allgemeinen gesetzlichen Mindestlohn auf 50 Euro je Stunde hochsetzen, wenn es dafür eine politische Mehrheit gibt.[4] Das ist erst einmal nicht falsch. Man muss sich nur der Nebenwirkungen einer vermutlich raketenartig in die Höhe schnellenden Arbeitslosigkeit bewusst sein und beides gegeneinander abwägen. Wissenschaftlich ist es gar nicht möglich zu sagen, ob in der Abwägung eine bestimmte Einkommensverteilung oder ein bestimmtes Beschäftigungsniveau höher zu gewichten sind. Anderes vorzugeben ist unredlich.

Es gibt zahlreiche Beispiele, wie in den vergangenen Jahren oftmals prominente Wissenschaftler vehement gewarnt haben: vor zu viel oder der »falschen« Migration, vor zu viel Klimaschutz, vor zu hohen Steuern, vor zu starken Exporten und zu geringen Investitionen. Sie forderten eine Abkehr von unserem bestehenden Rentensystem oder den Austritt Deutschlands aus dem Euro, stets auf der Basis vermeintlich unumstößlicher wissenschaftlicher Erkenntnisse.[5] All diese Warnungen und Forderungen stellen aber letzten Endes politische Positionierungen unter dem Deckmantel der Wissenschaft dar.

Wenn Sie das nächste Mal eine politische Talkshow im Fernsehen schauen, achten Sie mal darauf, welche politischen Forderungen oder Empfehlungen der obligatorische Wissenschaftler in der Runde abgibt. Als Bürger ist das sein gutes Recht, als Wissenschaftler aber missbraucht er damit seine Rolle. Seine Wahrheit ist nicht wahrer als irgendeine andere Wahrheit. Seien Sie also skeptisch.[6]

Während in den beschriebenen Beispielen Wissenschaftler und Berater »nur« gefragt oder ungefragt ihre persönliche politische Auffassung kundtun und die Ableitung dieser Meinung nicht immer ganz transparent machen, gibt es Fälle, die weitaus problematischer sind.

---

4 Sie halten einen Mindestlohn von 50 Euro für Unsinn? Wenn noch andere so denken wie Sie, wird es doch wohl keine politische Mehrheit dafür geben.

5 Okay, das Begriffspaar unumstößlich und wissenschaftlich ist ein Oxymoron.

6 Der akademische Lehrer des Verfassers brachte diese Empfehlung zu einer kritischen Grundhaltung einst drastisch auf den Punkt: »Wenn Sie einen [wissenschaftlichen] Artikel lesen, gehen Sie immer davon aus: Der Autor ist ein Arschloch.«

Zwei fundamentale Grundsätze für eine seriöse Studie lauten, dass zum einen die Untersuchungsmethodik und die zugrunde gelegten Annahmen transparent gemacht werden müssen. Zum anderen ist es ein Gebot, systematisch zu untersuchen, inwieweit sich das Ergebnis der Untersuchung mit einer Variation der Annahmen ändert, wie robust es also ist.

Das sind sogenannte Sensitivitätsanalysen, mit denen man ausschließt, dass ein Ergebnis allein aus den verwendeten Annahmen resultiert, nur leicht veränderte Annahmen aber zu gänzlich anderen Ergebnissen führen. Gerade in Auftragsstudien ist vor allem Letzteres leider nicht immer zu beobachten.

Daneben finden sich aber auch immer wieder Wissenschaftler und Berater mit einer offenkundig eigenen politischen Agenda, die es mit diesen Grundsätzen nicht so genau nehmen.

Zwei besonders eklatante Beispiele aus der jüngsten Vergangenheit sollen dies verdeutlichen – und auch klar machen, dass dieses Problem keineswegs auf die ökonomische Politikberatung beschränkt ist.

Im Frühjahr 2019 sorgte eine Untersuchung für Aufsehen, die den CO2-Ausstoß von Dieselfahrzeugen mit dem von Elektrofahrzeugen verglich. Das Kernergebnis der Untersuchung, die im Umfeld des Münchner ifo Instituts entstand, lautete, dass der CO2-Ausstoß des Elektromotors selbst »im günstigen Fall« höher liegt als der des Dieselmotors.

Kann das denn sein? Dieses Ergebnis widerspricht allem, was wir in den letzten Jahren über die Problematik von Verbrennungsmotoren und über die Vorteile der Elektromobilität gehört haben. E-Autos sind jetzt plötzlich Klimakiller? Nun, vielleicht haben uns Politiker und Lobbyisten ja lange Zeit an der Nase herumgeführt, als sie uns die Segnungen der Elektromobilität predigten. Und jetzt haben Wissenschaftler das als Lüge entlarvt.

Zahlreiche Leser dieser Studie sind ebenfalls über die Ergebnisse gestolpert. Die bisherige Literatur kommt nämlich sehr klar zu dem gegenteiligen Ergebnis: Elektroautos verursachen weniger CO2-Emissionen als solche mit Verbrennungsmotoren.

Andere Wissenschaftler und Journalisten haben daraufhin einmal näher hingeschaut und die Annahmen in der Studie genau betrachtet. Und siehe da: Viele der in dieser Studie getroffenen Annahmen müssen als überaus zweifelhaft betrachtet werden. So wird der Vergleich von nur zwei Fahrzeugen verallgemeinert auf den Vergleich Elektro-/Dieselantrieb insgesamt. Zudem werden die mit der Herstellung der Fahrzeuge verbundenen Emissionen nur insoweit berücksichtigt, als sie die Produktion der Batterie betreffen.

Eine Verzerrung zulasten von Elektroautos. Der unterstellte Strommix ist sehr kohlelastig und das betrachtete Elektrofahrzeug deutlich stärker motorisiert als das untersuchte Dieselauto. Darüber hinaus wird eine Reihe weiterer Annahmen so gesetzt, dass sie in Richtung des gefundenen Ergebnisses gehen.

Es geht hier nicht darum, genau diese Studie im Detail zu kritisieren. Wir skizzieren sie, da sie stellvertretend steht für weitere Studien, in denen zwei Dinge zusammenkommen: Erstens arbeiten sie mit zweifelhaften Methoden und Annahmen, zweitens stellen sie ein politisch brisantes Thema in den Fokus, sodass den Autoren eine hohe öffentliche Aufmerksamkeit und Relevanz in der politischen Diskussion gewiss ist. Die eine oder andere Partei, der eine oder andere Verband wird dann eine solche Studie gern als Kronzeugen für die eigene politische Position heranziehen.

Wollen in diesem Beispiel also die Autoren Politik machen? Bleiben Sie wachsam, und schauen Sie bei Publikationen stets kritisch auf die Annahmen und aufmerksam auf die Fußnoten.[7]

Ein weiteres Beispiel aus dem Verkehrsbereich: Im Winter 2019 diskutierte Deutschland über Grenzwerte für Stickoxide und Dieselfahrverbote in Städten. Hintergrund war, dass der europaweite Grenzwert von 40 µg/m³ Stickoxiden im Jahresmittel in zahlreichen Städten dauerhaft überschritten wird.

Die Emissionen von (älteren) Dieselfahrzeugen gelten als einer der Hauptverursacher hoher Stickoxidkonzentrationen. Rechtlich

7 Letzteres gilt für dieses Buch ganz besonders.

festgelegt wurde der Grenzwert bereits im Jahr 2008 in der europäischen Richtlinie über Luftqualität und saubere Luft für Europa. Grundlage für den heftig diskutierten Wert von 40 µg/m³ waren Empfehlungen der Weltgesundheitsorganisation WHO, die wiederum auf wissenschaftlichen Studien fußen.

Mitten in diese Diskussion hinein veröffentlichte ein Arzt aus dem Sauerland, zudem ehemaliger Präsident der Deutschen Gesellschaft für Pneumologie, gemeinsam mit Co-Autoren ein kurzes Positionspapier, in dem er die Sinnhaftigkeit der bestehenden Grenzwerte und ihre Fundierung massiv in Zweifel zog. Die Autoren forderten neue wissenschaftliche Studien und die Aussetzung der bestehenden Grenzwerte.

Dieses Papier wurde an 3800 Mitglieder der Deutschen Gesellschaft für Pneumologie mit der Bitte um Unterstützung gesandt. 113 oder etwa 3 Prozent der Adressaten unterzeichneten das Positionspapier.

Das gerade einmal dreiseitige Papier vermittelte dem Leser eine Reihe von Plausibilitätsüberlegungen und Analogieschlüssen. Es war in seinem gesamten Ansatz weit von einer wissenschaftlichen Stellungnahme entfernt. Später wurden den Autoren noch massive Rechenfehler vorgeworfen, die sie zunächst einräumten, später aber zurückwiesen.

Interessant ist nun, wie dieses Papier rezipiert worden ist. Eine große deutsche Nachrichtensendung machte es am Erscheinungstag zum Hauptthema und leitete – wie andere Medien auch – aus der Anzahl von 113 Unterstützern des Papiers ab, dass führende Lungenärzte in Deutschland die geltenden Stickoxidgrenzwerte infrage stellten.

Auch das Bundesministerium für Verkehr und digitale Infrastruktur sprang auf den Zug auf, ebenso weitere Politiker der Union, der FDP und der AfD, die sich den Forderungen der Autoren nach einer Gesetzesänderung anschlossen.

In nicht einmal vierundzwanzig Stunden hatte ein kleiner Dreiseiter, verfasst auf dem privaten Briefpapier des Hauptautors, die Spitzen der Bundespolitik erreicht. Warum? Weil es die Argumentation bestimmter politischer Gruppen stützte und weil der Absender einen Professorentitel auf seinem Briefkopf nannte. Die inhaltliche Güte des Papiers war so schnell gar nicht zu prüfen.

Pikanterweise hatte die Deutsche Gesellschaft für Pneumologie nur wenige Wochen zuvor ein sehr umfangreiches und fundiertes Papier zu dem Thema publiziert. Sie gelangte darin exakt zu dem gegenteiligen Schluss.

Neben den Reflexen der Medien und der Politik und den später aufgedeckten Schwächen des Positionspapiers sowie den beruflichen Hintergründen der Autoren ist eines bemerkenswert: die völlige Negierung des Primats der Politik. Es wird suggeriert, ein Grenzwert für eine Schadstoffbelastung könne wissenschaftlich festgelegt werden. Aber das kann er nicht. Er ist ein Kompromiss.

Dieser Kompromiss speist sich aus wissenschaftlichen Studien, aus der Berücksichtigung besonders schützenswerter Bevölkerungsgruppen wie Asthmatikern oder kleinen Kindern, einem Puffer für die verbleibende Unsicherheit und natürlich auch aus der Berücksichtigung der Interessen der Verursacher. Schon der Begriff Grenzwert ist damit irreführend. Auch unterhalb einer Belastung von 40 $\mu g/m^3$ bestehen selbstverständlich gesundheitliche Gefahren, auch oberhalb fällt man nicht sofort tot um.

Hier wollte also ein Wissenschaftler, in diesem Fall ein Arzt, offenkundig Politik betreiben. Unabhängig davon, dass die Methoden in diesem Fall nicht ganz seriös zu sein schienen, muss uns die unreflektierte Reaktion großer Teile der Öffentlichkeit zu denken geben.

Politik ist die Aufgabe von Politikern. Rat können sie sich jederzeit holen, übertreiben sollten sie es dabei nicht, entscheiden sollten sie in jedem Fall stets selbst.

Böse Lobbyisten?

Die Rollenverteilung zwischen Politik und Beratung muss also klar sein: Die Politik bestimmt die Ziele, Berater können auf dem Weg dorthin unterstützen.

Bei Lobbyisten ist das anders. Lobbyisten zeichnen sich in Abgrenzung zu Beratern und Wissenschaftlern dadurch aus, dass sie explizit ein eigenes Interesse verfolgen. Dieses eigene Interesse ist nicht immer transparent, aber es ist immer vorhanden.

Lobbyisten können Industrieverbände sein, einzelne Unternehmen, Gewerkschaften oder Nicht-Regierungsorganisationen. Dabei gibt es zunächst einmal keine guten oder schlechten Lobbyisten. Der Verband der forschenden Arzneimittelhersteller ist da nicht anders zu bewerten als Greenpeace. Der eine ist nicht per se böse, der andere nicht per se gut.

Die Methoden von Lobbyisten sind oftmals rabiat, die Daten und Fakten, die sie in den politischen Prozess einbringen, halten einer sorgfältigen Überprüfung nicht immer vollständig stand, und ihre Drohungen hinter oder auch vor verschlossenen Türen mögen auf manchen abstoßend wirken. Schließlich stellt mangelnde Transparenz, wer in welchem Prozess wessen Interessen verfolgt, ein gravierendes Problem dar.

Dennoch sind Lobbyisten für gute Politik unverzichtbar. Dafür gibt es im Wesentlichen zwei Gründe. Erstens vertreten Lobbyisten letztlich nichts anderes als gesellschaftliche Gruppen. Die treten stets dann auf den Plan, wenn politische Initiativen, wenn Gesetzesvorhaben ihre gesellschaftliche Gruppe in besonderem Maße tangieren. Oder sie versuchen selbst, politische Vorhaben zu initiieren. Das nennt man Pluralismus.

Ist es falsch, wenn die Politik bei Vorhaben zur Verkehrswende der Automobilindustrie und ihren Interessen besonderes Gehör schenkt? Der Fahrzeugbau ist mit mehr als 800.000 Beschäftigten einer der wichtigen Wirtschaftszweige Deutschlands. Viele Beschäftigte in anderen Branchen hängen an der Automobilindustrie. Welche Auswirkungen eine politische Maßnahme auf diese Beschäftigten hat, ist relevant. Wirtschaftspolitik ist Verteilungspolitik.

Zweitens gilt auch in Bezug auf Lobbyisten das Argument, dass die Politik auf externe Expertise angewiesen ist. Lobbyisten können dann wirklich von Nutzen sein, wenn es um vertiefte Branchenkenntnisse geht. In der Wissenschaft gibt es – mit Ausnahme der Automobilbranche – kaum Forschung zu einzelnen Wirtschaftszweigen, die über rein technische Betrachtungen hinausgehen.

Und auf die »Branchenexperten« der Beratungsunternehmen sollte man auch nicht sein ganzes Geld wetten. Bei näherer Betrachtung entpuppt sich manche fundierte Branchenexpertise als ein selbstbewusst verkauftes Kratzen an der Oberfläche.

Die Auswirkungen von politischen Entscheidungen auf Produktionsprozesse, auf technische Möglichkeiten und Entwicklungen, ihre Folgen für Wertschöpfungsketten und anderes mehr – dieses Wissen steckt in den Unternehmen und kann transportiert werden von den sie vertretenden Verbänden. Noch einmal: Gute Politik ist auf Fachkenntnis angewiesen.

Aber gute Politik darf sich natürlich nicht ins Bockshorn jagen lassen. Was ist unbotmäßiges Getrommel für die eigenen Interessen, womöglich auf Kosten anderer? Was ist wichtige sachliche und fachliche Information? Das eine vom anderen zu unterscheiden, den Rat zu nutzen, sich aber einer Einflussnahme zu verweigern, das ist die Königsdisziplin der Politik im Umgang mit Lobbyisten.

Wie Ereignisse selbst zu Beratern werden können

Ein Ereignis ist eine Meldung ist ein Faktum ist ein Anlass für politisches Handeln. Mit anderen Worten: Oftmals ist die Wirklichkeit selbst der Berater der Politik. Ein wirtschaftliches Ereignis – zum Beispiel ein Wachstumseinbruch – verändert die Statik einer Ökonomie und wirkt auf den Einzelnen in der Gesellschaft.

In diesen Fällen mag sich die Politik zum Handeln veranlasst sehen, um die von außen wirkenden Veränderungen möglichst klein zu halten. Sie stützt dann die Konjunktur durch ein Ausgabenprogramm für die Infrastruktur oder verlängert die Bezugszeit des Kurzarbeitergelds. Hier wird die Politik tätig, ohne dass ein Wissenschaftler, ein Berater oder ein Lobbyist sie dazu aufgefordert hätte. Das Ereignis selbst ist der Politikberater.

Nun ist das Beschriebene im Grunde ein völlig alltägliches Phänomen. Die Welt um uns herum verändert sich ständig, und so muss auch die Politik sich ständig neu ausrichten. Wäre das nicht der Fall, bedeutete dies das Ende der Politik. Es geht uns hier jedoch um die nicht alltäglichen Ereignisse und um Entwicklungen, die der Wirtschaft ein Impetus sind, der eine große oder lang andauernde Wirkung verspricht. Wie bei den anderen Beratern sollte gute Politik auch hier vorsichtig und skeptisch sein.

Erstens verändert nicht jedes Ereignis die Welt auf Dauer und schwerwiegend. Der scharfe Einbruch unserer Wirtschaftsleistung im Jahr 2009 bedeutete nicht das Ende von Wachstum, Wohlstand und Beschäftigung in Deutschland – wiewohl andere Ausprägungen der Wirtschafts- und Finanzkrise bis heute nachwirken. Eine Jahre andauernde Hausse an den Aktienmärkten bedeutet nicht das Ende von Risiken an den Kapitalmärkten. Eine sinkende Nachfrage nach Pkw allein bedeutet nicht das Ende einer florierenden Automobilindustrie. Die protektionistische Handelspolitik des US-amerikanischen Präsidenten muss nicht das Ende der Globalisierung, wie wir sie kennen, bedeuten (wir wissen es noch nicht).

Die Beispiele ließen sich fortsetzen. Das menschliche Gehirn neigt dazu, aktuelle Entwicklungen linear in die Zukunft zu extrapolieren. Man kann sich sehr leicht vorstellen, dass aktuelle Ereignisse fortwirken. Sich ein Bild von einer Trendumkehr zu machen, ist sehr viel schwieriger. Wer durchnässt im Regen steht, kann sich nur schwer baldigen Sonnenschein vorstellen; obschon doch die Erfahrung lehrt, dass der Wechsel zwischen verschiedenen Wetterlagen der Normalfall ist. Wir sollten es also besser wissen.

Für die Wirtschaftspolitik bedeutet das: Sie sollte sehr genau prüfen, ob ein Ereignis ohne politische Reaktion tatsächlich eine weit reichende und andauernde Wirkung zeigen wird. Manches kann man auch einfach mal aussitzen.

Ein Ereignis bewegt die Politik nicht direkt zum Handeln. Es muss zunächst in der Öffentlichkeit diskutiert, es muss zur Meldung werden. Dann ist es eine Tatsache, und erst dann tritt die Politik auf den Plan. Die einzelnen Phasen dieser Metamorphose eines ursprünglich unschuldigen Ereignisses sollten wir mit einer gesunden Portion Skepsis betrachten. Denn manchmal wird aus einem Nicht-Ereignis in kurzer Zeit Politik. Dazu zwei Beispiele:

Wir greifen die Forderung der Lungenärzte nach einer Absenkung des Stickoxidgrenzwertes noch einmal auf. Allein dadurch, dass es den Urhebern gelungen ist, mithilfe der Medien ihr Positionspapier zu einer Meldung zu machen, haben sie – in dem Fall nur vorübergehend – eine neue Tatsache geschaffen: Der geltende Stickoxidgrenzwert ist Unsinn. Schnell hat die Politik reagiert. Insbesondere dem Bundesverkehrsminister kam diese neue Tatsache offenbar so gelegen, dass er reflexhaft über das Stöckchen sprang, das ihm die kleine Gruppe von Medizinern hinhielt.

Aber auch andere, eigentlich weniger unmittelbar politische Beispiele verdeutlichen, dass Nicht-Ereignisse zu Tatsachen werden können, welche die Politik dann doch wieder involvieren. Wer sich mit Konjunkturprognosen befasst, weiß, dass der veröffentlichte Prognosewert – zum Beispiel 1,8 Prozent Wachstum – ein sogenannter Punktschätzer ist.

Ein Prognosemodell zeigt aber immer auch einen größeren Bereich an, innerhalb dessen die tatsächliche Realisation dann liegen kann, in unserem Beispiel etwa zwischen 1,5 Prozent und 2,1 Prozent. Alle Werte innerhalb dieses Bereichs – des sogenannten Konfidenzintervalls – sind zunächst einmal gleich wahrscheinlich.

Im Grunde sagt das Modell: Die Veränderung des Bruttoinlandsprodukts wird mit hoher Wahrscheinlichkeit zwischen 1,5 Prozent und 2,1 Prozent liegen. Der Punktschätzer liegt halt in der Mitte und wird deshalb ausgewiesen.

Wenn nun Institut XY meldet, es habe seine Konjunkturprognose für das laufende Jahr von 1,8 Prozent auf »nur noch« 1,6 Prozent herabgesetzt, dann kann das beim Leser zu zwei unterschiedlichen Reaktionen führen. Der an wirtschaftlichen Entwicklungen interessierte Laie erhält die Botschaft, dass sich die konjunkturelle Entwicklung in Deutschland eintrübe. Der Prognostiker – oder auch jeder, der sich mal ein wenig mit Statistik befasst hat – reibt sich verwundert die Augen. Er stellt sich die Frage, welche Motivation unser Institut XY antreibt, so etwas zu veröffentlichen.

Dieses Ereignis ist ein Nicht-Ereignis. Es konnte nicht beobachtet werden, dass sich die Konjunktur eingetrübt hat. Wirtschaftliche Entwicklungen unterliegen Unsicherheiten und Schwankungen, auch in ihrer Erfassung und Prognose.

Plötzlich ist aber eine schwächere Konjunktur ein Faktum und »rät« der Politik, darauf zu reagieren. Ähnliches gilt für ein kleines Zucken des DAX, des Ölpreises oder des ifo-Geschäftsklimaindex. Gerade bei den Börsendaten, die sich ja nun mal ständig ändern, ist es manchmal recht lustig anzusehen, wie am Ende des Tages nach Begründungen für den einen oder anderen Verlauf gesucht wird. Als ob es jeden Tag das große, den gesamten Aktienmarkt beeinflussende Ereignis gäbe. All das sind für sich genommen keine Ereignisse, die die Wirklichkeit verändern. Sie besitzen keine Legitimation, der Politik Handlungsempfehlungen auf den Tisch zu legen. Da diese Ereignisse als Objekte für ihre Fehlleistungen nicht haftbar gemacht werden können, richtet sich die Kritik an die an der Metamorphose Beteiligten, vom wissenschaftlichen Institut über die Medien bis hin zur Politik.

KAPITEL 6

Was man nicht tun sollte: Beispiele für Politiken, die ihr Ziel verfehlen

Wir haben in den vorangegangenen Kapiteln die Lage der deutschen Volkswirtschaft, ihre Probleme und ihre Herausforderungen analysiert. Wo Probleme bestehen, gibt es auch Lösungen.[8] Die richtigen Lösungsansätze zu identifizieren ist oftmals schwieriger, als es auf den ersten und auch zweiten Blick scheint.

Schauen wir ins Ausland: Im Vereinigten Königreich versprechen die Brexiteers dem Volk, dass sich alle Probleme der britischen Wirtschaft in Luft auflösen, wenn das Land nur endlich aus der Europäischen Union austritt. Das Gegenteil wird der Fall sein.

Den Vereinigten Staaten wird neue Größe versprochen, wenn man nur andere Länder für ihre Exporte in das Land bestraft. Vermeintliche »Schutzzölle«, gar ein veritabler Handelskrieg mit den anderen großen Wirtschaftsräumen der Welt werden allen Ernstes als Lösung für die Probleme der heimischen Industrie und Landwirtschaft propagiert.[9]

Und in Deutschland: Hier wird Enteignungen von Immobilieneigentümern das Wort geredet und versprochen, damit in Ballungsgebieten die Wohnungsnot zu lindern.

---

8 Anderenfalls müssten wir semantisch korrekt von Schicksal sprechen. Probleme kann man immer lösen, bei Schicksal kann man nichts machen.

9 Zum Ansatz, das eigene Land vor der Globalisierung zu »schützen«, später in diesem Kapitel mehr.

Wir dürfen aber nicht nur auf die großen und nicht ganz so großen Populisten dieser Welt schauen, egal ob von rechts oder von links. Vielleicht wissen sie es selbst besser, vielleicht auch nicht. Prägend für ihre Vorschläge ist das Instrument der schamlosen Lüge gegenüber den Wählern, denen Lösungen versprochen werden, die offenkundig keine sind. Dieser Politikstil hat immerhin den Vorteil, dass er leicht zu demaskieren ist.

Wir dürfen aber eben nicht nur auf diese offenkundig absurden Rezepte schauen. Viel wichtiger ist es, die scheinbar plausiblen Lösungen zu betrachten, die auch Politiker von hoher Redlichkeit auf die Agenda setzen. Manche Lösung entpuppt sich dabei als eine Scheinlösung, da die Zusammenhänge in einer Ökonomie bisweilen eben doch ein wenig komplexer sind also solche, die man in einfache Dreisatzrechnungen fassen könnte.

Hinzu kommt, dass ein jeder sich berufen und kompetent zu fühlen scheint, ökonomische Lösungsvorschläge zu unterbreiten, völlig unabhängig davon, welche Profession er selbst ausübt. Auf welcher Grundlage werden Vorschläge von Theologen, Pädagogen, Ingenieuren oder Romanisten – so sie nur einen gewissen Namen in der Öffentlichkeit haben – zur Frage, wie man zum Beispiel Arbeitslosigkeit reduzieren oder die Rentenversicherung zukunftsfest machen kann, als fundiert erachtet? Können wir von ihnen funktionierende Lösungsvorschläge in Bereichen erwarten, mit denen sich seit mehr als zweihundert Jahren eine große wissenschaftliche Disziplin befasst?

Würde man dieselben Menschen fragen, was man gegen einen banalen Schnupfen oder bei einem gebrochenen Bein unternehmen sollte, würden sie einen mit Verweis auf ihre nicht einschlägige Ausbildung zum Arzt schicken. Zu Recht.

Es mangelt nicht an gut gemeinten Vorschlägen, wie Deutschland sowohl seinen wirtschaftlichen Wohlstand als auch seinen gesellschaftlichen Zusammenhalt stärken kann. Aber manche dieser Vorschläge, so plausibel und naheliegend sie klingen mögen, funktionieren einfach nicht. Wenn die Politik es trotzdem mit diesen Instrumenten versucht und sie womöglich vollmundig als Patentrezepte ankündigt, wird später die Enttäuschung bei den Betroffenen umso größer sein. Stellt sich der wirtschaftliche Erfolg einer Maßnahme entgegen den geschürten Erwartungen nicht ein, gerät der soziale Zusammenhalt zusätzlich unter Druck.

Wir wollen in diesem Kapitel eine Auswahl »falscher Freunde« – hört sich gut an, ist es aber nicht – näher beleuchten und zeigen, warum sie nicht zur Stärkung von Wirtschaft und Gesellschaft taugen. Diese Auswahl ist in keinem Fall abschließend, sie umfasst aber zum einen besonders häufig diskutierte Beispiele, zum anderen ermöglicht sie uns, auch in anderen Fällen künftig etwas kritischer auf einfache Lösungsansätze zu schauen.

Anhebung des Rentenniveaus zur Vermeidung von Altersarmut

Altersarmut gilt als die große Zukunftsangst vieler Menschen in Deutschland. Schon heute verfügen viele Ältere über vergleichsweise oder sogar sehr wenig Geld zum Leben, müssen den Euro mehrmals umdrehen und können nicht frei von finanziellen Sorgen ihre letzte Lebensphase genießen.

Dass Menschen nach einer langen Erwerbstätigkeit mit dem Eintritt in die Rente ihre wirtschaftliche Stabilität zu verlieren drohen, aus finanziellen Gründen nicht mehr wie gewohnt am sozialen Leben teilhaben können, kann eine Gesellschaft nicht wollen. Vielmehr dürfte es einen breiten gesellschaftlichen Konsens geben, dass wir Altersarmut in Deutschland so weit wie möglich vermeiden wollen. Aufgrund der in Kapitel 2 dargestellten Unbrauchbarkeit der Armutsrisikoquote zur Messung von (Alters-)Armut verzichten wir hier darauf, Zahlen anzuführen. Die können Sie bei Interesse selbst leicht nachschlagen. Nur so viel: Gemessen an diesem Indikator ist heute die Armut unter Familien mit Kindern um ein Vielfaches höher als die älterer Menschen.

Es gibt durchaus Gründe dafür, dass in den kommenden Jahren mehr Menschen von Altersarmut betroffen sein werden als heute. Die wichtigsten Gründe sind unstete Erwerbsbiografien mit Zeiten von Arbeitslosigkeit und entsprechenden Lücken in den Beitragszeiten sowie lange Erwerbszeiten im Niedriglohnbereich.

Ausgemacht ist eine künftig höhere Altersarmut zwar nicht, da es durchaus auch Entwicklungen gibt, die dem entgegenwirken. Das ist vor allem der Umstand, dass häufiger als früher in einer Ehe beide Partner erwerbstätig sind und damit Rentenansprüche erwerben. Hinzu kommen zahlreiche, darunter große, Erbschaften in den kommenden Jahren, über die sich vor allem Menschen um die sechzig werden freuen dürfen. Diese Erbschaften dürften allerdings sehr ungleich verteilt sein. Aber allein der begründete Verdacht, dass wir künftig mehr Altersarmut erwarten müssen, sollte die Politik zum Handeln bewegen.

Als eine Ursache künftig steigender Altersarmut wird oftmals die langfristige Absenkung des Rentenniveaus vermutet oder propagiert. Umgekehrt gilt eine Stabilisierung oder gar eine Anhebung als Zaubermittel gegen Armut im Alter. Aktuell liegt das Rentenniveau bei 48 Prozent. Bis zum Jahr 2040 erwarten Modellrechnungen einen Rückgang auf unter 42 Prozent. Verfechter eines höheren Rentenniveaus fordern eine Anhebung auf bis zu 53 Prozent. Würde das helfen?

Was ist überhaupt das Rentenniveau?

Hilfreich ist, zunächst einmal zu verstehen, was das Rentenniveau überhaupt ist. 48 Prozent wovon? Das Standardrentenniveau, wie es offiziell heißt, ist zunächst einmal nur eine Rechengröße. Sie bezeichnet das Verhältnis des Rentenanspruchs desjenigen, der genau fünfundvierzig Jahre in jedem Jahr genau das Durchschnittseinkommen aller Rentenversicherten erzielt hat, zum Durchschnittslohn aller Versicherten. Im Jahr seines Renteneintritts würde er dann tatsächlich 48 Prozent seines letzten Gehalts als Rente bekommen.[10]

Finden Sie sich hier wieder? Nein, natürlich nicht. Sie selbst haben eine ganz andere Erwerbsbiografie. Diesen sogenannten Standardrentner gibt es in der Realität gar nicht!

Wenn Sie nun wissen wollen, wie hoch Ihre Rente im Verhältnis zum letzten Gehalt oder zum Gehalt der letzten Jahre ausfällt, müssen Sie eine ganz andere Rechnung aufmachen. Sie müssen zusammenrechnen, wie viele Entgeltpunkte Sie im Laufe ihres Berufslebens gesammelt haben, diese mit dem aktuellen Rentenwert multiplizieren und dann ins Verhältnis zu Ihrem Gehalt setzen. Freundlicherweise übernimmt die Deutsche Rentenversicherung dies mit der jährlichen Renteninformation für Sie. Damit sind Sie immer auf dem aktuellen Stand darüber, wie hoch Ihre gesetzliche Rente ausfallen wird.

Jemand, der in seinen frühen Berufsjahren ein geringes Arbeitseinkommen erzielt hatte, aber in den letzten Jahren besonders gut verdient hat, wird ein persönliches Rentenniveau unterhalb von 48 Prozent erzielen, wenn er es an den Einkommen der letzten Jahre vor Renteneintritt misst. Das Gleiche gilt für jemanden, der lange Zeit mehr als das Doppelte des Durchschnittslohns erzielt, denn bei diesem Wert ist der Erwerb von Rentenansprüchen gedeckelt.

Im Jahr 2019 lag diese sogenannte Beitragsbemessungsgrenze bei 6.700 Euro monatlichem Gehalt in Westdeutschland und bei 6.150 Euro in Ostdeutschland. Wer mehr verdient, erhöht seine Rentenansprüche nicht (zahlt aber auch keine weiteren Beiträge).

Anders sieht es für Menschen aus, die lange Jahre in Vollzeit gearbeitet haben, in den Jahren vor ihrem Renteneintritt aber ihr Pensum reduzieren. Ihr persönliches Rentenniveau gemessen am Einkommen der letzten Jahre wird eher über 48 Prozent liegen.

Vor diesem Hintergrund wird also deutlich, dass das statistische Konstrukt des Rentenniveaus für die Höhe der eigenen Rente über-

---

10 Vorübergehende Wirkungen beim gegenwärtigen Übergang zur nachgelagerten Besteuerung von Renten lassen wir außer Acht.

haupt nichts aussagt. Richtig ist allerdings, dass unter einer Absenkung des offiziellen Rentenniveaus auch das eigene Rentenniveau leidet.

Zum weiteren Verständnis müssen wir mit einem Mythos aufräumen, der vielen Menschen Sorgen bereitet: Die Rente sinkt. Nein, das ist falsch, die Rente sinkt nicht, sie steigt auch in Zukunft. Sogar real, also nach Abzug der Inflation. Die Rente steigt nur weniger stark als die Löhne. Rentner partizipieren also nicht mehr, wie es in früheren Jahrzehnten der Fall war, eins zu eins an der Lohnentwicklung des Landes. Aber sie partizipieren weiterhin spürbar und werden nicht abgehängt.

Mit der Rentenanpassungsformel wird jedes Jahr errechnet, in welchem Maße die Renten erhöht werden. Demnach steigen die Renten insbesondere aufgrund des sogenannten Nachhaltigkeitsfaktors, der den steigenden Anteil von Rentnern an der Bevölkerung berücksichtigt, in aller Regel nicht so stark wie die Löhne.

Aber sie können niemals sinken, auch nicht in Jahren, in denen sie es nach der Formel rechnerisch müssten. Dafür trägt eine Schutzklausel Gewähr. Wie stark die Renten über die Jahre steigen werden, hängt von der künftigen Entwicklung der Beschäftigung und der Löhne ab und kann deshalb nicht exakt vorausgesagt werden. Modellrechnungen aber zeigen, dass wir durchaus mit spürbaren Steigerungen rechnen können.

So lag nach Berechnungen des Instituts Prognos im Jahr 2015 die sogenannte Bruttostandardrente – also die Rente unseres Standardrentners vor Abzug von Steuern und Sozialbeiträgen – bei 1.310 Euro. Für das Jahr 2040 wird ein Wert von 2.740 Euro prognostiziert. Das ist ein Anstieg um mehr als 100 Prozent, der auch unter Abzug der Inflation noch zu einer spürbaren Verbesserung der Kaufkraft und damit des Lebensstandards von Rentnern führt. Auch eine steigende Inflation würde die Rente nicht »auffressen«. Sollte das allgemeine Preisniveau künftig tatsächlich stark anziehen, würde sich das auch in den Nominallöhnen bemerkbar machen und damit auch in den Renten.

Eine Anhebung des Rentenniveaus käme den Falschen zugute

Selbstverständlich würde dieser absolute Anstieg in Euro bei einem höheren Rentenniveau noch höher ausfallen. Abgesehen davon, dass dies zusätzlich finanziert werden müsste und damit entweder die Beitrags- und/oder die Steuerzahler zusätzlich belasten würde[11], zeigt sich aber noch eine weitere Schwäche des Vorschlags, das Rentenniveau zu erhöhen: Die Anhebung käme allen zugute, egal wie gut sie finanziell ausgestattet sind. Auch Haushalte mit einer vergleichsweise hohen Rente würden profitieren, in absoluten Euro-Beträgen sogar stärker als die Gruppe mit niedriger Rente, auf die die Maßnahme ja eigentlich abzielt.

Und wir dürfen nicht vergessen, dass Armut und Bedürftigkeit immer einen Haushalt als Ganzes betreffen und niemals einzelne Personen. Es gibt in Deutschland Millionen von Erwerbsbiografien, in denen die Ehefrau eines gut verdienenden Mannes über die Jahre und Jahrzehnte nur wenig erwerbstätig war und entsprechend geringe Rentenansprüche erworben hat. Diese Ehefrau bekommt dann eine »kleine« Rente. Das sagt aber nichts über ihr gemeinsames Haushaltseinkommen und über den Lebensstandard der Dame aus.

Jeder Prozentpunkt im Rentenniveau kostet etwa 5 Milliarden Euro pro Jahr. Diese Summe muss auf der einen Seite über Beiträge oder Steuern erhoben werden und wird auf der anderen Seite auf die Rentner verteilt. Der überwiegende Teil dieser Summe würde Menschen zugutekommen, die entweder im Sinne der Armutsvermeidung auf eine zusätzliche Rentenerhöhung gar nicht angewiesen sind oder bei denen diese Erhöhung gar nicht ankäme.

Denn: Viele Menschen haben in ihrem Berufsleben einen so geringen Rentenanspruch erworben, dass sie auch mit einem Anstieg des Rentenniveaus ohne Zweitverdiener im Haushalt nicht über die

11 Sie sehen auch hier wieder einmal: Ein großer Teil der Wirtschaftspolitik ist Verteilungspolitik.

Grundsicherung im Alter hinauskämen. Die besonders Bedürftigen würde diese Maßnahme also gar nicht erreichen.

Das Problem – und es ist ein sehr ernsthaftes – liegt hier nicht in einem zu niedrigen Rentenniveau, sondern darin, dass diese Menschen über viele Jahre in zu geringem Maße erwerbstätig waren und/oder ihr gesamtes Erwerbsleben lang sehr geringe Löhne erzielt haben. Diesen Menschen kann mit einer intelligent ausgestalteten Grundrente wirklich geholfen werden, mit einem Anstieg des Rentenniveaus aber mit Sicherheit nicht.

Eine Politik, das Rentenniveau zu erhöhen, wäre eine Politik mit der Gießkanne. Sie wäre teuer, ineffizient, sogar ineffektiv und nicht zielgenau. Die Anhebung des Rentenniveaus – über die unter anderen Zielstellungen durchaus diskutiert werden könnte – mit dem Versprechen, Altersarmut zu bekämpfen, schürt Hoffnungen bei denjenigen, die ernsthaft in Sorge sind, im Alter nicht (mehr) auf sicheren finanziellen Füßen zu stehen.

Besonders schlimm ist, dass diese Hoffnungen zwangsläufig enttäuscht würden. Es würde viel Geld ausgegeben, das vielen Menschen zugutekäme, die es nicht benötigen. Am Problem der Altersarmut würde sich aber kaum etwas ändern. Die Politik würde damit zeigen, dass sie ein Problem erkennen und ernst nehmen kann, aber nicht in der Lage ist, ihm adäquat zu begegnen.

Die einkommensschwachen Menschen wären die Verlierer. Die Erwerbstätigen, die mit ihrer Arbeit die Beitragseinnahmen sichern, würden sich zu Recht fragen, wofür sie stärker zur Kasse gebeten werden. Es wäre eine weitere Belastungsprobe für den gesellschaftlichen Zusammenhalt in Deutschland.

Zuwanderung nach Deutschland unterbinden

Zuwanderer werden für viele Probleme in Deutschland verantwortlich gemacht: »Zuwanderer nehmen uns die Arbeitsplätze weg«,

»Zuwanderer nutzen unsere Sozialsysteme aus«, »Zuwanderer sind häufiger kriminell als Deutsche«, um nur die drei wohl am intensivsten diskutierten Felder zu nennen. Es geht also vor allem um vermeintliche oder tatsächliche wirtschaftliche Belastungen und um eine wichtige Frage der inneren Sicherheit.

Wie einfach ließen sich dann – meinen manche – viele Probleme lösen, wenn weniger Zuwanderer zu uns ins Land kämen. Oder sollten wir nur die »richtigen« zu uns lassen, jene, die unserer Wirtschaft helfen?

Die Kriminalität von Zuwanderern ist an dieser Stelle nur erwähnt, da sie in der gesellschaftlichen Diskussion eine bedeutsame Rolle spielt, nicht weil der Autor über eine besondere soziologische oder kriminologische Kompetenz verfügen würde. Aber er kann Statistiken lesen. Und diese Statistiken zeigen deutlich, dass Zuwanderer bei einigen Straftaten häufiger straffällig werden, als es ihrem Anteil an der Gesamtbevölkerung entspricht. Das ist ein Problem.

Bei vielen anderen Delikten ist das aber nicht der Fall. Und einiger Vergehen können sich überhaupt nur bestimmte Gruppen von Zuwanderern schuldig machen, zum Beispiel Verstöße gegen das Aufenthaltsgesetz.

Bemerkenswert ist, dass in der Diskussion über Kriminalitätsraten stets das Attribut »Zuwanderer« als bestimmendes Merkmal betrachtet wird. Eine solche Argumentation schreibt bestimmten Nationalitäten oder Kulturkreisen als Gruppe bestimmte negative Eigenschaften zu und ist damit im Kern rassistisch.

Interessant wird es, wenn man Kriminalitätsstatistiken nach anderen Merkmalen gruppiert. Dann sieht man nämlich, dass Straftaten, vor allem Gewaltverbrechen, über alle Nationalitäten hinweg überproportional von jungen, alleinstehenden Männern mit geringer Bildung verübt werden. Und in dieser Gruppe befinden sich in der Tat überproportional viele Zuwanderer. Das ist migrationstheoretisch sehr gut zu erklären, integrationspolitisch leider auch.

Es verbleibt ein statistischer Rest, der über den Status »Zuwanderer« erklärt werden kann, und das sollte man auch sehr ernst nehmen. Um Kriminalität zu bekämpfen und das zweifellos hohe Gut der inneren Sicherheit zu gewährleisten, lohnt es sich aber, auf die wirklich bestimmenden Faktoren zu schauen und hier anzusetzen. Anderenfalls fällt man auf eine Scheinkorrelation herein – ein statistischer Anfängerfehler – und wird bei der Problemlösung scheitern.

Zuwanderung aus der EU ist keine politische Stellgröße

Wir wollen uns aber schwerpunktmäßig mit den wirtschaftlichen Konsequenzen der Zuwanderung beschäftigen. Hier begegnet man immer wieder Missverständnissen, was die Zielsetzung unterschiedlicher Zuwanderungsregime betrifft.

Analysen der Frage, ob Zuwanderer einen wirtschaftlichen Gewinn oder Verlust für uns erbringen, sind methodisch ausgesprochen herausfordernd. Oftmals konzentrieren sich diese Studien auf fiskalische Aspekte, was aber den Kern der wirtschaftlichen Auswirkungen gut trifft. Schwierig sind neben der unterstellten oder prognostizierten Integration in den Arbeitsmarkt vor allem die Zurechnung bestimmter Kosten und Erträge auf Zuwanderer und Einheimische.

So gelangen derartige Untersuchungen auch zu unterschiedlichen Ergebnissen. Solche Studien, die zeigen, dass Zuwanderung oftmals kein wirtschaftlicher Gewinn für uns ist, sind innerhalb ihres Untersuchungsfokus meist durchaus zutreffend. Sie sind aber doch wieder falsch, da sie nicht die richtige Frage untersuchen.

Dazu muss man sich vor Augen führen, innerhalb welcher Rechtsrahmen Menschen dauerhaft nach Deutschland kommen können. Hier gibt es im Wesentlichen drei unterschiedliche Regime: Erstens gewährleistet die Arbeitnehmerfreizügigkeit – ebenso wie die Niederlassungsfreiheit für Selbstständige – als eine der Grundfreiheiten innerhalb des Europäischen Binnenmarktes, dass sich EU-Bürger zur Ausübung einer Erwerbstätigkeit frei in allen EU-Mitgliedstaaten aufhalten und bewegen können. Kodifiziert ist dies im Vertrag über die Europäische Union und konkretisiert in zahlreichen Europäischen Richtlinien und Verordnungen sowie in nationalen Gesetzgebungen.

Zweitens gewährt Deutschland politisch Verfolgten gemäß Artikel 16a Grundgesetz Asyl. Zudem bieten wir Flüchtlingen Schutz, die unter die Genfer Flüchtlingskonvention von 1951 fallen. Geregelt ist dies in Deutschland im Asylgesetz.

Drittens ist in Deutschland zu Beginn des Jahres 2005 ein Zuwanderungsgesetz in Kraft getreten – zuletzt 2019 ergänzt durch das Fachkräfteeinwanderungsgesetz. Darin werden unter anderem die Voraussetzungen für die Zuwanderung von Menschen außerhalb der Europäischen Union (die keine Flüchtlinge sind) geregelt. Für die Beurteilung der Vorteilhaftigkeit von Zuwanderung für unser Land ist es bedeutsam, zwischen diesen drei Regimen zu unterscheiden.

Die Freizügigkeit von Arbeitnehmern innerhalb der Europäischen Union ist heute einer der Grundpfeiler des Europäischen Binnenmarktes, aber schon seit den 1960er Jahren rechtlich verankert. Sie gewährleistet jedem EU-Bürger den gleichen Zugang zu einem beliebigen nationalen Arbeitsmarkt in der Union wie einem Einheimischen.

Ökonomisch ist diese Freizügigkeit nicht unbedingt zwingend für die Funktionsfähigkeit des Binnenmarktes, hierzu wäre der freie Austausch von Waren, Dienstleistungen und Kapital – den anderen Pfeilern des Gemeinsamen Marktes – hinreichend. Dass sich alle Unionsbürger von der portugiesischen Atlantikküste bis hin zur polnischen Ostgrenze frei bewegen können, ihren Arbeitsplatz frei wählen können, ist aber eine enorme politische Errungenschaft.

Obschon sich die Integration innerhalb der Europäischen Union in den zurückliegenden Jahren immer stärker vertieft hat, nutzen EU-weit erstaunlich wenige Menschen diese Möglichkeit, das Land ihres Arbeitsplatzes frei zu wählen. Nach Angaben von Eurostat lebten oder arbeiteten 2017 nur 3,8 Prozent der Unionsbürger in einem anderen Mitgliedstaat als dem, dessen Staatsangehörigkeit sie besitzen.

In Deutschland ist der Anteil hingegen höher. 2018 lebten in Deutschland 4,8 Millionen mit einem Pass eines anderen EU-Landes. Das entspricht einem Anteil von knapp 6 Prozent. Im Zuge der

EU-Osterweiterung und der Wirtschaftskrise in den südeuropäischen Ländern hat sich diese Zahl seit 2008 verdoppelt. Interessant ist, dass die EU-Ausländer einen hohen Anteil von 44 Prozent aller in Deutschland lebenden Ausländer ausmachen.

Man kann gesichert davon ausgehen, dass diese Zuwanderer die wirtschaftliche Entwicklung in Deutschland unterstützt haben, auch wenn die Bilanz keineswegs makellos ausfällt. In früheren Jahrzehnten waren es vor allem gering Qualifizierte, die in Industrie und Bergbau dringend benötigt wurden. Heute ist das Qualifikationsniveau der EU-Zuwanderer deutlich höher; aus Südeuropa sind in den vergangenen Jahren zunehmend Akademiker nach Deutschland gekommen.

Manche Dienstleistungsmärkte in Deutschland würden ohne Arbeitskräfte aus Osteuropa schlicht nicht funktionieren. Vorteile ergeben sich immer, wenn die ausländischen Arbeitskräfte komplementär zu denen der Einheimischen sind. Sie verbessern dann deren Beschäftigungsmöglichkeiten und die erzielbaren Löhne.

Auch bei einer positiven Bilanz sind Probleme in keinem Fall zu verschweigen. Nicht immer gelingt die Integration in den Arbeitsmarkt so gut wie gewünscht, nicht immer füllen EU-Arbeitskräfte nur Lücken auf dem deutschen Arbeitsmarkt. Oftmals stellen sie auch eine zusätzliche Konkurrenz dar, verdrängen einheimische Arbeitskräfte und üben Druck auf die Löhne aus.[12] Man darf sich den Arbeitsmarkt eben nicht als den einen Markt vorstellen, Arbeitsmärkte sind stark segmentiert.

Das Qualifikationsniveau ist bei vielen EU-Zuwanderern, gerade aus Osteuropa, nicht so hoch und passgenau, wie das für unsere Arbeitsmärkte wünschenswert wäre. Soweit unsere Sozialsysteme übermäßig, also über den rechtlich vorgesehenen Rahmen hinaus genutzt werden, stellt das nicht nur eine Belastung für den Steuerzahler, sondern gegebenenfalls eine Straftat dar, die verfolgt werden muss.

12 Vereinfacht spricht man davon, dass Zuwanderer entweder substitutiv oder komplementär zu Einheimischen stehen. Entsprechend unterschiedlich fallen die Wirkungen aus.

Für unsere Fragestellung, nämlich ob weniger Zuwanderung die wirtschaftliche Entwicklung und den gesellschaftlichen Zusammenhalt hierzulande zu stärken vermag, ist dieser kurze Überblick hinreichend. Denn: Hier gibt es keine politische Stellschraube! Deutschland hat sich nach dem Zweiten Weltkrieg bewusst für die europäische Integration entschieden. Aus sehr guten Gründen. Und diese Integration haben wir in den zurückliegenden Jahrzehnten ebenso bewusst vertieft.

Sich zwischen Deutschland, Polen und Spanien so frei bewegen zu können, so frei entscheiden zu können, wo man arbeiten möchte, wie zwischen Bayern, Nordrhein-Westfalen und Sachsen, das ist vielleicht die herausragende Errungenschaft Europas. Niemand, der bei Vernunft ist, würde dies infrage stellen. Kurzum: Die Zuwanderung aus anderen EU-Ländern ist schlicht keine Variable der deutschen Politik.

Flüchtlingspolitik ist keine Arbeitsmarktpolitik

Befassen wir uns mit der Zuwanderung von Flüchtlingen. Die großen Flüchtlingsbewegungen vor allem in den Jahren 2015 und 2016 haben unser Land geprägt – ob durch die hohe Anzahl der Flüchtlinge selbst oder durch die gesellschaftlichen und politischen Reaktionen darauf. Sie haben die politische Landschaft in Deutschland verändert, möglicherweise auch die gesellschaftliche.

Völlig unabhängig davon, ob man die Flüchtlingspolitik der Bundesregierung in den Jahren 2015 bis heute gutheißt, sie unterstützt oder für einen großen Fehler, für einen politischen Offenbarungseid hält, müsste jeder, der die Sache nüchtern und mit klarem Verstand betrachtet, folgenden Punkten zustimmen:

Erstens, in den Monaten nach dem Herbst 2015 war die Politik nicht zu jeder Zeit Herr des Verfahrens, hat im Nachgang gravierende Fehler begangen, hat Entscheidungen schlecht kommuniziert und einen Beitrag zum Erstarken rechtspopulistischer Parteien in vielen EU-Ländern geleistet.

Zweitens jedoch, auch die hohe Anzahl von Flüchtlingen hat Deutschland wirtschaftlich nicht überfordert. Weder beim Wachstum noch am Arbeitsmarkt waren für die Einheimischen substanzielle negative Folgen zu spüren. Fiskalisch konnten wir die Lasten in einem Umfeld sprudelnder Steuereinnahmen stemmen.

Drittens wiederum würden wir das nicht schaffen, wenn wir dauerhaft mit einem Zuzug von Flüchtlingen in der Größenordnung von 2015 und 2016 konfrontiert würden. Das würde unser Land tatsächlich überfordern – und zwar in jeder Hinsicht.

Wenn man sich bei allen Unterschieden in der Bewertung der Flüchtlingspolitik auf diesen Grundkonsens einigen könnte, wäre schon viel gewonnen.

Belasten nun Flüchtlinge unsere Staatskassen und unsere Wirtschaft? Würde es uns ökonomisch besser gehen, wenn wir weniger Flüchtlinge aufgenommen hätten? Das scheint die Gretchenfrage der deutschen Flüchtlingspolitik zu sein, an deren Antwort es die künftige Politik auszurichten gelte.

Aber diese Frage ist unglaublich dumm. Natürlich kosten uns die Flüchtlinge Geld und Wirtschaftskraft! Berechnungen und Studien, die uns den wirtschaftlichen Nutzen von Flüchtlingen darstellen, sind Unfug. Versuchen wir es mit Logik: Würden uns Flüchtlinge einen wirtschaftlichen Vorteil bescheren, hätten wir schon vorher um diese Menschen geworben. Warum hätten wir warten sollen, bis sie von Folter und Tod bedroht sind? Um das zu verstehen, reicht, wie in der Rente, Volksschule Sauerland.[13]

Wir müssen die Politikbereiche auseinanderhalten: Flüchtlingspolitik ist Menschenrechtspolitik, keine Wirtschaftspolitik. Deutschland nimmt aus humanitären Gründen Menschen auf, die in Not sind. Das kann man richtig oder falsch, vom Recht gedeckt oder nicht gedeckt finden. Wirtschaftliche Aspekte aber sind dabei nicht relevant. Deshalb führen auch Diskussionen über wirtschaftlich »gute«

13 Dass dieses schöne Mittelgebirge südlich der Ruhr nun schon zum zweiten Mal Erwähnung findet, ist reiner Zufall.

Flüchtlinge (der syrische Arzt) und »schlechte« Flüchtlinge in die Irre.

Anders stellt sich die Frage erst, wenn Flüchtlinge anerkannt werden und eine Bleibeperspektive bei uns haben. Dann müssen wir alles daransetzen, sie zu bilden, auszubilden, fortzubilden und in den Arbeitsmarkt und in die Gesellschaft zu integrieren – unter ihrer aktiven Mithilfe. Wenn ein Mensch dauerhaft in Deutschland ist, stellen sich wieder alle bekannten Fragen der Wirtschafts- und Arbeitsmarktpolitik. Dann wäre es töricht, alte Fehler zu wiederholen, die dazu geführt haben, dass heute noch viele Menschen mit Migrationshintergrund, auch in der zweiten und dritten Generation, schlechte Kenntnisse der deutschen Sprache, eine geringe Bildung und Qualifikation und unterdurchschnittliche Chancen auf dem Arbeitsmarkt haben.

Aber es ist eine zweistufige Beurteilung: Zuerst die humanitäre Frage, ob jemand zu uns kommen darf oder nicht, danach die wirtschaftliche Frage, wie er einen möglichst wertvollen Beitrag zu unserer Volkswirtschaft leisten kann.

Fachkräfte aus Drittstaaten sind der Schlüssel

Bleibt schließlich der dritte Bereich der Zuwanderung. Aus Drittstaaten, also Ländern außerhalb der Europäischen Union, können wir die Zuwanderung auf unseren Arbeitsmarkt steuern. Hier können und sollten wir rein ökonomische Kriterien anlegen und ganz opportunistisch vorgehen: Wer nützt uns am meisten?

Nach den Anfängen durch das Zuwanderungsgesetz aus dem Jahr 2005 ist seit 2019 das Fachkräfteeinwanderungsgesetz in Kraft. Auf dieser Rechtsgrundlage können wir auswählen, ob wir einer Arbeitskraft, die aus dem Ausland zu uns kommen möchte, dies auch ermöglichen. In der Realität ist es leider oftmals anders: Um für diejenigen attraktiv zu sein, die wir gerne hätten, müssen wir uns in der Regel schon etwas einfallen lassen. Egal ob für IT-Spezialisten oder Pflegekräfte, Deutschland ist nicht immer das Ziel aller Träume.

Mit dem Fachkräfteeinwanderungsgesetz haben wir – jedenfalls dem Grundsatz nach – ein wunderbares Instrument zur Verfügung, um Engpässe zu überwinden, die am deutschen Arbeitsmarkt bestehen und künftig noch gravierender ausfallen werden. Auch wenn das aktuelle Fachkräfteeinwanderungsgesetz keine explizite Engpassprüfung mehr vorsieht, so geht es doch darum, Fachkräfte zu gewinnen, die komplementär zu einheimischen Arbeitskräften sind.

Qua Konstruktion der Rechtsgrundlage entlastet diese gesteuerte Zuwanderung von Arbeitskräften aus Drittstaaten den deutschen Arbeitsmarkt. Dieses Instrument sollten wir stärker nutzen und die Zuwanderung in Quantität und Qualität so steuern, dass sie einen möglichst großen Vorteil für die einheimische Bevölkerung erbringt.

Wir haben gesehen, wie wichtig es ist, die verschiedenen Arten der Zuwanderung nach Deutschland entsprechend ihrer jeweiligen rechtlichen Grundlage und politischen Zielsetzung zu betrachten und nicht alles über einen Kamm zu scheren. Vor diesem Hintergrund läuft eine allgemeine Forderung nach weniger Zuwanderung nach Deutschland, gar nach ihrer Unterbindung, ins Leere. Sie kann nicht der Ansatz sein, um die wirtschaftliche Entwicklung und den gesellschaftlichen Zusammenhalt in Deutschland zu stärken.

Man müsste entweder einen Grundpfeiler der europäischen Integration infrage stellen – und damit wohl Europa insgesamt – oder eine auf humanitären Werten fußende Politik aufgeben. Beides wäre ein Armutszeugnis für eine demokratische Gesellschaft.

Gleichwohl bleibt die Erkenntnis richtig, dass auch eine humanitäre Politik an praktische Grenzen stoßen kann und wir danach streben sollten, die Flüchtlingsbewegungen zu reduzieren. Offen sollten wir uns zeigen für mehr gesteuerte Zuwanderung in den deutschen Arbeitsmarkt. Fachkräfte anzuwerben und zu integrieren, die uns an bestimmten Stellen gezielt weiterhelfen können, uns unterstützen, die sich durch den demografischen und technologischen Wandel ergebenden Engpässe zu überwinden, das sollten wir in wohl verstandenem Eigeninteresse offensiver angehen.

Schutz vor der Globalisierung für eine »gerechtere« Verteilung

Die Globalisierung eröffnet uns heute Möglichkeiten, von denen die Menschen über Jahrhunderte hinweg allenfalls zu träumen wagten und die auch noch vor wenigen Jahrzehnten in dem heute gekannten Maße alles andere als selbstverständlich waren. Die Möglichkeit, global nicht nur Waren und Dienstleistungen auszutauschen, sondern auch Ideen, Forschung, Kultur, Kunst, Bildung und vieles mehr, haben die Generationen vor uns bei Weitem nicht so ausgeprägt erlebt wie wir heute. Der grenzüberschreitende und globale Reiseverkehr hat enorm zugenommen. Für die meisten Menschen in Deutschland ist es heute finanziell und technisch prinzipiell möglich, an beinahe jeden Ort der Welt zu reisen.

Dabei ist die Globalisierung in drei Dimensionen gewachsen: Erstens tauschen wir auf den traditionellen Feldern wie dem Handel von Industriewaren und landwirtschaftlichen Gütern heute sehr viel mehr mit dem Ausland als früher. Die jährlich steigenden Ausfuhrzahlen von Autos, Maschinen und Chemieprodukten belegen das deutlich.

Zweitens – und das hat Rückwirkungen auf die erste Dimension – sind in den vergangenen Jahren immer mehr Länder auf der internationalen Bühne erschienen, die zuvor global praktisch nicht existent waren. Das beste Beispiel stellt China mit seiner heute dominanten Einbindung in die Weltwirtschaft dar, die aber erst in den 1990er Jahren Fahrt aufgenommen hat. Auch zahlreiche Länder Afrikas haben erst in den vergangenen Jahren ihre ersten sichtbaren Farbtupfer auf der ökonomischen Weltkarte hinterlassen.

Drittens schließlich eröffnen die technologischen Neuerungen der letzten Jahre den internationalen Austausch in immer neuen Bereichen. Heute kann durch die Möglichkeiten der Digitalisierung in verschiedenen Ländern ohne Zeitverzögerung an einem Projekt gearbeitet werden (in »Echtzeit«). Die Menge der möglichen Datenströme hat sich ebenso rasant erhöht, wie ihre Latenz reduziert werden kann. Viele Dienstleistungen können heute ganz selbstverständlich grenzüberschreitend erbracht werden. Das war vor zwanzig Jahren so nicht möglich.

Globalisierung ist für alle Länder gut …

Die grundsätzliche Vorteilhaftigkeit der Globalisierung – früher sprach man fokussiert vom internationalen Handel – gehört zu den wenigen unstrittigen Gewissheiten in der Ökonomie und wird heute nur von manchem Staatenlenker hartnäckig geleugnet. Adam Smith, britischer Moralphilosoph und durch sein Hauptwerk *Wohlstand der Nationen* von 1776 allgemein als Gründungsvater der Nationalökonomie angesehen, hat auch für diese Erkenntnis den Grundstein gelegt.

Was zur Erstausstattung jedes Studierenden der Volkswirtschaftslehre gehört, ist ja auch intuitiv unmittelbar verständlich: Falls man nicht unbegrenzt Zeit, Wissen, Kapital und Rohstoffe zur Verfügung hat,[14] wird der Kuchen dann am größten, wenn jeder das tut, was er am besten kann. Anschließend können die Kuchenstücke zwischen den beteiligten Ländern gehandelt und aufgeteilt werden. Jeder Einzelne hat am Ende mehr, als wenn er alles selbst herstellen würde.

Schon bald nach Adam Smith und bis heute wurde die Außenhandelstheorie fundamental weiterentwickelt und immer mehr verfeinert. Zunächst hat David Ricardo, ebenfalls Brite,[15] 1817 gezeigt, dass man auch dann Vorteile durch Spezialisierung und internationalen Handel erfährt, wenn man als Land alles schlechter kann als die anderen.[16] Später konnten durch weitere Faktoren, die über reine Kostenvorteile hinausreichen, internationale Handelsströme noch besser erklärt werden.

14 Die ganze Disziplin der Volkswirtschaftslehre fußt darauf, dass man all dies nicht im Überfluss hat. Anderenfalls müssten wir nicht wirtschaften, uns nicht ökonomisch – also sparsam – verhalten. Das Gegenstück zur Knappheit ist das Paradies.

15 Damals galten die Briten noch etwas in der Welt.

16 Das ist zugegebenermaßen nicht mehr ganz so intuitiv, stimmt aber trotzdem.

Im Ergebnis haben heute durch die Globalisierung Verbraucher wie Unternehmen einen riesigen Vorteil dadurch, dass sie weltweit praktisch jede Ware und viele Dienstleistungen dort auf der Welt kaufen können, wo sie am günstigsten, in der besten Qualität oder am passgenausten für den eigenen Bedarf hergestellt werden.

... nicht aber für jeden Einzelnen

Wie gesagt, diese Erkenntnis ist theoretisch felsenfest verankert, empirisch unzählige Male nachgewiesen worden und unter Ökonomen völlig unstrittig. Ebenso unstrittig ist jedoch: Vom Außenhandel, von der Globalisierung profitieren nicht alle Menschen in einem Land gleichermaßen, manche verlieren und spüren dies auch. Und das ist das Problem. Deshalb wird der Globalisierung die Schuld für manchen Missstand in unserem Land gegeben.

Deutschland ist eine der führenden Exportnationen weltweit. Traditionell stark und unseren Ruf begründend sind wir bei Fahrzeugen, bei Maschinen und Anlagen, in der Chemie, in Teilen der Elektrotechnik und einigen weiteren klassischen Industriebereichen. Früher waren wir auch stark in noch viel klassischeren Industriebranchen wie Textil und Bekleidung, Papier oder Glas und Keramik. Tempi passati. Auch die Zeiten, in denen wir wegen unserer führenden Pharmaindustrie als »Apotheke der Welt« bezeichnet wurden, sind lange vorüber.

Und in vielen anderen Bereichen haben wir schon immer mehr importiert, als wir selbst herstellen. Diese Palette ist breit und reicht vom geologisch begründeten Import von Öl und Gas bis hin zum weitaus größten Teil der Hardware und der Dienstleistungen in den Informationstechnologien. Weder IBM noch Intel, Microsoft oder Amazon waren jemals deutsche Unternehmen oder fanden hierzulande jemals ein Pendant, das sich nur halbwegs auf Augenhöhe befunden hätte.

Wenn nun Unternehmen in anderen Ländern etwas besser oder günstiger herstellen können als wir, gibt es zunächst einen Druck auf die hiesigen Löhne. Im zweiten Schritt kann dann eine Industrie oder ein Dienstleistungsbereich unter der Last der ausländischen Konkurrenz schrumpfen oder ganz verschwinden – Beispiele hierfür haben wir aufgezählt. Da sich die Statik der Weltwirtschaft, die Stärken und Schwächen einzelner Länder und Unternehmen in einem steten Wandel befinden, ist dieser Prozess auch noch nicht beendet. Auch in Zukunft werden wir in Deutschland Unternehmen vom Markt verschwinden und neue ausländische Anbieter aufscheinen sehen. Das Gleiche gilt natürlich umgekehrt in anderen Ländern auch, in denen sich deutsche Unternehmen heute oder morgen in einer überlegenen Position befinden.

Die sozialen Folgen können nicht mit Abschottung bewältigt werden

Dass Beschäftigte in Deutschland durch ausländische Unternehmen mit besseren Geschäftsmodellen oder günstigeren Kostenstrukturen verdrängt werden, ist ein völlig normaler ökonomischer Prozess im Zuge der internationalen Arbeitsteilung. Wenn diese Beschäftigten nicht zügig einen neuen, gleichwertigen Arbeitsplatz finden, ist dies aber auch ein sozial- und arbeitsmarktpolitisches Problem. Der einzelne Betroffene wird durch Argumente der gesamtwirtschaftlichen Vorteilhaftigkeit der Globalisierung zu Recht nicht zu überzeugen sein.

Sollten wir uns dann nicht in den Bereichen, in denen die Politik eine besonders große Verdrängung heimischer Arbeitsplätze, besonders große soziale Schwierigkeiten sieht oder erwartet, gegenüber anderen Ländern schützen und abschotten? Nein, sollten wir nicht. Derartige Versuche hat es in der Geschichte oft gegeben, sie waren nicht von Erfolg gekrönt. Der gegenwärtige US-amerikanische Präsident unternimmt einen neuen Versuch, auch er wird nicht erfolgreich sein.

Lassen Sie uns mit einigen praktischen Problemen beginnen: Deutschland kann als Mitglied der Europäischen Union und damit des Europäischen Binnenmarktes innereuropäisch gar keine

Handelsschranken errichten. Fast 60 Prozent unseres Außenhandels wickeln wir aber mit anderen EU-Ländern ab. Die Handelspolitik gegenüber Drittstaaten ist gemäß der Europäischen Verträge eine Gemeinschaftsaufgabe. Über Handelsabkommen wird mit Brüssel verhandelt, nicht mit Berlin. Und schließlich haben wir uns als Mitglied der Welthandelsorganisation WTO multilateral gewissen Regeln unterworfen. Selbst wenn wir also Handelsschranken errichten wollten: Viel ginge da nicht.

Nehmen wir gleichwohl einmal an, es wäre anders. Institutionelle Regelungen kann man schließlich ändern, in letzter Konsequenz durch Austritt. Stellen wir uns also als willkürlich gewähltes Beispiel vor, wir wollten die deutsche Automobilindustrie, die im Zuge der Mobilitätswende ihre internationale Wettbewerbsfähigkeit zu verlieren droht, vor ausländischer Konkurrenz schützen. Schließlich wollen wir die heimischen Arbeitsplätze erhalten. Dass dadurch der Kuchen kleiner wird, wir also insgesamt Wohlstand verlieren, haben wir bereits gesehen. Importautos werden teurer, jeder Autokäufer verliert an Kaufkraft, damit an Wohlstand. Aber helfen wir wenigstens den heimischen Beschäftigten? Nein, leider nicht.

In allen Industrien sind die Produktionsprozesse heute so stark internationalisiert, dass deutsche Autobauer ihre Vorprodukte aus dem Ausland ebenfalls teurer einkaufen müssten.[17] Man würde sich also selbst schaden. Zudem würde der Innovationsdruck abgemildert. Wer geschützt ist, strengt sich auf Dauer weniger an, unsere Unternehmen würden noch mehr ins Hintertreffen geraten. Schließlich wären Vergeltungsmaßnahmen der anderen Länder programmiert, sicher wie das Amen in der Kirche. Am Ende werden auch für die eigenen Exporte Handelsschranken aufgestellt, unsere ausländischen Absatzmärkte brächen zusammen, sodass die heimischen Arbeitsplätze erst recht gefährdet wären.

---

17 Sie meinen, die Vorprodukte von Zöllen oder Ähnlichem auszunehmen, wäre eine Lösung? In dem Fall würde es nicht lange dauern, bis ein ausländischer Unternehmer einfach ein Werk zur Endmontage in Deutschland errichtet.

So ein Prozess kann sich schnell zu einer veritablen, umfassenden Handelsauseinandersetzung hochschaukeln, in der immer weitere Branchen in Mitleidenschaft gezogen werden. Am Ende wollen wir eine Branche schützen, schaden aber erst ihr und dann dem ganzen Land. Die gravierenden Handelsstreitigkeiten zwischen den beiden weltwirtschaftlichen Schwergewichten USA und China mögen das beste abschreckende Beispiel aus jüngster Zeit darstellen.

Wie man es dreht und wendet, durch Schutz vor ausländischer Konkurrenz kann man der heimischen Industrie und den Beschäftigten am Ende nur einen Bärendienst erweisen. Man müsste einen solchen Schutz zudem schon auf ewig anlegen, da anderenfalls die Anpassungshärten später umso schmerzhafter ausfallen würden.

Soll die Politik also die Verliererbranchen der Globalisierung im Regen stehen lassen? Nein, denn der Staat ist sehr wohl dafür verantwortlich, soziale Härten abzufedern, die durch einen Veränderungsprozess entstehen. Er darf sich nicht damit abfinden, dass es dauerhaft Verlierer geben sollte. Branchen können sehr wohl vorübergehend unterstützt werden, um den Anpassungsdruck zeitlich strecken zu können. Das ist im Einzelfall sinnvoll.[18]

Es muss alles getan werden, damit die Beschäftigten möglichst schnell in eine andere Branche, vielleicht in eine andere Tätigkeit wechseln können. Dafür benötigt der eine mehr, der andere weniger Unterstützung. Die allgemeine Absicherung durch die Arbeitslosenversicherung ist dann nur das letzte Sicherungsnetz.

Uns der Globalisierung mit all ihren Chancen und Risiken in den Weg zu stellen wäre töricht, schädlich für uns selbst und zum Scheitern verurteilt. Soll die Globalisierung aber nicht unseren gesellschaftlichen Zusammenhalt belasten, muss die Politik ihr Augenmerk darauf legen, keinen Einzigen, dem dadurch der Verlust seines Arbeitsplatzes droht, ins Bergfreie fallen zu lassen.

18 Es muss ja nicht gleich so lange dauern wie bei der deutschen Steinkohle, die spätestens seit den 1970er Jahren international nicht mehr wettbewerbsfähig war. Die letzte Zeche im Ruhrgebiet wurde am 21. Dezember 2018 geschlossen.

Lassen Sie uns abschließend noch einen kurzen Exkurs zum Zusammenhang von Globalisierung und Umweltverschmutzung, im Besonderen Klimawandel, machen. Immer wieder wird behauptet, die Globalisierung würde die globalen Umwelt- und Klimaprobleme massiv verschärfen. Schon aus diesem Grunde wäre es geboten, die Globalisierung zumindest nicht weiter fortschreiten zu lassen oder sie gar zurückzudrehen.

Der Klimawandel könnte tatsächlich zur Schicksalsfrage der heutigen und der nächsten Generationen auf dem gesamten Planeten werden. Unstrittig ist, dass die Globalisierung mit ihrem massiven Transport- und Reiseaufkommen, mit umweltschädlichen Produktionsbedingungen in vielen Ländern der Erde und ganz allgemein mit dem durch sie ausgelösten Anstieg der weltweiten Wirtschaftsleistung mit zusätzlicher Umweltverschmutzung in erheblichem Maße einhergeht. Falsch ist aber, dass die Globalisierung dafür Verantwortung trägt, falsch ist, dass unsere heutigen Umweltprobleme auf die Globalisierung zurückzuführen sind.

Die Ursache aller unserer Umweltprobleme ist, dass Emissionen gerade nicht den Marktgesetzen folgen. Sie haben nämlich entweder keinen adäquaten oder gar keinen Preis, so wie das auf Märkten eigentlich üblich ist. Konzeptionell müsste jede Tonne emittierten Treibhausgases genauso teuer sein wie die Kosten der dadurch verursachten Schäden für das Klima. Ist sie aber nicht.

Wenn bei Produktion und Transport die Umweltkosten nicht berücksichtigt werden, sind beide zu billig, und die Umwelt trägt die Kosten selbst. Gerade zu günstige Transportkosten stellen einen Katalysator für die Globalisierung dar. Ein Teil der Globalisierung ist damit Folge zu geringer Umweltkosten, nicht ihre Ursache.

Das Problem an der Wurzel zu packen bedeutet also, Umweltkosten richtig zu bepreisen. Es bedeutet nicht, Zollschranken zu errichten. Völlig absurde Dinge wie der Flug von Hamburg nach Barcelona für 19 Euro, das Pulen von Nordseekrabben in Marokko oder das x-fache Hin- und Hertransportieren von Vorleistungsprodukten in der Industrie würden sich dann von allein erledigen.

Das würde einige Auswüchse der Globalisierung beschneiden, es würde der Umwelt und dem Klima helfen. Aber nicht durch staatliche Intervention am Ende der Kette, sondern durch marktwirtschaftlich richtige Preise an ihrem Anfang. Freilich wären damit nicht alle Klimaprobleme auf einen Schlag gelöst.

Digitalisierung verlangsamen – den Menschen mehr Zeit geben

Der Mensch ist konservativ. Gemeint ist nicht die politische Einstellung oder das Wahlverhalten, gemeint ist die individuelle Haltung gegenüber Veränderungen. Haben wir einmal einen gewissen Lebensstandard, ein gewisses Maß an Zufriedenheit erreicht, möchten wir es bewahren. Die Furcht vor Neuem, das Bestehendes gefährden könnte, ist oftmals größer als die Neugier auf Veränderungen und die Chancen, die damit einhergehen. Jedes Kind kennt das Sprichwort vom Spatz in der Hand, der der Taube auf dem Dach vorzuziehen ist. Veränderungen bergen Risiken, man kann am Ende auch schlechter dastehen als zuvor. Und Veränderungen sind anstrengend, unbequem.

Wir sprechen sehr viel über die Chancen der Globalisierung und der Digitalisierung, welche neuen Möglichkeiten uns diese großen Trends eröffnen oder bereits eröffnet haben. Viele Neuerungen machen uns das Leben einfacher und angenehmer, ob in der Arbeitswelt oder im Privatleben.

Mit diesen Trends geht aber auch immer Unsicherheit einher – wir wissen vorab nicht, welche Entwicklungen sich mit welchen Folgen durchsetzen werden –, ebenso wie die Notwendigkeit, uns selbst zu verändern. Deshalb wünschen viele Menschen gar keine Veränderungen, schon gar nicht, wenn sie mit Unsicherheiten für ihr eigenes Leben behaftet sind. Und wenn die Veränderungen schon nicht zu vermeiden sind, sollten sie doch zumindest ein wenig langsamer ablaufen.

Veränderungen in der Arbeitswelt schaffen Unsicherheit

Insbesondere in der Arbeitswelt stoßen anstehende Veränderungen auf große Skepsis. Wenn Sie über viele Jahre Ihren Beruf gut, gewissenhaft und erfolgreich ausgeführt haben, werden Sie nicht unbedingt begeistert sein, für die letzten Berufsjahre noch einmal etwas anderes lernen, sich noch einmal völlig umstellen zu müssen, weil die Gegebenheiten durch die Digitalisierung es erfordern. Es ist ja gleichzeitig ein Signal, dass Ihre bisherige Qualifikation nicht mehr in dem Maße gefragt ist, wie dies früher der Fall war. Das schafft Unsicherheit, Unbehagen und oftmals eine Abwehrhaltung.

Die in diesem Sinne beschriebene konservative Grundhaltung trifft selbstverständlich nicht auf alle Menschen zu. Viele sind permanent voller neuer Ideen und eigenem Willen und Antrieb zu Veränderungen, sie stürzen ihre Biografie bewusst ins Risiko. Diese Bereitschaft zu Veränderung und Risiko ist aber keine Mehrheitshaltung, sie nimmt zudem in aller Regel mit zunehmendem Alter ab – und wie wir bereits gesehen haben, gibt es in Deutschland bereits eine relativ alte Beschäftigtenstruktur, die in den kommenden Jahren weiter altern wird.

Viele Menschen sehen sich von den Anforderungen zur Veränderung, die im Berufsleben an sie gestellt werden, schlicht überfordert. Sie fürchten, den Umstieg auf andere Tätigkeiten, den Wechsel in eine andere Branche, den Umgang mit neuen Technologien nicht mehr zu schaffen. Sie fürchten auch, dass ihre eigene Tätigkeit, ihr Arbeitsplatz obsolet werden könnte.

Wenngleich wir wirklich davon ausgehen können, dass die Digitalisierung insgesamt nicht zu mehr Arbeitslosigkeit führen wird, sind diese Befürchtungen doch sehr gut nachvollziehbar und sehr ernst zu nehmen. Es ist ja sehr viel einfacher, sich den Verlust eines konkreten bestehenden Arbeitsplatzes vorzustellen als die abstrakte Schaffung neuer Beschäftigungsmöglichkeiten, die im Zuge der Digitalisierung entstehen. Auch hier kann bei vielen Menschen das

Gefühl entstehen, abgehängt zu werden, nicht mehr dazuzugehören. Ein weiterer Riss im fragilen Konstrukt unseres gesellschaftlichen Zusammenhalts.

Die alte Maschinensteuer aus der Schublade holen?

Eine naheliegende Idee, diesem Problem zu begegnen, könnte darin liegen, den technischen Fortschritt künstlich zu verlangsamen. Damit würde den Beschäftigten mehr Zeit eingeräumt, um sich auf Veränderungen einzustellen, ihre Fähigkeiten zu erweitern und sich in einer veränderten Arbeitswelt zurechtzufinden.

Da man Investitionen in neue Technologien nicht per Gesetz verbieten kann, wird gelegentlich eine Idee aus den 1970er Jahren aufgewärmt: eine Wertschöpfungs- oder Maschinensteuer.[19] Wenn immer mehr Wertschöpfung auf den Einsatz neuer Technologien zurückgeht, so die Überlegung, und immer weniger auf die menschliche Arbeitskraft, könnte man diesen Wandel dadurch verlangsamen, dass man den Einsatz neuer Technologien durch eine Steuer verteuert.

Wie bei den anderen in diesem Kapitel diskutierten Themen haben wir es bei den Auswirkungen des technologischen Wandels auf die Arbeitswelt mit einer veritablen arbeitsmarkt- und sozialpolitischen Herausforderung, vielleicht auch einem Problem zu tun. Auch hier liegt eine vermeintlich einfache Lösung auf dem Tisch – den Wandel durch eine Steuer zu verlangsamen –, und auch hier handelt es sich wieder um eine Scheinlösung.

Gegen eine Maschinensteuer sprechen im Wesentlichen zwei Argumente.

Erstens verbreiten sich technischer Fortschritt und die Anwendung der Digitalisierung heute weltweit in rasender Geschwindig-

19 Man könnte sie heute auch Digitalsteuer nennen. Da das hier beschriebene Konzept aber nichts mit der aktuell diskutierten Digitalsteuer für die großen Internetkonzerne zu tun hat, bleiben wir zur Vermeidung von Begriffsverwirrungen bei der alten Bezeichnung.

keit. In Deutschland und Europa hinken wir auf vielen Feldern ohnehin schon anderen Länder hinterher. Manche unserer traditionellen Geschäftsmodelle werden von neuen Wettbewerbern bestritten und verdrängt.

Das im schlechten Sinne beste Beispiel könnte die deutsche Automobilindustrie sein, die bei neuen Antrieben, dem autonomen und vernetzten Fahren sowie einer insgesamt neu entworfenen Mobilität schon heute nicht mehr in der ersten Reihe steht und weiter Boden zu verlieren droht. Die Beschäftigten in diesen Branchen haben wenig davon, wenn wir den Wandel für sie abfedern und verlangsamen. Im Gegenteil, wir müssen den Wandel forcieren, um international mithalten oder sogar eine Führungsrolle übernehmen zu können. Die Welt wartet leider nicht auf uns.

Zweitens wäre es selbst ohne internationalen Wettbewerbsdruck blauäugig, sich von der Verlangsamung von Investitionen und Innovationen positive Wirkungen für die Beschäftigten zu versprechen. Kapital und Arbeit sind in einem Produktionsprozess in aller Regel komplementär. Man braucht beides, auf der einen Seite die Maschinen und digitalen Technologien, auf der anderen Seite den Menschen mit seiner physischen Arbeitskraft, mit seinem Wissen und mit seiner Kreativität. Bremse ich das eine aus, wird langfristig auch weniger vom anderen benötigt und eingesetzt.

Kurzfristig und vereinzelt mag das anders aussehen, wenn Arbeit Kapital substituieren kann. Langfristig haben aber Investitionen und technischer Fortschritt noch nie zu weniger Einsatz von Arbeit geführt. Diese Erkenntnis ist wirtschaftshistorisch ohne Zweifel. Legen wir einen Bremskeil an unsere Investitionen und Innovationen, beschneiden wir die wichtigste Quelle für Produktivitätsfortschritte und damit für Einkommenssteigerungen auch für die Beschäftigten. Und ein noch langsameres Wachstum der Produktivität können wir uns – wir haben das zuvor in Kapitel 4 gesehen – schwerlich leisten.

Probleme ernst nehmen, aber richtig lösen

Wir haben in diesem Kapitel eine Reihe von Problemen angesprochen, denen sich Wirtschaft und Gesellschaft in Deutschland ausgesetzt sehen und die den sozialen Zusammenhalt hierzulande weiter gefährden können. Ob Lebensstandard im Alter, Zuwanderung, Globalisierung oder Digitalisierung: diese Entwicklungen, Szenarien oder Trends lösen nicht bei allen Menschen uneingeschränkte Freude aus. Sie führen zu Sorgen, teilweise zu berechtigten Sorgen. In jedem Fall sind diese Sorgen ernst zu nehmen. Wir müssen sie entkräften und ihnen wirksam begegnen, sollten aber nicht vermeintlich einfachen Lösungen auf den Leim gehen. Das Rentenniveau zu erhöhen, die Zuwanderung zu unterbinden, uns vor der Globalisierung zu schützen und die Digitalisierung zu bremsen – dies waren unsere Beispiele – wird kein einziges wirtschaftliches oder soziales Problem lösen. Es würde vielmehr neue schaffen und damit Wachstum und wirtschaftlichen Zusammenhalt wirklich gefährden.

Scharlatanerie können wir uns nicht leisten. Aber kümmern müssen wir uns um die Probleme schon. Davon handelt das folgende Kapitel.

KAPITEL 7

Wirtschafts- und Sozialpolitik aus einem Guss – ein Maßnahmenvorschlag

Unser Ziel ist ein »gutes Leben«

Rufen wir uns noch einmal in Erinnerung: Deutschland hat eine zehn Jahre andauernde Wachstums- und Beschäftigungsrallye hinter sich. Die Volkswirtschaft war in den letzten Jahren erfolgreich, aber nicht so erfolgreich, wie es auf den ersten Blick scheint.

Zudem sind wir auf die uns bevorstehenden Veränderungen nicht besonders gut vorbereitet. Ob beim demografischen Wandel, der Digitalisierung, dem Strukturwandel hin zu neuen Branchen und Geschäftsmodellen, unserem Produktivitätswachstum, der Rente oder dem Fachkräftemangel: Auf all diesen Feldern werden wir in den kommenden Jahren noch erheblichen Herausforderungen und Schwierigkeiten ausgesetzt sein.

Das bedeutet nicht, dass wir grundsätzlich mit schlechten Wachstums- und Beschäftigungsperspektiven konfrontiert sind. Aber der Veränderungs- und Anpassungsbedarf ist enorm.

Schon heute und trotz der guten Wachstums- und Beschäftigungsentwicklung spüren wir tiefe Risse im sozialen Zusammenhalt des Landes. Diese haben sich in den letzten Jahren spürbar verstärkt. Die Ursachen hierfür liegen auch im ökonomischen Bereich, wie wir bereits in Kapitel 2 gesehen haben. Ein insgesamt solides Wachstum und ein beispielloser Beschäftigungsboom allein haben die Menschen in Deutschland offenkundig nicht glücklicher gemacht.

Wenn nun auf der einen Seite die beschriebenen Veränderungen vor uns stehen, die jedem Einzelnen abverlangen werden, auch sich selbst anzupassen, auf der anderen Seite die Menschen diese Veränderungen für ihr eigenes Leben aber gar nicht unbedingt anstreben, wird die Politik alten Stils nicht mehr funktionieren: Erst muss die Wirtschaft mit den Starken wachsen, dann können wir an die Schwachen umverteilen.

Nein, die Wirtschafts- und Sozialpolitik muss uns von vornherein »mitnehmen«, uns überzeugen, dass ihre Politik die richtige ist,[1] aber auch die Voraussetzungen dafür schaffen, dass wir überzeugt werden können. Dazu benötigen wir zum einen eine neue Basis des Vertrauens zwischen Staat und Bürgern, zum anderen müssen die großen Sorgen, aber auch die großen Ziele der Menschen adäquat politisch aufgegriffen werden.

Denn am Ende sind die Ziele einer Volkswirtschaft und einer Gesellschaft nicht Wachstum, Wettbewerbsfähigkeit, solide Staatsfinanzen, hohe Löhne oder ein hoher Beschäftigungsstand. All dies sind Mittel – notwendige Mittel! – zum Zweck, zum eigentlichen Ziel.

Dieses eigentliche Ziel können wir als »gutes Leben« umschreiben. Auch die Bundesregierung hat diesen Gedanken aufgegriffen und im Jahr 2015 einen großen Dialog mit 16.000 Bürgern durchgeführt, um zu erfragen, was ihnen wichtig ist. Das Ergebnis ist der Bericht »Gut leben in Deutschland«.[2] Zu »gutem Leben« gehö-

1 Alle vier Jahre eine falsche Politik abzuwählen, führt uns ja auch nicht weiter.

2 Dabei kontrastiert der auf die Spitze getriebene umfangreiche Ansatz, das »gute Leben« mit nicht weniger als sechsundvierzig Indikatoren zu erfassen, mit seiner bisherigen politischen Folgenlosigkeit.

ren eben sowohl materieller Wohlstand als auch eine gesellschaftliche Struktur, in der wir in Freude, in Sicherheit, in Fairness und Gerechtigkeit und in optimistischen Zukunftserwartungen leben können.

Wenn wir die Förderung des »guten Lebens« einschließlich eines starken gesellschaftlichen Zusammenhalts als eigentliche Kernaufgabe erkennen, flankiert durch die notwendigen Zwischenziele Wachstum und Beschäftigung, dann lautet die übergreifende Politikaufgabe: Wir müssen die als notwendig erachteten Maßnahmen so konzipieren, dass glaubhaft alle etwas davon haben.

Das wird nur gelingen, wenn die Politik sich darauf besinnt, die Probleme an der Wurzel zu packen, Herausforderungen bereits an ihrem Ursprung zu begegnen. Reine Verteilungspolitik ist immer nur eine nachträgliche und oberflächliche Reparaturmaßnahme. Wenngleich wir nicht völlig darauf werden verzichten können, sollten wir darauf bedacht sein, sie möglichst selten ergreifen zu müssen.

Wir wollen in diesem Kapitel eine Reihe von ökonomischen Ansätzen aufzeigen, mit denen wir Wachstum und sozialen Zusammenhalt an der richtigen Stelle, möglichst weit vorne in der Kette, stärken können. Das ist zielgerichteter und effizienter, als den Sozialstaat als Reparaturbetrieb weiter aufzublasen. Wirtschafts- und Sozialpolitik müssen ihren Dualismus überwinden.

Die nachfolgend dargestellten Ansätze sind alles andere als abschließend, sie stellen kein Kochrezept für »gutes Leben« dar, sie umfassen nicht alle dafür notwendigen Politikfelder, aber sie vermögen doch einen Beitrag zu leisten, mit ökonomischen Mitteln Wachstum und gesellschaftlichen Zusammenhalt in Deutschland zu stärken.

Die soziale Marktwirtschaft als Grundordnung

Zunächst wollen wir betrachten, in welchem Ordnungsrahmen sich unsere Vorschläge bewegen. Seit Gründung der Bundesrepublik im Jahr 1949 zunächst im Westen und dann auch nach der deutschen Vereinigung 1990 in ganz Deutschland folgen wir einer Wirtschaftsordnung, die wir als soziale Marktwirtschaft bezeichnen. In keine andere Wirtschaftsordnung würden sich unsere Ziele Wachstum und gesellschaftlicher Zusammenhalt so gut einpassen wie in die Soziale Marktwirtschaft.

In der breiten Öffentlichkeit gilt im Allgemeinen Ludwig Erhard als Vater der sozialen Marktwirtschaft. Der erste bundesdeutsche Wirtschaftsminister und ab 1963 für eine überschaubare Zeit zweite Bundeskanzler der damals jungen Bundesrepublik war aber eher der politische Steigbügelhalter dieser Wirtschaftsordnung. Ihm kommt maßgeblich das Verdienst zu, in Politik, Wirtschaft und Öffentlichkeit rasch eine breite Akzeptanz und Unterstützung für das Konzept der sozialen Marktwirtschaft erreicht zu haben.

Geistiger Vater hingegen ist der Ökonom Alfred Müller-Armack, der später auch als Staatssekretär einige Jahre der Bundesregierung angehörte. Mit seinem 1947 erschienenen Buch Wirtschaftslenkung und Marktwirtschaft entwarf er Konzept und Begriff der sozialen Marktwirtschaft. Müller-Armack hat die soziale Marktwirtschaft nicht auf einem weißen Blatt Papier erdacht. Wesentliche theoretische Vorarbeiten leisteten vor allem Walter Eucken, Wilhelm Röpke und Alexander Rüstow.

Die Grundidee lautet, wirtschaftliche Freiheit und sozialen Ausgleich miteinander zu verbinden, im besten Fall ein symbiotisches Verhältnis zwischen beiden zu erreichen. Wenn man diese beiden Grundpfeiler der wirtschaftlichen Freiheit und des sozialen Ausgleichs gleichwertig schätzt und gleichberechtigt behandelt, dann ist die soziale Marktwirtschaft ein großartiges Konzept.

In Deutschland wird der Begriff der sozialen Marktwirtschaft nur leider allzu oft gekapert, indem man jedwede Wirtschafts- und Sozialpolitik darunter zu fassen versucht.[3] Die Reputation des Konzepts ist einfach zu groß.

Möchte die Politik Märkte liberalisieren, deregulieren, Steuern senken oder Ähnliches unternehmen, verweist sie gern auf die wirtschaftliche Freiheit, die konstitutiv für die soziale Marktwirtschaft ist. Möchte die Politik Märkte schützen, Steuern erhöhen und Einkommen umverteilen, verweist sie auf den ebenso gebotenen sozialen Ausgleich. Sich nur auf eine Seite des Begriffs und des Konzepts der sozialen Marktwirtschaft zu berufen, wird der Leistungsfähigkeit dieser Wirtschaftsordnung nicht gerecht.

Wenngleich also das Konzept der sozialen Marktwirtschaft immer wieder unterschiedlich ausgelegt wird, so lässt sich doch eine Reihe von Grundelementen konkretisieren.

Zunächst handelt es sich um einen dezidiert pragmatischen Ansatz, er ist weder wissenschaftlich zu eng definiert, noch beraubt er sich durch Dogmatismus seiner eigenen Handlungsspielräume. Wesentliche Merkmale sind Wettbewerb und freie Preisbildung – Monopole oder Absprachen und Kartelle haben in der sozialen Marktwirtschaft keinen Raum. Leistungsanreize und Gewinnstreben sind ausdrücklich erwünscht.

Sozialpartnerschaft und Tarifautonomie – die Politik mischt sich nicht in die Lohnfindung zwischen Arbeitnehmern und Arbeitgebern ein – sind ebenso charakteristisch. Dem Staat wird die Möglichkeit eingeräumt, konjunktur- und industriepolitisch in das Wirtschaftsgeschehen einzugreifen, wenn nötig. Darüber, wo die Grenzen derartiger Interventionen liegen, gibt es allerdings viele unterschiedliche Meinungen.

Bildungspolitik ist ein wichtiges Element unserer Wirtschaftsordnung, ebenso wie eine unabhängige Notenbank. Schließlich wäre die

3 Der Begriff ist so beliebt und positiv belegt, dass er auch für die Initiative Neue Soziale Marktwirtschaft namensgebend ist. Diese kleine Denkfabrik mit Sitz in Berlin, finanziert von den Arbeitgebern der Metall- und Elektroindustrie, neigt gelegentlich ebenfalls zur selektiven Betonung eines der beiden Pfeiler der sozialen Marktwirtschaft. Aus Marketingsicht ist die Wahl des Namens der Initiative aber genial.

soziale Marktwirtschaft nicht ohne ein soziales Netz denkbar, das Bedürftigen eine grundlegende finanzielle Ausstattung für ein würdiges Leben gewährleistet.

Den Rahmen der sozialen Marktwirtschaft, hier nur grob und unvollständig skizziert, wollen wir also gleichsam als Ordnungsrahmen für unsere Vorschläge betrachten: pragmatisch und undogmatisch, die Freiheit betonen und ihr Grenzen setzen, wo es nötig ist, auf Dynamik ebenso bedacht sein wie auf Ausgleich.

Lieber Staat, vertraue deinen Bürgern wieder

Das Verhältnis zwischen Staat und Bürger ist in Schieflage geraten. Man muss den Eindruck haben, dass der Staat seinen Bürgern tief misstraut. »Der Staat« aber besteht doch eigentlich aus den Bürgern. Politik und Verwaltung sind nur Statthalter der Interessen der Bürger. Sie haben dafür Sorge zu tragen, dass das Land funktioniert und gut gerüstet in die Zukunft geht. Deshalb dürfte es eigentlich gar keine Interessengegensätze zwischen dem Staat und seinen Bürgern geben.

Wenn Sie als Bürger eine staatliche Leistung oder eine Steuerrückerstattung erhalten wollen, haben Sie aber nicht den Eindruck, dass der Staat Ihre Interessen vertritt. Das beginnt bei der reinen Komplexität der Vorgänge. Dass die Welt komplex ist und dies auch in einer Weise in bürokratischen Vorgängen abgebildet werden muss, ist unstrittig. Deshalb wird eine Steuererklärung niemals auf einen Bierdeckel passen.

Unser Staat, der sich eigentlich Systemgerechtigkeit auf die Fahnen geschrieben hat, ist aber stets bestrebt, Einzelfallgerechtigkeit herzustellen, und zeigt dabei einen beachtlichen Ehrgeiz. Leider erreicht er damit oftmals das Gegenteil. Für viele Haushalte ist es geradezu unmöglich, ihre Einkommensteuererklärung selbst auszufüllen – jedenfalls, wenn sie nichts verschenken wollen.

Dass die Unterstützung durch einen Steuerberater notwendiger Standard geworden ist, um nicht mehr Steuern zu bezahlen, als das Gesetz vorsieht, stellt eine Pervertierung des Systems dar: das Streben nach Einzelfallgerechtigkeit aus Sorge, durch Pauschalierung unterschiedlichen Sachverhalten nicht gerecht zu werden.

Im Ergebnis wird aber gerade nicht jeder Bürger gleichgestellt. Clever gewinnt, dumm bezahlt. Das ist am Ende ungerechter, als hier und da pauschale Regelungen anzuwenden. Die würden manches erleichtern: Der Staat erhebt Steuern, der Bürger bezahlt sie. Das muss doch zwischen den beiden ohne fremde Hilfe möglich sein.

Vorschlag 1: Mehr Mut zur Pauschalierung

Das grundlegende Misstrauen des Staates seinen Bürgern gegenüber kommt besonders bei der Beantragung von Sozialleistungen zum Ausdruck. Während das soeben viel gescholtene Erhebungssystem der Einkommensteuer seit 2018 tatsächlich zunächst auf Belege verzichtet, werden die Daumenschrauben dann besonders eng angezogen, wenn der Bürger geltend macht, dass er bedürftig ist. Wer »Hartz IV« oder Grundsicherung im Alter beantragt, muss die Hosen runterlassen. Für andere Sozialleistungen gilt teils Ähnliches, wir wollen uns auf dieses Beispiel konzentrieren.

Wer als Haushalt, im Jargon der Sozialgesetzgebung »Bedarfsgemeinschaft«, nicht oder nicht vollständig für seinen eigenen Lebensunterhalt aufkommen kann, hat Anspruch auf Grundsicherung nach dem Zweiten Sozialgesetzbuch (SGB II). Damit kann er die Ausgaben für ein definiertes wirtschaftliches Existenzminimum bestreiten.

Richtig ist, dass der Staat tatsächlich nur denjenigen Unterstützung bietet, deren eigenes Einkommen oder Vermögen nach den zugrunde gelegten Kriterien nicht ausreichend ist, um für den eigenen Lebensunterhalt aufzukommen. Erst einmal hat jeder selbst für seinen Lebensunterhalt Sorge zu tragen.

Das relevante Einkommen, bis zu dem man Unterstützung erhält, richtig zu erfassen, dürfte nicht so schwierig sein, denkt man. Ist es aber. Neben den üblichen Kategorien wie Erwerbseinkommen, Kindergeld und Ähnlichem interessiert sich der Staat auch für etwaige Steuerrückerstattungen, Übernachtungs- und Verpflegungskosten oder bei Beschäftigten in der Gastronomie für das tatsächlich (!) erhaltene Trinkgeld und manches mehr. Dabei muss man zugestehen, dass hier nicht immer nur der Gesetzgeber, sondern oftmals auch die Rechtsprechung die Sache auf die Spitze treibt.

Absurd wird es bei der Vermögensprüfung. Der Grundgedanke ist ja richtig: Wer Millionen auf dem Konto hat, nur gerade kein laufendes Einkommen, der hat sicherlich kein Recht gegenüber den anderen Mitgliedern der Gesellschaft, eine staatliche Grundsicherung zu beziehen. Seinen Lebensunterhalt kann er schön aus seinem Vermögen bestreiten. Und auch wenn das Vermögen nicht ganz siebenstellig ist, kann der Staat legitimerweise verlangen, dass man zunächst darauf zurückgreift.

Das Gesetz sieht vor, dass alle »verwertbaren Vermögensgegenstände« Berücksichtigung finden; es gibt verschiedene Freibeträge und Dinge, die außen vor bleiben, wie etwa der Hausrat. Was wird nun bei der Vermögensprüfung alles berücksichtigt? Girokonto, Bankdepot, Immobilien und Lebensversicherung? Das ist mitnichten alles.

Die Bundesagentur für Arbeit, bei der diese Anträge bearbeitet werden, interessiert sich darüber hinaus für Sterbegeld- und Unfallversicherungen, Ausbildungsversicherungen für die Kinder und die Frage, ob eine Immobilie möglicherweise unter Verkehrswert verkauft wurde und so eine verdeckte Schenkung darstellt.

Jeder Jurist und Verwaltungsangestellte wird für jeden Einzelfall überzeugend argumentieren können, dass all diese Detailprüfungen notwendig sind, um zu einer gerechten Entscheidung im Sinne des Gesetzes zu gelangen. Man wird für den Einzelfall kaum Gegenargumente finden.

Für das Gesamtsystem aber sehr wohl. Alle diese Prüfungen vermitteln dem Bürger ein tiefsitzendes Misstrauen des Staates ihm gegenüber. Natürlich wäre es naiv, auf diese Prüfungen vollständig zu verzichten. Das würde Missbrauch Tür und Tor öffnen und wäre gegenüber den Finanziers der Leistungen, also den Steuerzahlern, nicht zu rechtfertigen. Sie haben ein Anrecht darauf, dass die letztlich von ihnen erwirtschafteten Mittel richtig verwendet und nicht verschenkt werden.

Die gegenwärtige Praxis aber ist ebenfalls nicht gerecht, da viele Menschen aus Scham vor finanzieller Entblößung eine Leistung, die ihnen nach Recht und Gesetz zusteht, nicht in Anspruch nehmen. Welche Ungerechtigkeit ist größer?

Die Lösung dieses vermeintlichen Dilemmas stellt ein Mittelweg dar. Man könnte dem Antragsteller schlicht die Angabe abverlangen, ob sein Einkommen und sein (verwertbares) Vermögen oberhalb oder unterhalb der für ihn individuell geltenden Grenze liegt. Zwei Kreuzchen auf dem Formular. Fertig. Wer Beratung benötigt, bekommt sie.

Die Behörde behält sich dann vor, diese Angaben später stichprobenartig zu prüfen. Wer falsche Angaben gemacht hat, wird zu Schadensersatz verpflichtet und gegebenenfalls strafrechtlich belangt. Das wäre ein ziemlich scharfes Schwert gegen Missbrauch. Die Verwaltung würde zudem massiv entlastet und hätte Kapazitäten, diese Überprüfungen nicht nur besonders sorgfältig durchzuführen, sondern die Stichproben intelligent zu ziehen, dort, wo sich besondere Verdachtsmomente ergeben.[4]

4 Dieser Ansatz hat der Dopingbekämpfung im Sport überhaupt erst nennenswerte Erfolge beschert. Während bis vor wenigen Jahren in allen Sportarten die Sportler per Zufall zur Dopingkontrolle ausgelost wurden, sind mittlerweile zumindest manche Sportarten dazu übergegangen, vorab auf Dinge wie die Entwicklung von Leistungs- oder Blutprofilen zu schauen und danach die zu testenden Sportler auszuwählen. Die Erfolge der Dopingfahnder geben diesem Ansatz recht.

Vorschlag 2: Keine Einkommens- und Vermögensprüfung für alle, aber gezielte Kontrollen mit scharfen Sanktionen

Dieser Ansatz ist keineswegs großzügig. Er ist am Ende letztlich restriktiver als die gegenwärtige Praxis. Aber die Botschaft wäre ziemlich klar, und sie wäre stark: Der Staat räumt seinen Bürgern einen Vertrauensvorschuss ein. Er gibt ihnen im Wortsinne einen Kredit. Die Gefahr, dass dieser Kredit nicht zurückgezahlt wird, der Bürger stattdessen die Systeme ausnutzt, wäre trotzdem sehr gering.

Ein gewisses Maß an Betrug, auch nicht entdecktem, wird man aushalten müssen. Dazu ist unser Staat aber stark genug. Und der Ansatz wäre gerechter als das heutige Verfahren. Niemand muss mehr Angst haben vor finanzieller Entblößung, niemand muss mehr aus Scham auf die ihm zustehenden Leistungen verzichten.

Liebe Bürger, vertraut eurem Staat wieder

Das Verhältnis zwischen Bürgern und Staat ist in Schieflage geraten. Man muss den Eindruck haben, dass die Bürger ihrem Staat tief misstrauen.

Vertrauen beruht auf Gegenseitigkeit. Das ist im individuellen privaten und beruflichen Bereich so. Das gilt aber auch für das Verhältnis zwischen Bürger und Staat. Das Misstrauen des Staates gegenüber seinen Bürgern, das wir oben skizziert haben, kann kaum durch eine umgekehrt innige Haltung gespiegelt werden. Wer mir durch seine bürokratischen Regelungen permanent implizit unterstellt, ich wolle ihn betrügen, dem werde ich kaum herzlich und vertrauensvoll zugeneigt sein.

Darüber hinaus jedoch ist das Vertrauen des Bürgers gegenüber dem Staat noch durch etwas anderes erschüttert – und das seit vielen Jahren: Vieles funktioniert einfach nicht. Mannigfach erfüllt der Staat nicht in dem Maße seine Aufgaben, wie er es dem Bürger versprochen hat und wie es zweifelsfrei seine Aufgabe ist.

Wir sprechen von der öffentlichen Daseinsvorsorge. Interessanterweise ist die Daseinsvorsorge ein juristisch unbestimmter Begriff, er wird in verschiedensten Gesetzen verwendet, ohne jedoch definiert zu werden. Bei der Daseinsvorsorge geht es darum, dass der Staat – in unserer föderalen Gliederung haben die einzelnen Gebietskörperschaften Bund, Länder und Gemeinden unterschiedliche Aufgaben – seinen Bürgern existenzielle Leistungen zur Verfügung stellt oder ihnen den Zugang dazu gewährleistet.

Das muss nicht kostenfrei für den Bürger sein, der Staat kann auch ein Entgelt erheben, aber er muss die Leistung eben erbringen, und zwar in einer Quantität und Qualität, die den Bedürfnissen der Bürger entspricht.

Unter Daseinsvorsorge fällt ein Sammelsurium von existenziellen Leistungen, teils sind dies hoheitliche Aufgaben, teils ist der Staat nur wirtschaftlicher Leistungserbringer. Teilweise wurden die Aufgaben in der Vergangenheit auch an private Dienstleister delegiert, aber auch hier ist der Staat nicht aus der Verantwortung.

Wichtige Beispiele für Leistungen der Daseinsvorsorge sind die Energieversorgung, die Abfallentsorgung, Gesundheit und Pflege, Post und Telekommunikation, öffentlicher Verkehr, Bildung, innere und äußere Sicherheit, Justiz, Rettungswesen, Teile der Kultur und vieles mehr. Auch die Wohnungswirtschaft gehört zur öffentlichen Daseinsvorsorge, dazu jedoch später mehr.

Es ist keineswegs so, dass sich die öffentliche Daseinsvorsorge in Deutschland insgesamt in einem desaströsen und hoffnungslosen Zustand befände. Die Gesundheitsversorgung ist trotz aller Kritik qualitativ hochwertig und für alle zugänglich, Anzahl und Dauer der Stromausfälle in Deutschland befinden sich auf äußerst geringem Niveau und verursachen kaum jemals einen Schaden,[5] in wenigen anderen Ländern ist im Notfall so schnell ein Rettungswagen oder

5 Skeptiker der Energiewende mögen in diesem Moment ausrufen: Noch nicht!

ein Löschzug der Feuerwehr zur Stelle wie in Deutschland, und bei der Müllabfuhr herrschen keine neapolitanischen Verhältnisse. Das ist die positive Seite.

Es gibt demgegenüber jedoch andere Bereiche der öffentlichen Daseinsvorsorge, die sich in einem kritikwürdigen bis erbärmlichen Zustand befinden. So bringen wir dem wichtigsten Gut, über das wir als deutsche Volkswirtschaft verfügen, nicht den angemessenen Stellenwert entgegen: der Bildung.

Wir müssen nicht einstimmen in den allgemeinen Kanon, der dem deutschen Bildungssystem reflexartig ein mangelhaftes Zeugnis ausstellt. Manches hat sich in den vergangenen Jahren spürbar verbessert. So zeigen deutsche Schüler in den internationalen PISA-Vergleichen der OECD trendmäßig stärkere Leistungen als noch vor wenigen Jahren.

Auch hat sich die Personalausstattung der Schulen leicht verbessert. Bei einer etwa konstanten Schülerzahl von 11,8 Millionen Kindern ist die Anzahl der Lehrer (in Vollzeitstellen gerechnet) zwischen 2008 und 2017 um etwa 5 Prozent angestiegen. In der Folge gibt es heute eine etwas niedrigere Klassenstärke. Aber gerade in den weiterführenden Schulen bleibt mit rund fünfundzwanzig Schülern je Klasse nicht ausreichend Raum für individuelle Förderung.

Zwei Beobachtungen im deutschen Schulsystem geben jedoch zu denken. Immer mehr Eltern »fliehen« mit ihren Kindern aus dem staatlichen Schulsystem. 2017 besuchten 9,1 Prozent aller Kinder eine Privatschule, Anfang der 1990er Jahre waren es nur 5 Prozent. Offenkundig ist man in fast jeder zehnten Familie so unzufrieden mit dem staatlichen Bildungssystem, dass man mit den Füßen dagegen abstimmt und vor dem staatlichen Bildungssystem davonläuft.

Bedenklich ist dabei zudem, dass Bildungsstand und Einkommen der Eltern bei der Entscheidung eine wichtige Rolle spielen. In Westdeutschland besuchen 17 Prozent aller Akademikerkinder eine private Schule, in Ostdeutschland sind es sogar 23 Prozent. In den 1990er Jahren war diese Spreizung nach dem sozialen Hintergrund der Eltern noch nicht zu beobachten.

Diese Entwicklung beschleunigt die soziale Segregation, trägt sie in die nächste Generation und ist dem gesellschaftlichen Zusammenhalt alles andere als förderlich.

Niemand will private Schulen verbieten, sie schließen offenbar eine Lücke, die sich im öffentlichen Bildungssystem aufgetan hat. Staatliches Ziel müsste es aber sein, die öffentlichen Schulen so gut und attraktiv zu gestalten, dass es für Privatschulen praktisch keinen Markt gibt. Allenfalls spezielle konfessionelle oder pädagogische Vorlieben der Eltern könnten dann den Besuch einer Privatschule durch das Kind motivieren.

Dieser Indikator der Nutzung privater Schulen wirft nur ein Schlaglicht auf die Qualitätsprobleme der öffentlichen Schulen. Er ist aber als Indikator, der die Reaktion der Eltern auf diese Probleme misst, unbestechlich. Der oben dargestellte Anstieg der Anzahl der Lehrer ist löblich, aber womöglich nicht hinreichend und vor allem keine verlässliche Größe für eine bessere Bildungsqualität.

Vorschlag 3: Personal- und Sachausstattung der öffentlichen Schulen so steigern, dass das öffentliche Bildungswesen wieder attraktiv wird und für alle hervorragende Bildungsmöglichkeiten bietet

Der Föderalismus in Deutschland besitzt ohne jeden Zweifel seine historische Berechtigung, wenn nicht Notwendigkeit. Auch die grundgesetzlich garantierte Bildungshoheit der Bundesländer leitet sich daraus ab.[6]

Aber ist das immer zum Wohle der Schüler? Solange Leistungstests wie PISA oder andere immer noch derart gravierende Unterschiede zwischen den Schülern der einzelnen Bundesländer zutage fördern,

6 Den Streit darum nutzte 2017 die FDP als eines ihrer Argumente, nicht in die Bundesregierung einzutreten.

lautet die Antwort klar: Nein. Es ist nicht zu akzeptieren, dass junge Menschen unterschiedliche Chancen im Leben haben, je nachdem ob sie in Bremen, Rheinland-Pfalz oder Bayern aufwachsen.

Mit welcher Berechtigung zementiert der Staat bereits vorab unterschiedliche Lebenschancen? Durch Angleichung von Lehrplänen und durch zentrale Prüfungen hat es hier in den vergangenen Jahren zweifellos Fortschritte gegeben, gravierende Unterschiede bestehen aber weiterhin.

Vorschlag 4: Bildungsinhalte und Leistungsanforderungen bundesweit weiter angleichen und vereinheitlichen

Mit beiden Vorschlägen gemeinsam gewinnt der Staat Vertrauen, dass er allen jungen Menschen, egal aus welcher Familie sie stammen, egal wo sie aufwachsen, die bestmöglichen Bildungschancen und damit die größtmöglichen Chancen im Leben insgesamt eröffnet.

Das Gewaltmonopol des Staates ist rechtlich unumstößlich. Kodifiziert in Artikel 20, Absatz 2 unseres Grundgesetzes gehört es zu jenen Grundsätzen, die der sogenannten Ewigkeitsgarantie unterliegen. Eine Änderung des Grundgesetzes, die das Gewaltmonopol des Staates berühren würde, wäre unzulässig.

Das staatliche Gewaltmonopol bedeutet sehr einfach, dass wir als Bürger darauf verzichten, Gewalt und Zwang gegeneinander auszuüben und dies an staatliche Institutionen, im Besonderen Polizei und Justiz, delegieren. Streitigkeiten werden dadurch in einem rechtsstaatlichen Verfahren gelöst.

Das ist ein großartiger Fortschritt gegenüber den Zeiten, in denen vermeintliches Recht durch Fehde und Blutrache ausgeübt wurde. Damit ist das Gewaltmonopol des Staates eine wunderbare Einrichtung, die uns das Zusammenleben in der Gesellschaft enorm erleichtert.

Aber ist die Akzeptanz des staatlichen Gewaltmonopols unumstößlich? Arabische Clans, italienische Mafiastrukturen, deutsche

Banden – hier ist das nachweislich nicht der Fall. All diese Gruppen und weitere mehr halten sich für einen Staat im Staat, der sich eigene Regeln geben kann.

Ebenso missachten politisch motivierte Gewalttäter, egal ob aus dem links- oder dem rechtsextremen Spektrum, das staatliche Monopol. Sie schreiben sich selbst ein vermeintliches Recht zu, andere Menschen in Angst und Schrecken zu versetzen, sie zu verletzen oder gar zu töten. Nicht selten zeigen die (mutmaßlichen) Täter im Anschluss, was sie vom staatlichen Gewaltmonopol halten: Sie verlachen die Polizei und verhöhnen die Justiz. Offene Missachtung.

Während also die einen den Staat als regelgebende Institution grundsätzlich ablehnen, sind die anderen der Auffassung, der Staat schaffe es nicht, für »Recht und Ordnung« zu sorgen. Von denen werden bei Weitem nicht alle straffällig. Aber die Auffassung, ein wenig »Selbstjustiz« sei doch hier und da notwendig und zulässig, um die Gesellschaft – oder das, was man darunter versteht – zu schützen, ist erschreckend weit verbreitet. Wenn der Staat es nicht kann, müsse man selbst aktiv werden.

Dabei wird vermeintliches Versagen von Polizei oder Justiz nicht immer nur medial hochgejazzt, sondern ist tatsächlich zu beobachten. Fehler passieren überall, nicht alles ist gleich ein Versagen, gar ein Systemversagen.

Aber Ereignisse von der Kölner Silvesternacht 2015 bis hin zu Gerichtsverhandlungen, die wegen Personalmangels einfach ausfallen, geben doch all jenen Argumente in die Hand, die die Bundesrepublik für einen schwachen Staat halten, der eben gar nicht in der Lage sei, sein Gewaltmonopol auszuüben; der nicht in der Lage sei, die Sicherheit seiner Bürger zu garantieren. Private Gruppierungen wie die oben genannten springen sofort in diese Lücke und unterminieren das Vertrauen in den Staat, innere Sicherheit gewährleisten zu können, noch weiter.

Da Sicherheit, Rechtsstaatlichkeit und der Konsens darüber, wer allein in einer Gesellschaft Gewalt und Zwang ausüben darf, so fundamental bedeutsam sind für den sozialen Zusammenhalt, sind Defizite in diesem Bereich so gravierend. Bei allen haushaltspolitischen Zwängen ist der Staat in der Pflicht, seine Prioritäten sehr deutlich auf eine starke Polizei und eine starke Justiz zu legen.

Gefragt sind in unserer föderalen Ordnung hier insbesondere die Bundesländer. Man muss sich nicht nur in politischen Sonntagsreden oder Koalitionsverträgen verpflichten, mehr Personal in Polizei und Justiz einzustellen. Man muss auch mehr junge Menschen dafür gewinnen, diese Aufgaben anzunehmen.

Das ist anstrengend und teuer. Denn dazu gehören eine höhere Anerkennung gerade für den Polizeiberuf, aber selbstverständlich auch höhere Gehälter. Mit der gegenwärtigen Besoldungsstruktur wird das nicht gelingen.

Hinzu kommt eine klare Linie im Sinne der Rechtsstaatlichkeit, die zwei Seiten hat: Alles, was qua Gesetz zu verfolgen ist, muss auch konsequent verfolgt werden. Doch auch alle Rechte, die einem mutmaßlichen Täter zustehen, müssen ihm jederzeit gewährt werden. Letzteres ist sicher unbequem und mag auch manches Mal unbefriedigend sein. Aber ein starker Staat hat die Kraft, das ganze Spektrum der Rechtsstaatlichkeit abzudecken. Das unterscheidet ihn von einem schwachen Staat.

Vorschlag 5: Personelle und finanzielle Stärkung von Polizei und Justiz

Wir können erwarten, dass die Wirkung einer solchen Prioritätensetzung enorm sein wird. Jene, die Polizei und Justiz als überfordert erachten, werden durch die bessere Ressourcenausstattung wieder begründet neues Vertrauen schöpfen. Jenen, die Polizei und Justiz grundsätzlich als zu lasch erachten, kann dadurch gleichwohl nicht geholfen werden. Sie sollten vielmehr einmal selbst ihr Rechtsstaatsverständnis überdenken.

Gute Bildungschancen für alle sowie mehr Sicherheit und Recht sind zwei Beispiele dafür, wie der Staat es schaffen kann, dass der Bürger ihm wieder in stärkerem Maße Vertrauen entgegenbringt. Ein Rahmen, in dem der Staat mit einer umfassenden Daseinsvorsorge seinen Bürgern und Unternehmen die Möglichkeit gibt, selbst nach ihren Fähigkeiten, Interessen und Zielen wirtschaftlich aktiv zu sein, ist die beste Voraussetzung für Wachstum. Mehr noch, er ist eine gute Voraussetzung für das, was man heute als inklusives Wachstum bezeichnet; ein Wachstum, in dem einzelne Gruppen der Gesellschaft nicht abgehängt werden und durch das auch der soziale Zusammenhalt wiederum gestärkt werden kann.

Noch mehr Daseinsvorsorge: Infrastruktur

Im vorangegangenen Abschnitt haben wir bereits von Infrastruktur gesprochen, jedoch stets den Begriff der öffentlichen Daseinsvorsorge verwendet. Zwischen beiden Begriffen bestehen Schnittmengen, sie sind aber nicht deckungsgleich. Während Fragen der öffentlichen Verwaltung, Bildung und öffentliche Sicherheit zur institutionellen Infrastruktur gehören, wollen wir im Folgenden über physische Infrastruktur sprechen, im allgemeinen Sprachgebrauch kurz, ohne weitere Attribute: Infrastruktur.

Soweit sie öffentlich bereitgestellt wird, fällt sie auch wieder in den Bereich der Daseinsvorsorge. Bei der Infrastruktur geht es nicht nur um Vertrauen zwischen Bürger und Staat, sondern um ganz handfeste Wachstumswirkungen. Und es geht um den Beweis, dass Staat und Private Hand in Hand arbeiten können und jeder von beiden den Aufgaben nachkommt, die eine Marktwirtschaft für sie vorsieht.

Warum stellt der Staat die Infrastruktur? Üblicherweise wird diese Frage mit dem Verweis auf die sogenannte Nicht-Ausschließbarkeit in der Nutzung beantwortet. In den Lehrbüchern der Volkswirtschaftslehre finden sich die Beispiele, dass es schlicht nicht möglich sei, Menschen etwa von der Nutzung der Straßeninfrastruktur auszuschließen, wenn sie dafür nicht bezahlen.[7]

Während Zugangsbeschränkungen über Mautstellen an Autobahnen – die heute natürlich auch digital sein können – noch funktionieren, stößt dieser Ansatz bei kommunalen Straßen an seine Grenzen. Wenn ein privates Unternehmen niemanden von seiner Leistung ausschließen kann, wird es die Leistung nicht anbieten. Also muss es der Staat tun. Die heutigen und vor allem die künftigen Möglichkeiten der Digitalisierung lassen das Argument der Nicht-Ausschließbarkeit allmählich an Gewicht verlieren, es wird in manchen Fällen aber von Bedeutung bleiben.

Weiterhin wichtig bleibt aber das Argument der sogenannten natürlichen Monopole, um zu begründen, dass an manchen Stellen der Staat gefragt ist. Vor allem wenn es um Netze geht – gleichgültig ob Verkehr, Strom, Breitband oder andere –, ist es nun einmal günstiger, wenn es nur ein Netz gibt und alle es nutzen können. Niemand käme auf die Idee, für zwei Spediteure zwei parallel verlaufende Autobahnen zu bauen. Zu Recht haben wir nur ein Bahnnetz, auf dem zunehmend andere Anbieter als die Deutsche Bahn ihre Züge fahren lassen können. Und unsere Stromnetze transportieren den Strom aller Anbieter gleichermaßen – gleich welche Farbe er hat. Aus Kostengründen ist es in diesen Fällen also vorteilhaft, wenn es nur einen Anbieter gibt. Das ist der natürliche Monopolist.

Es ist nicht ökonomisch zwingend, dass dies immer der Staat selbst ist. Oftmals ist das historisch gewachsen, viele Bereiche sind auch privatisiert worden, etwa in der kommunalen Versorgung. Ein Verkauf von Infrastruktur entlässt den Staat aber nicht aus dem Obligo. Er muss dann vom Eigentümer zum Regulator werden.

---

7 „Nicht möglich" hat in der Ökonomie in aller Regel eine andere Bedeutung als die juristische „objektive Unmöglichkeit". Es ist prinzipiell sehr wohl möglich, jeden Straßenzugang abzuriegeln, ebenso wie es möglich ist, in einem Schrebergarten im Ruhrgebiet Bananen anzubauen. Beides hat nur prohibitiv hohe Kosten und stellt deshalb keine Option in einem ökonomischen Kalkül dar.

Gehört eine Netzinfrastruktur einem privaten Unternehmen, muss der Staat dafür Sorge tragen, dass dieser sich nicht wie ein wirklicher Monopolist verhalten kann. Er muss anderen zu angemessenen Preisen Zugang zu seinem Netz gewähren und sein Netz in hinreichender Größe und Qualität vorhalten.

Hier kommt es in der Praxis immer wieder zu Diskussionen und Konflikten. Sowohl der Deutschen Telekom als auch der Deutschen Bahn – beides private Unternehmen im Eigentum des Bundes[8] – wird immer wieder vorgeworfen, sie erschwerten anderen Anbietern die Nutzung ihrer Netze. Im Zuge des Ausbaus des superschnellen Mobilfunkstandards 5G haben die privaten Unternehmen, die Lizenzen dafür erworben haben, von der Bundesnetzagentur klare Vorgaben und Auflagen zum Netzaufbau auferlegt bekommen.

Ob Eigentümer oder Regulator, die treffende Formulierung lautet: Der Staat ist für die Infrastruktur verantwortlich. Er ist unser Adressat, wenn hier etwas im Argen liegt. Zunächst hat eine gut funktionierende Infrastruktur ebenfalls etwas mit Vertrauen in den Staat zu tun. Wir erwarten zu Recht, dass der Staat hier seinen Aufgaben nachkommt. Und ebenso zu Recht ärgern wir uns, wenn unser Zug wegen einer gebrochenen Oberleitung einen zeitraubenden Umweg fahren muss, wenn wir im Stau stehen, weil die Autobahnbaustelle immer noch nicht fertig ist, oder wenn unser Telefonat wegen eines Funklochs abbricht.

Gesellschaftlich problematisch ist es, wenn die Infrastruktur in unterschiedlichen Regionen eine so unterschiedliche Qualität aufweist. Wer nicht nur durch ein Funkloch fährt, sondern auf dem Land in einem Funkloch wohnt, fühlt sich abgehängt und ist es in vielen Bereichen faktisch auch.

Bei der Straßeninfrastruktur kann bei Weitem nicht von einer bundesweit auch nur annähernd ähnlich hohen Qualität gesprochen

8 Die Deutsche Bahn befindet sich zu 100 Prozent im Eigentum des Bundes, die Deutsche Telekom direkt und indirekt (über die KfW) zu etwa 32 Prozent. Die übrigen 68 Prozent entfallen auf die beliebten Volksaktien.

werden. In den neuen Bundesländern sind die Aufbauleistungen seit Beginn der 1990er Jahre allerorten deutlich zu sehen. Die Tatsache, dass die CSU seit 2009 durchgehend den Bundesverkehrsminister stellt, hat der Straßeninfrastruktur in Bayern augenscheinlich nicht zum Schaden gereicht. In Nordrhein-Westfalen hingegen schleicht man als Autofahrer von einer sanierungsbedürftigen Straßenbrücke zur nächsten.

Es geht aber bei der Infrastruktur nicht nur um Vertrauen, Zufriedenheit oder Ärger, wenn etwas nicht funktioniert. Es geht um handfeste Wirkungen auf unser wirtschaftliches Wachstum. Infrastruktur ist ein Produktionsfaktor für die privaten Unternehmen. Ein gut ausgebautes Straßen- und Schienennetz senkt die Transportkosten und erhöht damit die Rendite von privaten Investitionen. Ein gutes Breitbandnetz wirkt ebenfalls kostensenkend und ermöglicht überhaupt erst neue digitale Geschäftsmodelle. Breitband fördert Innovationen und Produktivitätsfortschritte (dass es mit dem Breitband allein selbstverständlich nicht getan ist, haben wir in Kapitel 4 besprochen). Eine jederzeit und in jedem Umfang gesicherte Energieversorgung ist Voraussetzung für einen starken Industriestandort. Die Beispiele ließen sich fortführen.

All das lässt sich auch quantifizieren. Zur ökonomischen Bedeutung von Infrastruktur und zu den wirtschaftlichen Schäden, wenn sie Mängel aufweist, deshalb einige Zahlen:

– Gemäß einer Studie für das Bundesministerium für Wirtschaft und Energie führen Investitionen in die Verkehrsinfrastruktur und in die digitale Infrastruktur in Höhe von zusammen anfänglich 10 Milliarden Euro, dann von 6 Milliarden Euro jährlich langfristig zu einer um etwa 1,5 Prozent höheren Wirtschaftsleistung. Nach 20 Jahren liegt die Beschäftigung um fast 70.000 Personen höher. Auch für den Staat rechnet sich das Investitionsprogramm. Die anfänglichen Defizite durch die zusätzlichen Ausgaben schwenken wegen des höheren Wachstums rasch um in zusätzliche Nettoeinnahmen, und nach etwa 15 Jahren hat sich das Programm fiskalisch amortisiert.

- Die jährlich veröffentlichte Staubilanz des ADAC zeigt für das Jahr 2018 allein auf den deutschen Autobahnen 745.000 Staus mit einer Gesamtlänge von mehr als 1,5 Millionen Kilometern oder 4.200 Kilometern pro Tag. Der kumulierte Zeitverlust wird auf 52 Jahre taxiert.[9] Schätzungen über die volkswirtschaftlichen Kosten dieser Staus berücksichtigen vor allem verlorene Arbeitszeit oder Freizeit, höheren Kraftstoffverbrauch und Mehrkosten für Unternehmen durch längere Transportzeiten. Die Spannbreite dieser Schätzungen ist in Ermangelung eines einheitlichen etablierten Modells groß und reicht für alle Straßenkategorien von 10 Milliarden Euro bis hin zu 100 Milliarden Euro jährlich.
- Im Jahr 2018 waren im Fernverkehr der Deutschen Bahn gerade einmal 75 Prozent der Züge pünktlich. Nach der eigenwilligen Statistik der Deutschen Bahn gilt dabei ein Zug erst dann als unpünktlich, wenn die planmäßige Ankunftszeit um mindestens 6 Minuten überschritten wird.[10] In den letzten Jahren hat sich dieser Wert sogar noch verschlechtert. Jeder sechste Reisende verpasst wegen Verspätung seinen Anschluss im Fernverkehr. Weitaus weniger beachtet, jedoch nicht weniger problematisch: Im Güterverkehr erreicht die Deutsche Bahn sogar nur eine Pünktlichkeitsrate von 73 Prozent. Die Folge auch hier: große Zeitverluste, vor allem durch verpasste Anschlusszüge und zusätzliche Kosten für Logistiker.
- Nach einer Studie von IW Consult verfügten 2017 etwa drei Viertel der Unternehmen in Deutschland über Breitbandanschlüsse mit mindestens 50 Mbit/s. In ländlichen Regionen lag dieser Anteil jedoch nur etwa halb so hoch. Reine Glasfaseranschlüsse sind in Deutschland noch kaum verbreitet und machten nur 2,1 Prozent aller Anschlüsse aus, im aktuelleren Erhebungsjahr 2018 noch immer weniger als 3 Prozent. Der europäische Durchschnitt lag 2017 bei 11 Prozent. Spitzenreitern wie Schweden und

---

9 Falls auch Sie zu den Leidgeprüften gehören, sei Ihnen die Lektüre von *Die Abbieger* von Thomas Schweres empfohlen. Bitte nicht nachmachen!

10 Statt Probleme zu lösen, kann man sie auch wegdefinieren. In der Schweiz oder in Japan wäre es undenkbar, mit derartigen Zahlen zu argumentieren.

Estland oder außerhalb Europas Südkorea und Japan hinken wir noch weiter hinterher. Nach den Schätzungen der Autoren führt 1 Prozent mehr Glasfaseranschlüsse in Deutschland zu einer zusätzlichen Wirtschaftsleistung in Höhe von rund 1 Milliarde Euro. Die Erhöhung der durchschnittlichen Datengeschwindigkeit um 1 Mbit/s wirkt sich mit jährlich fast 12 Milliarden Euro positiv auf unser Bruttoinlandsprodukt aus.

Diese kurze Aufzählung zeigt nur einige besonders prägnante Beispiele. Hier und an anderen Stellen haben sich über die Jahre Defizite aufgebaut, die der viertgrößten Volkswirtschaft der Welt nicht würdig sind. Vor allem sind sie unnötig, da die Lösungen so offenkundig sind: Investitionen.

Je größer das Defizit in der Infrastruktur, desto größer ist sowohl der volkswirtschaftliche Gewinn als auch der gesellschaftliche Nutzen von zusätzlicher Infrastruktur. Würde die Infrastruktur in Deutschland einfach nur auf dem internationalen Stand der Technik flächendeckend solide funktionieren, wären wir nicht Entwicklungsland in digitaler Infrastruktur, Stauweltmeister und Kreisklasse bei öffentlichen Investitionen. Das Leben für Bürger und Unternehmen wäre einfacher. Wir würden unsere Wachstumsmöglichkeiten erhöhen und die Gesellschaft als Ganzes überzeugen können, dass Deutschland alles in allem gut funktioniert.

Vorschlag 6: Priorität für Infrastrukturinvestitionen

Es geht nicht um blindes Geldausgeben, um die staatliche Investitionsquote zu erhöhen. Es geht mithin auch nicht darum, entsprechenden Forderungen internationaler Organisationen wie dem Internationalen Währungsfonds nachzukommen. Es geht ebenso wenig darum, eine »schwarze Null« im Haushalt aufzugeben.[11] Es geht allein darum, Mit-

11 Eine unsinnige Diskussion deshalb, weil ein ausgeglichener Haushalt das Ergebnis politischer Prioritätensetzungen ist, er kann aber niemals Ziel an sich sein.

tel intelligent mit den Zielsetzungen Wachstum und sozialer Zusammenhalt einzusetzen. Deshalb bedarf jedes Investitionsvorhaben einer Prüfung, ob und inwieweit es diesen Zielen gerecht wird.

Dabei ist nicht immer eine wissenschaftlich elegante, am besten noch hochrangig publizierbare Vorabstudie über die Machbarkeit und die zu erwartenden Erträge notwendig. Derartige Studien können Prozesse enorm verzögern und kosten Zeit, über die wir im Angesicht des Zustands großer Teile unserer Infrastruktur nicht im Überfluss verfügen. Oftmals führt ein pragmatisches, von plausiblen Überlegungen und gesundem Menschenverstand geleitetes Vorgehen zu hervorragenden Ergebnissen.

Wenn die Politik so an die Sache herangeht, wird sie nicht lange überlegen müssen, ob sie noch einen Autobahnabschnitt von sechs auf acht Spuren ausbauen möchte oder die dafür erforderlichen Milliarden Euro lieber in den Ausbau von digitalen Netzen steckt. Dann wird sie endlich massiv in den Schienenverkehr investieren, um die propagierte Verkehrswende hinzubekommen. Dann werden marode Straßen und Brücken, die maßgeblich für lange Reise- und Transportzeiten sowie Staus verantwortlich sind, zügig instandgesetzt. Wer darauf noch zehn Jahre warten möchte, vergibt erst einmal Studien und gründet anschließend eine Kommission.

Vorschlag 7: Mehr Pragmatismus bei Infrastrukturvorhaben wagen

Wir müssen uns bewusst sein, dass neben der Zielgenauigkeit von Infrastrukturinvestitionen auch ein hohes Tempo von entscheidender Bedeutung ist. Nur dann wird es gelingen, dass wir nicht weiter von unserer infrastrukturellen Substanz leben. Nur so schaffen wir eine moderne, technologisch fortschrittliche und flächendeckend hochwertige Ausstattung des öffentlichen Raums.

Finden Unternehmen eine solche Infrastruktur vor, werden sie sich für den Standort Deutschland entscheiden und investieren. Öffentliche Investitionen ziehen private nach sich, Wettbewerbsfähigkeit und Innovationskraft werden gestärkt, und ganz nebenbei kommen wir den Forderungen der genannten internationalen Organisationen nach – ein hübscher Kollateralnutzen. Ebenso gingen die Wirkungen auf unseren Leistungsbilanzüberschuss in die gewünschte Richtung.

Es ist ein Jammer, dass die Politik eine glasklare, große und pragmatische Offensive in Infrastrukturinvestitionen weiterhin scheut. Es wird unter großen Worten nur gekleckert, wo Klotzen angezeigt ist.

Wohnen – eines der wichtigsten Güter muss für alle erschwinglich sein

Wohnraum ist nicht irgendein Gut. Er ist von existenzieller Bedeutung, kaum weniger wichtig als Essen und Trinken, und er ist Teil der staatlichen Daseinsvorsorge, der Staat steht hier also auch in der Verantwortung.

Im Unterschied zu Kalorien und Wasser hat Wohnraum aber noch eine weitere Eigenschaft: Er ist nicht beliebig vermehrbar.[12] Schon Mark Twain wusste den Ratschlag zu geben: »Kauft Land! Gott erschafft keines mehr.« Wo schon ein Haus steht, kann kein zweites gebaut werden.

Auch die Infrastruktur von Straßen bis zu Kindergärten benötigt Platz. Und dieser Platz zum Wohnen ist heute in vielen Regionen Deutschlands knapp und damit teuer. Mieten und Kaufpreise sind hier enorm gestiegen. Diese Regionen bestimmen die Diskussion über den Miet- und Immobilienpreisboom. Darüber wird vergessen, dass es sich heute genauso wie vor zehn Jahren etwa im Thüringer

---

12 Meist wird diese Eigenschaft so versucht auf den Punkt zu bringen: Boden ist nicht vermehrbar. Das ist aber nur im physischen Sinne richtig. Ökonomisch nutzbarer Boden ist keine Naturkonstante, das Angebot an Boden – und damit an Wohnraum – hängt schlicht von Kosten und Erträgen ab. An die physischen Grenzen werden wir niemals stoßen, da dies viel zu teuer wäre.

Wald, in der Pfalz oder im Ruhrgebiet weiterhin günstig wohnen lässt.

Gleichwohl: Der Immobilienboom hat extreme Verteilungswirkungen nach sich gezogen. Fast die gesamten Vermögenssteigerungen der zurückliegenden zehn Jahre sind bei den Haushalten mit Immobilienbesitz konzentriert.

Haushalte, die zur Miete wohnen, müssen hingegen oftmals Jahr für Jahr einen größeren Teil ihres Einkommens dafür aufbringen. Ein Anteil der Miete von etwa 30 Prozent am Haushaltsnettoeinkommen gilt als »gesund«, viele Haushalte liegen deutlich darüber – oder »flüchten« in schlechteren oder kleineren Wohnraum und tricksen damit die Statistik aus.

Vermögenszuwächse der Immobilienbesitzer stehen auf der einen Seite, höhere Belastungen für Mieter auf der anderen Seite. Dazu der Umstand, dass sich auch gut verdienende Haushalte in den Ballungszentren finanziell nicht mehr in der Lage sehen, ein Eigenheim zu erwerben.[13] Das ist anders als früher; wer gut verdiente, konnte sich ganz selbstverständlich ein eigenes Haus leisten.

Keine Frage: Die Einschränkungen, den für sich selbst passenden Wohnraum zu finden, sind heute in Deutschland größer als vor zehn Jahren. Diese Einschränkungen bei einem existenziellen Gut wie dem Wohnen, verbunden mit einer immobilienpreisbedingt größer gewordenen Vermögensspreizung, stellen sozialen Sprengstoff vom Feinsten dar.

Aber nicht nur die privaten Haushalte, auch die Unternehmen spüren die Folgen. Auch für sie sind Büroräume und Produktionsstandorte in den wirtschaftlich attraktiven Regionen deutlich teurer geworden. Sie müssen ihren Mitarbeitern höhere Löhne zahlen und können gleichwohl manche Fachkraft nicht mehr in ein besonders teures Zentrum locken.

Ist das Beschriebene nur die allgemeine Wahrnehmung der Miet- und Immobilienpreisentwicklung in Deutschland? Was sagen die

13 Trotz des wunderbaren Baukindergelds!

Zahlen? Nach dem Immobilienpreisindex des Beratungsinstituts Empirica aus dem Sommer 2019 liegen die Mieten für neu angemieteten Wohnraum in Deutschland im Durchschnitt über alle Baujahre um etwa 35 Prozent höher als 2009.

Diese Mietpreissteigerungen bewegen sich im Rahmen des nominalen Wirtschaftswachstums in diesem Zeitraum. Die Mietbelastung ist also im Durchschnitt nicht gestiegen. Der Durchschnitt sagt aber wenig aus über die Knappheiten in einzelnen Regionen.

So sieht es auch in den Metropolen ganz anders aus, allen voran in München. Dort sind die Mieten für Neubauten allein zwischen 2014 und Anfang 2019 um fast 30 Prozent gestiegen. Heute muss man in der bayerischen Landeshauptstadt im Durchschnitt rund 18 Euro je Quadratmeter für eine neu angemietete Wohnung bezahlen. Für viele Menschen ist das schlicht nicht möglich. In Frankfurt und Stuttgart sieht es mit etwa 14 Euro je Quadratmeter etwas günstiger aus. Dass die lautesten Klagen über Mietpreissteigerungen aus Berlin zu vernehmen sind, korrespondiert nicht ganz mit den Daten: 12 Euro je Quadratmeter.

Man muss aber auch sehen: Die Bestandsmieten sind bei weitem nicht so stark gestiegen. Wer schon lange in seiner Wohnung wohnt, kann selbst in München noch vergleichsweise günstig leben. Aber Umzug oder Zuzug – für eine mobile Gesellschaft etwas völlig Selbstverständliches – kann sehr teuer werden. Das kann auch das Wachstum unserer Wirtschaft bremsen, wenn die Arbeitskräfte nicht mehr ohne Weiteres dorthin ziehen können, wo sie am besten eingesetzt werden können.

Deutlich stärker noch sind die Kaufpreise für Immobilien gestiegen. Eine neu gebaute Eigentumswohnung in Deutschland war 2019 im Durchschnitt fast 80 Prozent teurer als zehn Jahre zuvor, bei Ein- und Zweifamilienhäusern sieht es unwesentlich besser aus. Auch hier stechen die bekannten Metropolen hervor: In München zahlen Sie – jedenfalls, wenn Sie können und wollen – mittlerweile mehr als 9.000 Euro je Quadratmeter eines Ein- oder Zweifamilienhauses, egal ob Neubau oder Bestand.

Wir haben es hier also mit zwei Phänomen zu tun: Erstens sind Mieten und Kaufpreise unterschiedlich stark gestiegen. Zweitens sind regional die Preise unterschiedlich stark gestiegen. Die Entwicklung ist also nicht auf allen Teilmärkten gleich verlaufen. Das spricht dafür, dass auch die Ursachen der Preisentwicklung nicht überall dieselben sind. Das ist wichtig zu verstehen, denn das Wohnraumproblem mit den beschriebenen Folgen für Wirtschaft und sozialen Zusammenhalt kann – wenn überhaupt – nur gelöst werden, wenn man es an seinen Wurzeln packt. Deshalb wollen wir uns auch gar nicht mit diskussionswürdigen Maßnahmen wie der Mietpreisbremse befassen, die allein die Symptome behandelt.[14]

Die Ursachen sind vielfältig. In den vergangenen Jahren ist hier einiges zusammengekommen, was allein keine so starke Wirkung gezeigt hätte.

Zunächst die Geldpolitik: Aufgrund der Nullzinspolitik der Europäischen Zentralbank erzielt man nicht nur auf dem Tagesgeldkonto und dem Sparbuch keine Zinsen mehr, auch hat mittlerweile mit dem kompletten Anleihemarkt eine ganze Anlageklasse jegliche Attraktivität verloren. Von der Suche nach alternativen Anlagemöglichkeiten haben besonders der Aktienmarkt und eben der Immobilienmarkt profitiert. Die Hypothekenzinsen sind günstig, der Immobilienkauf dadurch vermeintlich attraktiv.[15]

Die Nachfrage nach Immobilien hat aber noch aus weiteren Gründen zugenommen: Wir erleben seit Jahren – nicht erst seit 2015 – eine vergleichsweise hohe Zuwanderung. Heute leben in Deutschland etwa 2,7 Millionen Menschen mehr als 2009. Das haben wir bereits in Kapitel 2 gesehen. All diese Menschen benötigen natürlich Wohn-

14 Klar, Sie können bei chronischen Kopfschmerzen immer eine Schmerztablette nehmen. Das hilft. Aber vielleicht ist es schlau, mal der Ursache des Leidens auf den Grund zu gehen. Das hilft auf Dauer besser.

15 Dabei vergisst mancher Käufer leider, dass es nicht um die Kosten, sondern um die Rendite geht. Die Rendite einer Anlageklasse kann (bei gleichem Risiko) nicht auf Dauer über der einer anderen liegen. Und die Zinsen liegen bei 0 Prozent. Denken Sie mal darüber nach!

raum. Und sie ziehen bevorzugt in die Gegenden, die wirtschaftlich prosperieren und in denen sie die größte Chance auf einen guten Arbeitsplatz haben. Selbstverständlich verstärken die Zuwanderer so die Wohnungsknappheit. Träfe die Behauptung zu, dass Migranten vornehmlich in unseren Sozialstaat zuwandern, würden sie in die verlassenen Regionen mit niedrigem Preisniveau gehen, denn die Höhe der meisten Sozialleistungen ist bundeseinheitlich gleich. Tun sie aber nicht.

Dazu haben wir in den vergangenen Jahren eine starke Binnenwanderung beobachtet. Obwohl die Bevölkerungszahl insgesamt um 2,7 Millionen Menschen zugenommen hat, schrumpfen einige Regionen, während andere umso stärker wachsen. Wirtschaftlich attraktive Regionen ziehen Menschen nun einmal an, zudem ist die Bereitschaft zur Mobilität heute stärker ausgeprägt als in vergangenen Zeiten. Vor allem die Städte sind in den vergangenen Jahren stark gewachsen.

Wer in eine andere Region zieht, kann aber sein Haus oder seine Wohnung nun einmal nicht mitnehmen.[16] Und neue Wohnungen können nicht so schnell gebaut werden, wie Menschen umziehen. Die Folge: In der einen Region gibt es zu viele, in der anderen zu wenige Wohnungen.

Dabei sind keineswegs nur die großen, die mediale Berichterstattung beherrschenden Städte wie Berlin oder München betroffen. Fast alle der etwa 80 Städte in Deutschland mit mehr als 100.000 Einwohnern sind in den vergangenen Jahren gewachsen. Neben der bekannten Dynamik in den Millionenstädten haben aber seit 2010 auch zum Beispiel Leipzig 60.000 Einwohner, Münster 35.000 oder Augsburg 30.000 zusätzliche Einwohner gewonnen.

Ein Trend hingegen wurde in den vergangenen Jahren gebrochen: Nachdem die durchschnittliche Wohnfläche je Einwohner über die Jahrzehnte fast kontinuierlich gestiegen war, liegt sie seit einiger Zeit relativ konstant bei etwas mehr als 46 Quadratmetern. Auch ist der Trend zu immer kleineren Haushaltsgrößen, was bei gleicher Bevöl-

16 Anderenfalls hätte man für Immobilien einen anderen Begriff gefunden.

kerungszahl ja auch zu mehr benötigten Wohnungen führt, seit einigen Jahren gestoppt. In einem Haushalt leben im Durchschnitt etwa zwei Personen.

Die Nachfrage nach Wohnraum ist also in vielen Regionen gestiegen, das zusätzliche Angebot hat aber nicht entsprechend mitgezogen. Die Bundesregierung selbst geht von einem jährlichen Bedarf von 375.000 Wohneinheiten aus. Tatsächlich fertiggestellt werden fast 100.000 Wohneinheiten weniger. Vor wenigen Jahren war die Lücke noch größer.

Aber wird insgesamt tatsächlich zu wenig gebaut? Die 375.000 Wohnungen sind eine politische Zahl, die auf dem Basar zwischen Studienergebnissen, Lobbying der Bauwirtschaft und den politischen Interessen der Parteien zustande gekommen ist. Wir haben heute in Deutschland etwa 1,8 Millionen Haushalte mehr als 2011. Allein zwischen 2011 und 2017 wurden aber etwa 1,65 Millionen Wohnungen neu gebaut.

Selbst wenn man die Wohnungen berücksichtigt, die in der Zeit vom Markt verschwunden sind, bleiben noch fast 1,5 Millionen zusätzliche Wohnungen für 1,8 Millionen zusätzliche Haushalte. Die Lücke von 300.000 ist kleiner als die Lücke in der Summe der Ballungsgebiete. Wir haben also nicht nur zu wenig, sondern auch an den falschen Orten gebaut. Deshalb ist der folgende Vorschlag geradezu banal, aber offenbar trotzdem notwendig:

Vorschlag 8:
Nur dort zusätzlich bauen, wo die Nachfrage gestiegen ist; keinen zusätzlichen Wohnraum in schrumpfenden Regionen schaffen

Der Vorschlag hilft den Regionen mit besonders stark steigenden Preisen zumindest punktuell, da die boomende Bauwirtschaft so ein wenig mehr Kapazitäten zur Verfügung hat. Auch hier herrscht längst Fachkräftemangel. Dieser Vorschlag allein stellt freilich noch keine Lösung dar.

Die Folge der hohen Nachfrage nach Wohnraum sind massiv gestiegene Bodenpreise. Wer heute in den sogenannten A-Lagen Grund und Boden besitzt, ist ein gemachter Mann oder eine gemachte Frau.

Bevor wir uns anschauen, wie die Politik auf diese anstrengungslose Explosion von Grundstückswerten reagieren kann, wollen wir noch einen unheilvollen Nebenaspekt betrachten. Die hohen Baulandpreise bedingen so hohe Gesamtbaukosten, dass Bauherren für ihre Immobilien die Miete in einer Höhe ansetzen müssen, die für große Teile der Bevölkerung gar nicht erschwinglich ist.

Nach Berechnungen des Instituts Prognos müssen Vermieter in München selbst bei einfacher Bauweise eine Nettokaltmiete von etwa 13,50 Euro je Quadratmeter und Monat verlangen, damit sich ihre Investition bei den hohen Baulandpreisen überhaupt rentiert. Nur: 13,50 Euro kann sich allein eine Zielgruppe leisten, die sich sicher nicht mit einfacher Bauweise zufriedengibt.

Die Folge ist, dass auf diesen teuren Grundstücken noch einmal besonders teuer gebaut werden muss, um die zahlungskräftige Klientel überhaupt zu erreichen. Die Miete steigt weiter, der Mietmarkt wird weiter polarisiert.

In der Diskussion, dem Boom bei Immobilienpreisen und Mieten zu begegnen, befindet sich ein ganzer Strauß an Vorschlägen: Ausbau des Sozialwohnungsbestands, Lockerung von Bauvorschriften, Ausweisen von verbilligtem kommunalem Bauland, Reduzierung der in der Vergangenheit teils stark gestiegenen Grunderwerbsteuer und vieles mehr. Manches davon ist richtig und zielführend. Wir wollen uns auf zwei andere Aspekte konzentrieren, die in der Debatte oftmals nicht an erster Stelle stehen.

Anstrengungsloser als durch steigende Werte von Grund- und Immobilienbesitz kann man kaum zu Vermögen gelangen. Und in manchen Regionen sind die Wachstumsraten mit mehreren hundert Prozent in der Tat exorbitant. Sollte der Staat diese Zuwächse durch eine Steuer abschöpfen und damit der Gesellschaft als Ganzes zukommen lassen? Was wäre gerecht, was würde den Immobilienmarkt entlasten?

Zunächst: Was die Politik jetzt macht, hilft auf keinen Fall. 2019 rang die Koalition in Berlin untereinander und mit den Ländern um eine Reform der Grundsteuer. Als Reaktion auf die Lage am Immobilienmarkt? Nein, allein weil das Bundesverfassungsgericht ihr eine Reform ins Pflichtenheft geschrieben hat und anderenfalls der Wegfall der Grundsteuer drohte.

Kann man Politik noch mehr an den Bedürfnissen des Landes vorbei betreiben? Nach der aktuellen Reform der Grundsteuer werden Grundstücke und Immobilien künftig anders – nämlich verfassungskonform – bewertet und damit besteuert. Mehreinnahmen für den Staat: keine. Verteilungswirkungen: keine. Zusätzliche Häuser und Wohnungen: keine.

Eine vertane Chance, denn es gibt ein Modell der Besteuerung von Grund und Boden, das wohnungsbaupolitisch wie verteilungspolitisch sinnvoll ist und damit unsere Ziele wirksam unterstützt: die Bodenwertsteuer. Dabei wird allein der Wert des Grundstücks, nicht der des Hauses besteuert.

Die Zuwächse der Grundstückspreise, Ökonomen sprechen von Bodenrente, entstehen ja zum überwiegenden Teil durch Investitionen der öffentlichen Hand in gute Infrastruktur sowie die privater Unternehmen in den Wirtschaftsstandort. Einen Teil der so entstandenen Wertzuwächse über Steuern der Allgemeinheit zurückzugeben, kann niemand ernsthaft als ungerecht betrachten. Die Bodenwertsteuer ist somit ein sehr wirksames Instrument, um die Vermögensspreizung in Deutschland zu reduzieren.

Aber sie wird auch zur Linderung der Wohnungsnot beitragen. Wenn nur der Grund und nicht das Haus besteuert wird, ist es für den Eigentümer teuer, eine bebaubare Fläche nicht zu nutzen und auf weiter steigende Bodenpreise zu spekulieren. Unbebaute Grundstücke werden gegenüber bebauten relativ stärker besteuert. Grundstücksspekulationen kosten, Investitionen in Bebauung, Erweiterung und Modernisierung aber werden belohnt.

Vorschlag 9:
Die neue Grundsteuer muss eine Bodenwertsteuer sein

Einer Nebenwirkung für die Bestandsbevölkerung muss man sich jedoch auch bewusst sein. Zwar reduziert sich auch für sie der Preisdruck; eine höhere Bebauungsdichte und weniger Freiflächen aber bedeuten in der Regel eine Minderung der Wohnqualität. Auch städtebaulich stößt das Konzept der Nachverdichtung irgendwann an seine Grenzen, wenn eine Stadt insgesamt lebenswert bleiben soll.

Demgegenüber gibt noch einen schönen Nebeneffekt der Bodenwertsteuer, nämlich eine erhebliche Verwaltungsvereinfachung. Bodenrichtwerte liegen flächendeckend und jeweils aktuell vor. Die Bemessung der Steuer wäre sehr einfach.

Was nicht so einfach wäre: Die Politik müsste großen Mut aufbringen, viele Immobilienbesitzer deutlich stärker zu belasten. Ist ein wirksamer Beitrag zur Linderung der regionalen Wohnungsnot und ein klares Zeichen für den sozialen Zusammenhalt diesen Mut nicht wert?

Wie bei anderen Vermögenswerten hält unser Einkommensteuerrecht auch beim Verkauf eines Grundstücks oder eines Hauses noch ein besonderes Bonbon bereit. Wer seine Immobilie mindestens zehn Jahre lang besessen hat, für den ist beim Verkauf der Gewinn steuerfrei. Bei moderaten Preisentwicklungen in früheren Jahrzehnten ist dies nicht ins Gewicht gefallen, in der heutigen Lage wirkt diese Steuerfreiheit geradezu obszön.

Vorschlag 10:
Veräußerungsgewinne von Grundstücken und Immobilien müssen der Einkommensteuer unterliegen

Wir rufen uns in Erinnerung: Die Ursachen für die Preissteigerungen liegen in den Anstrengungen der Allgemeinheit, mindestens einen Teil davon sollte sie beim Verkauf davon zurückerhalten.

Wir haben die Binnenwanderung in die Metropolen als einen wichtigen Grund für die gestiegene Nachfrage und die damit gestiegenen Mieten und Immobilienpreise ausgemacht. Die Attraktivität dieser Metropolen ist die eine, die erfreuliche Seite der Medaille.

Dem gegenüber steht jedoch, dass viele Menschen die Region, aus der sie zuwandern, nicht attraktiv finden und ihr bewusst den Rücken kehren. Meist geht es hier weniger um touristische Aspekte, die schöne Landschaft oder die gute Luft als um die wirtschaftlichen Perspektiven: gute Ausbildung, gute Beschäftigungschancen, gute Löhne.

Hier schließt sich der Kreis zur flächendeckend guten Bildung und zur Infrastruktur. Will man der Wohnungsnot in den Zentren an der Ursache begegnen, muss die Politik einen Schwerpunkt darauf legen, das Leben in der Peripherie attraktiver zu machen. Dazu gehören selbstverständlich auch sehr gute Verkehrsanbindungen zwischen der Metropole und der Peripherie.

Vorschlag 11: Wohnungsmarktpolitik in den Städten muss mit Regionalpolitik auf dem Land beginnen

Das ist nicht einfach, und es gibt kein Patentrezept. Eine erfolgreiche Politik zur Stärkung der Regionen hat neben der Entlastung der Zentren noch zwei positive Effekte, die dem gesellschaftlichen Zusammenhalt in unserem Land förderlich sein werden.

Erstens: Wer aus rein wirtschaftlichen Gründen in die Stadt zieht, sein Leben aber eigentlich lieber in seiner ländlichen Heimat verbringen möchte, dem eröffnen gute Beschäftigungschancen daheim vielleicht erst die angestrebten Lebensperspektiven.[17]

Zweitens: Das Aussterben der Provinz, das Darben der Dörfer lässt Menschen nicht nur gefühlt, sondern ganz im Wortsinne zurück und

17 Diesen Effekt finden wir in keiner Statistik, im Gegenteil. Die besser bezahlte Tätigkeit in der Stadt wird eine höhere Wertschöpfung und höheren Wohlstand ausweisen. Das bessere Leben hat man manchmal eben mit der schlechteren Statistik.

hängt sie ab von der Entwicklung im Land insgesamt. Sozialer Zusammenhalt kann hier gar nicht gedeihen. Die Stärkung dieser Regionen ist die einzige Möglichkeit, sie nicht vollständig im wirtschaftlichen, gesellschaftlichen und letztlich auch politischen Sinne zu verlieren.

Alle Vorschläge zur Lösung des Problems der rasant gestiegenen und nunmehr hohen Mieten und Immobilienpreise in vielen Regionen Deutschlands sowie der damit einhergehenden finanziellen Belastung, die viele Menschen zu überfordern droht, werden die Schwierigkeiten nicht vollständig beheben. Das gilt sowohl für unsere eigenen als auch für die nur knapp erwähnten Vorschläge aus anderen Federn.

Insbesondere gilt: Nur bauen, bauen, bauen wird nicht reichen. Ebenso wichtig ist eine Steuerpolitik, die steuert, und eine Regionalpolitik, die die Benachteiligung des ländlichen Raums gegenüber den Städten reduziert. Auch müssen wir uns über eines im Klaren sein: Solange die Nullzinspolitik der Europäischen Zentralbank anhält, solange viele Anlageklassen eine gesicherte Nullrendite erbringen, wird sich weiter viel Kapital auf den Immobilienmärkten tummeln.

Das sind schlechte Rahmenbedingungen für sinkende Preise. Selbst die beste Wohnungsbaupolitik, die beste Steuerpolitik und die beste Regionalpolitik werden nicht vermögen, kurzfristig für alle Menschen erschwinglichen Wohnraum zu gewährleisten.

Dort, wo die Belastungen besonders hoch sind, müssen die Haushalte direkt unterstützt werden. Für diese sogenannte Subjektförderung gibt es bereits ein hervorragendes Instrument: das Wohngeld. Mit dieser Sozialleistung, in Deutschland bereits 1965 eingeführt, werden Haushalte unterstützt, die keine Grundsicherung beziehen, aber ein so niedriges eigenes Einkommen erzielen, dass die Aufwendungen für das Wohnen eine besonders große Belastung für sie darstellen.

Während der Grundgedanke gut ist, bildet das Wohngeld heute die regionalen Unterschiede in den Mietbelastungen bei Weitem nicht mehr hinreichend ab. In den Ballungszentren ist es heute schlicht zu niedrig, um die beabsichtigte Entlastung zu leisten. Auch wird es nur in einem relativ engen Einkommensbereich oberhalb der Grundsicherung gewährt. Das reicht in den Metropolen häufig nicht.

Vorschlag 12: Reform des Wohngelds mit echter regionaler Differenzierung und Ausweitung in mittlere Einkommensgruppen

Das Wohngeld muss in Köln so viel Entlastung schaffen wie in Buxtehude. Deshalb muss es in Köln deutlich höher sein. Die gegenwärtige regionale Staffelung muss deutlich ausgeweitet und stärker differenziert werden. Und es sollte auf Haushalte mit mittlerem Einkommen ausgeweitet werden.

Heute wird das Wohngeld mit steigendem eigenem Einkommen relativ schnell abgeschmolzen. Das wirkt wie eine zusätzliche Steuer. Selbst mehr zu verdienen lohnt sich gar nicht so sehr, weil gleichzeitig das Wohngeld weniger wird. Lässt man nun das Wohngeld über einen weiteren Einkommensbereich auslaufen, reduziert sich diese steuerähnliche Belastung. Es ist attraktiver, sein eigenes Einkommen stärker zu steigern, und man wird bis in mittlere Einkommen hinein unterstützt, seine Miete leisten zu können.

Eine Steuerpolitik für die Mittelschicht

Bund, Länder und Gemeinden haben im Jahr 2018 ausweislich der Daten des Statistischen Bundesamtes zusammen 776.262.785.000 Euro Steuern eingenommen, fast 800 Milliarden Euro also. Diese Summe wirkt gigantisch, zumal das Steueraufkommen seit dem krisenbedingten Tiefpunkt im Jahr 2009 um fast 50 Prozent angestiegen ist.

Man muss diese gigantische Zahl jedoch in den Kontext setzen, um einordnen zu können, ob der Staat in den letzten Jahren tatsächlich über Gebühr die Hand aufgehalten hat. Schließlich ist ja auch die Wirtschaftsleistung gewachsen.

Ein guter Indikator dafür ist die Steuerquote. Sie setzt das Steueraufkommen in Relation zum nominalen Bruttoinlandsprodukt.[18] Eine optimale Steuerquote gibt es nicht. Auch kann man nicht sagen, dass ein reiches Land eher eine niedrige Steuerquote haben sollte als ein armes Land oder umgekehrt.

Wie hoch die Steuerquote sein sollte, hängt davon ab, welche Aufgaben sich der Staat – demokratisch legitimiert – gibt. Ein Staat, der sich entscheidet, viel Einkommen umzuverteilen, hat ebenso eine tendenziell hohe Steuerquote wie ein Staat, der viel investiert oder viele öffentliche Beschäftigte hat. Gleiches gilt umgekehrt. Senken kann die Politik die Steuerquote, indem sie mehr Kredite aufnimmt und einen Teil der Ausgaben daraus finanziert – das funktioniert aber meist nur eine Zeit lang.

Wie wir bereits in Kapitel 4 gesehen haben, ist die Steuerquote in Deutschland in den vergangenen Jahren kräftig gestiegen. Zur Erinnerung: Im Jahr 2007 lag sie noch bei 21,4 Prozent, bis 2018 ist sie auf 22,9 Prozent angestiegen. Ein Anstieg um 1,5 Prozentpunkte klingt zunächst nicht dramatisch, bedeutet jedoch, dass der Staat heute allein durch die gestiegene Steuerquote über 50 Milliarden Euro mehr einnimmt als bei damals konstanter Steuerbelastung.

Vorschlag 13: Absenkung der Steuerquote auf das Niveau von 2009, 50 Milliarden Euro zurück an Unternehmen und Haushalte

Hat der Souverän, also der Wähler, dem Staat explizit den Auftrag erteilt, die Steuern zu erhöhen? Er kann sich jedenfalls nicht daran erinnern. Vielmehr ist es doch so, dass die Politik die sprudelnden Steuereinnahmen, die sich bei unveränderter Rechtslage ganz auto-

18 Finanzwissenschaftler rechnen immer nominal, also in Werten einschließlich der Inflation.

matisch ergeben haben, gern genommen hat, um zusätzliche Ausgaben zu finanzieren. Das muss rückgängig gemacht werden.

Und dafür gibt es auch einen guten Ansatzpunkt. Ein großer Teil der Zusatzbelastung entfällt nämlich auf den großen Block Lohn- und Einkommensteuer, der einen progressiven Tarifverlauf aufweist. Das Aufkommen ist hier besonders stark gestiegen. Deshalb muss auch hier besonders stark entlastet werden. Steuern mit linearen Tarifen wie die Umsatzsteuer, die Körperschaftsteuer oder die Gewerbesteuer haben in ihrem Aufkommen weniger kräftig zugelegt und sich stärker entlang der allgemeinen Wirtschaftsdynamik entwickelt.[19]

Das Problem: Mit allgemein steigenden Löhnen – nominal und real – wurden die Einkommensgrenzen, ab denen ein höherer Steuersatz gilt, kaum angehoben. Seit 2009 liegt der Eingangssteuersatz bei 14 Prozent, seit 2005 der Spitzensteuersatz bei 42 Prozent. Die seit 2007 existierende sogenannte Reichensteuer mit einem Grenzsteuersatz von 45 Prozent betrifft wirklich nur wenige Menschen und ist vor allem Symbolpolitik ohne große praktische Bedeutung. Zur Lohn- und Einkommensteuer hinzu kommt noch immer die Belastung durch den Solidaritätszuschlag und gegebenenfalls durch die Kirchensteuer. Im Jahr 2019 bezahlte ein Alleinstehender den Spitzensteuersatz von 42 Prozent ab einem zu versteuernden Einkommen von knapp 56.000 Euro. In den letzten zehn Jahren ist diese Grenze um weniger als 6 Prozent angehoben worden.

Nehmen wir an, Sie würden ein Einkommen in dieser Größenordnung erzielen: Fühlen Sie sich als Spitzenverdiener? Nein? Sie sind es auch nicht. Sie verdienen damit in etwa das Doppelte des Durchschnittseinkommens. Das ist nicht schlecht, aber sicher auch nicht spitze.

Die Relation von Einkommensgrenze des Spitzensteuersatzes und Durchschnittseinkommen ist in den vergangenen Jahren schlei-

19 Für die Körperschaftsteuer und die Gewerbesteuer gilt das in Bezug auf das Basisjahr 2007. Nimmt man 2009 als Basis, als sich die Aufkommen vor allem der Körperschaftsteuer auf sehr niedrigem Niveau befanden, sind die Zuwächse dynamischer.

chend zurückgegangen. Im Vergleich zum Durchschnitt müssen Sie immer weniger verdienen, um schon den Spitzensteuersatz bezahlen zu dürfen. Und die gegenwärtigen Perspektiven der Steuerpolitik lassen nicht erwarten, dass bald Pläne für eine Umkehr dieses Trends aus der Schublade gezogen würden.

Vorschlag 14: Festschreibung der Einkommensgrenze für den Spitzensteuersatz bei mindestens dem Zweieinhalbfachen des Durchschnittseinkommens

Dieser Vorschlag ist explizit ein Vorschlag für die Mittelschicht, deren Steuerbelastung heute schon hoch ist. Wer gut, aber eben nicht top verdient, muss ein klares Zeichen aus der Politik erhalten, dass er gemäß seiner Leistungsfähigkeit und seiner Position in der Gesellschaft besteuert wird – aber eben nicht darüber hinaus. Das wird die Akzeptanz der Einkommensteuer bei vielen Menschen stärken, auch bei jenen, die heute noch geringere Einkommen erzielen, aber den Ehrgeiz haben, in ihrem Berufsleben weiter aufzusteigen. Es muss klar sein: Nur wer wirklich top verdient, wird auch top besteuert.

Dieser Vorschlag bedeutet auch, dass wir einen Tarif »auf Rädern« benötigen. Die Einkommensgrenzen, an denen man eine neue Progressionsstufe erreicht, verschieben sich demnach jährlich mit dem Durchschnittseinkommen. Im Vergleich zur Gesellschaft wird nur derjenige leistungsfähiger, dessen Einkommen stärker steigt als das des Durchschnitts. Nur derjenige sollte im Zeitverlauf auch eine höhere Steuerlast tragen.

Hier liegt ein deutlicher Unterschied zu Vorschlägen, die Einkommensgrenzen für die Progressionsstufen nur in Höhe der Inflation anzupassen, um die »kalte Progression« zu vermeiden. Dabei wird nämlich jeder, der real leistungsfähiger wird, nach und nach höher besteuert. Bei einer solchen Denkweise müssten die reichsten Nationen der Welt ihren Bürgern die höchste Steuerbelastung auferlegen. Tun sie aber nicht.

Es gibt noch einen weiteren Grund, warum die Belastung mit Einkommensteuer dringend und grundsätzlich überdacht werden sollte. »Besser 25 Prozent von X als 42 Prozent von nix.« Mit diesem prägnanten Satz begründete einst der damalige Bundesfinanzminister Peer Steinbrück die umstrittene Einführung der Abgeltungsteuer im Jahr 2009.

Das Konzept: Direkt an der Quelle, zum Beispiel über die Bank, werden Kapitalerträge wie Zinsen, Dividenden oder Veräußerungsgewinne pauschal mit 25 Prozent versteuert. Der Steuersatz liegt niedriger als der individuelle Satz vieler Steuerpflichtiger. Ist es anders herum, wird auch nur der individuelle Steuersatz angesetzt. Die 25 Prozent stellen also faktisch eine Höchstgrenze dar. Den Steuern auf Kapitalerträge auszuweichen, die in Deutschland anfallen, ist seitdem deutlich schwieriger.

Die damalige Bundesregierung hat gar nicht erst den Versuch unternommen, eine niedrigere Besteuerung von Kapitalerträgen als gerecht darzustellen.[20] Gerecht erschien aber, diese Erträge anders als früher überhaupt verlässlich der Besteuerung zuzuführen. Der niedrige Steuersatz von 25 Prozent sollte Anleger nicht aus Deutschland vertreiben. Das Bonmot vom Kapital als »scheues Reh«, das nicht durch zu hohe Steuerbelastungen vertrieben werden dürfe, musste wieder einmal herhalten.

Zehn Jahre später hat sich die Welt auch in dieser Hinsicht geändert. Befeuert durch den Ankauf von Steuer-CDs durch deutsche Finanzbehörden, die Androhung, die Kavallerie ausreiten zu lassen, die Panama Papers – um nur die bekannten Beispiele aus Deutschland zu nennen – und viele andere Entwicklungen weltweit ist es heute ungleich schwieriger, ausländische Kapitalerträge vor dem Fiskus zu verbergen. Unmöglich ist es natürlich nicht.

20 Um Missverständnisse auszuschließen: Es geht hier nur um die niedrigere Besteuerung der oben genannten privaten Kapitalerträge im Vergleich zur Situation vor 2009. Die Gesamtbelastung von Kapitalerträgen, auf die ja schon in der Unternehmenssphäre zugegriffen wird, ist deutlich höher.

Geändert hat sich in den zurückliegenden Jahren auch, dass die knappe Ressource in unserer Volkswirtschaft zunehmend die Arbeit ist. Über den Fachkräftemangel haben wir in Kapitel 4 gesprochen. Er wird sich künftig noch weiter verschärfen. Ist dann die Besteuerung von knappen und zunehmend international mobilen Arbeitskräften in einer Höhe, die als Grenzbelastung sehr schnell 42 Prozent erreicht, noch richtig? Können wir damit ausländische Arbeitskräfte attrahieren und heimische im Land halten? Zweifel sind angebracht.

Vorschlag 15: Auch bei der Besteuerung der Arbeitseinkommen müssen wir uns dem internationalen Wettbewerb stellen

Steuersätze und Einkommensgrenzen in der Einkommensteuer gehören grundlegend auf den Prüfstand. Im Ergebnis muss nicht jeder Einzelne künftig niedriger besteuert werden. Aber die Frage, welche Einkommensgruppen und Einkommensarten heute und in Zukunft wie stark belastet werden, ist eine zentrale Frage der gesellschaftlichen Balance.

Die kleineren Anpassungen im Steuertarif der letzten Jahre waren ausschließlich technisch und fiskalisch motiviert. Sie müssen wieder auf eine solide und ausgewogene konzeptionelle Grundlage gestellt werden. Und wir müssen das Instrument der Steuerpolitik auch dazu nutzen, um zumindest einen kleinen Beitrag dazu zu leisten, dass Deutschland für die dringend benötigten Fachkräfte attraktiver wird.

Wie eingangs erwähnt, ist Einkommensteuerpolitik Politik für die Mittelschicht. Die unteren 30 Prozent der Haushalte in der Einkommensverteilung zahlen (fast) keine Einkommensteuer. Sie wird man mit Reformen auf diesem Feld nicht erreichen können.

Politik für Wachstum und gesellschaftlichen Zusammenhalt ist aber nicht nur Politik für die wirtschaftlich besonders Schwachen, sondern vor allem auch für die viel beschworene »Mitte«. Ihr sollte die Politik mit den richtigen Maßnahmen deutlich machen, dass der

Staat sie als Leistungsträger in Anspruch nimmt, sich aber darüber im Klaren ist, dass er sie nicht über die Maße belasten darf.

Erbschaftsteuer zur Verbesserung der Chancengerechtigkeit

Mit unserer progressiven Einkommensteuer gelingt es uns grundsätzlich gut, die Steuerlast auf Arbeitseinkommen vor allem auf die wirtschaftlich starken Schultern zu legen. Eine etwas zu hohe Last liegt auf den nicht ganz so starken Schultern, wie wir gesehen haben.

Auch die Abgeltungsteuer unterzieht mittlerweile sehr wirksam die Einkommen, die aus Kapitalbesitz erzielt werden, der Besteuerung. Gleichwohl gelingt es manchen, hoffentlich glücklichen Menschen, über die Zeit oder über Generationen ein kleineres oder größeres Vermögen anzusammeln.

Hat der Reiche, auch wenn er sein Vermögen bereits einmal ordnungsgemäß versteuert hat, die Pflicht, einen Teil seines Reichtums an die Gesellschaft abzugeben? Kann man so die Schere zwischen Arm und Reich, die sich ja in Bezug auf die Vermögen in den letzten Jahren tatsächlich immer weiter geöffnet hat, ein wenig schließen? Wäre das dem sozialen Zusammenhalt in unserem Land förderlich?

Es spricht manches dafür, Reichtum stärker oder überhaupt zu besteuern. Gerade die immensen Wertsteigerungen der letzten Jahre bei Grund und Boden haben nur für einen Teil der Bevölkerung dafür umso höhere Werte geschaffen. Die davon ausgehende Spreizung der Vermögensverteilung würde auch von einer Bodenwertsteuer nur zu einem moderaten Teil beeinträchtigt.

Etwas mehr wäre von der Besteuerung von Veräußerungsgewinnen zu erwarten. Neben der erhofften Wirkung auf die Vermögensverteilung haben die Befürworter einen weiteren starken Unterstützer für ihre Position: das Grundgesetz. Artikel 14 Absatz 2 lautet: Eigentum verpflichtet. Sein Gebrauch soll zugleich dem Wohle der

Allgemeinheit dienen. Weiter hinten in Artikel 106 GG ist die Vermögensteuer sogar explizit als mögliche Steuerart erwähnt. Aus diesem Verfassungsgebot kann man in der Tat ableiten, Teile privater Vermögen über eine Steuer für die Gesellschaft nutzbar zu machen.

Dem Staat stehen im Wesentlichen zwei Instrumente zur Verfügung, um Vermögen »abzuschöpfen«. Das ist zum einen die Vermögensteuer, zum anderen die Erbschaftsteuer. Um es vorab zu sagen: Der Staat sollte die Erbschaftsteuer weiter erheben, aber auf ein ganz neues und breites Fundament stellen. Von der Wiedereinführung der Vermögensteuer aber sollte er die Finger lassen. Warum?

Falls Sie über größere Vermögen verfügen, sich aber nicht entsinnen können, jemals Vermögensteuer bezahlt zu haben, seien Sie erinnert: In Deutschland gibt es nach wie vor ein Vermögensteuergesetz. Nur ist die Erhebung der Steuer seit dem Jahr 1997 ausgesetzt.

Vorangegangen war im Jahr 1995 ein Urteil des Bundesverfassungsgerichtes. Darin wurde nicht – manche Legenden überleben die Jahrzehnte – die Vermögensteuer selbst als verfassungswidrig eingestuft, sondern allein die damalige Erhebungsmethode.[21]

Gleichwohl hat die damalige Bundesregierung unter Bundeskanzler Helmut Kohl davon Abstand genommen, Vermögen weiterhin zu besteuern. Seit dieser Zeit hat die Diskussion darüber, die Vermögensteuer wieder einzuführen – besser: wieder zu erheben – mal mehr, mal weniger Konjunktur.

Warum sollte der Staat darauf verzichten, zu einer Regelung wie vor 1997 zurückzukehren? Das erste Argument mag erstaunen: Eine Vermögensteuer ist ungerecht. Sie ist deshalb ungerecht, da bereits einmal ordnungsgemäß versteuertes Einkommen – das unterstellen

21 Beinahe nebenbei »erfand« dabei der damalige Verfassungsrichter Paul Kirchhof, der später als »Professor aus Heidelberg« in der breiteren Öffentlichkeit Bekanntheit erlangen sollte, den sogenannten Halbteilungsgrundsatz. Demnach dürfe der Staat nicht mehr als die Hälfte eines Einkommens oder Vermögens als Steuer wegnehmen. Diesen Halbteilungsgrundsatz hat das Bundesverfassungsgericht allerdings bereits 2006 kassiert. Eine Besteuerung auch jenseits von 50 Prozent ist ausdrücklich möglich.

wir – noch einmal der Steuer unterzogen würde. Das ist eine echte Doppelbesteuerung.

Die Vermögensteuer ist eine zweite, mit zeitlicher Verzögerung erhobene Einkommensteuer. Warum erhöhen wir dann nicht den Spitzensteuersatz für besonders hohe Einkommen? Die Vermögensteuer ist zudem ungerecht, da sie denjenigen bestraft, der sein Geld zusammenhält, klug investiert und so nochmals mehrt oder schlicht sparsam ist. Wer sein Geld verprasst, könnte hingegen auf hoffentlich vergnügliche Art der Vermögensteuer entgehen.[22]

Zudem ist der Erhebungsaufwand extrem hoch. Die Höhe der Vermögen müsste jedes Jahr aktuell erhoben werden. Diesen Aufwand kann die Finanzverwaltung besser einsetzen.

Hinsichtlich der durch den Immobilienboom so stark gestiegenen Vermögen müssen wir uns schließlich fragen: Hat sich die Vermögensposition dieser Haushalte wirklich so dramatisch verbessert? Bei vermieteten Immobilien ist die Sache klar, sie können jederzeit zu einem deutlich höheren Preis verkauft werden, als sie (wenige) Jahre zuvor erworben wurden. Hier liegt ein echter Vermögenszuwachs vor.

Anders liegt die Sache bei selbst genutztem Wohneigentum. Wenn das Reihenendhaus, das man vor zehn Jahren für 300.000 Euro erworben hat, heute 1 Million Euro wert ist, ist das ein schöner Buchgewinn. Nur bleibt es ein und dasselbe Reihenendhaus. Wenn der Eigentümer nun verkauft, muss er ja weiterhin irgendwo wohnen. Bei dieser Marktsituation wird er für einen gleichwertigen Wohnraum wieder 1 Million Euro ausgeben müssen. Im Grunde haben wir es hier mit nichts anderem als Inflation zu tun. Diese zu besteuern ist schwierig zu begründen. Realer Vermögenszuwachs sieht anders aus.

Völlig anders als hinsichtlich der Vermögensteuer fällt die Einschätzung in Bezug auf die Erbschaftsteuer (analog der Schenkungsteuer) aus. Vordergründig ähneln sich beide Steuerarten sehr stark.

---

22 George Best, einer der besten Spieler der nordirischen Fußballgeschichte, 2005 viel zu früh in London verstorben, wäre wohl niemals in die Verlegenheit geraten, Vermögensteuer bezahlen zu müssen.

Der Unterschied liegt vermeintlich nur darin, dass Vermögen in dem einen Fall zu Lebzeiten, in dem anderen Fall nach dem Tod besteuert wird. Tatsächlich jedoch sind die Unterschiede fundamental, und keiner der gegen die Vermögensteuer vorgebrachten Einwände genießt Gültigkeit gegen die Erbschaftsteuer.

Die Erbschaftsteuer, deren Geschichte im Deutschen Reich bis zum Jahr 1906 zurückreicht, ist eine gerechte Steuer und sollte weiter ausgebaut werden. Sie ist das Instrument der Wahl, um der Vermögensspreizung in Deutschland entgegenzuwirken.

Die heutige Ausgestaltung hingegen ist ein zahnloser Tiger. Vererbte Betriebsvermögen werden ganz oder zu großen Teilen verschont, für Privatpersonen sind hohe Freibeträge von bis zu 500.000 Euro für den Ehe- oder Lebenspartner vorgesehen. Die Politik fürchtet, Betriebe, die in die nächste Generation übergehen, durch eine hohe Besteuerung in ihrer Existenz zu gefährden und damit für die Volkswirtschaft Wohlstand und Arbeitsplätze aufs Spiel zu setzen.

Diese Befürchtungen sind gerechtfertigt, das dazu gewählte Instrument der Verschonung von Betriebsvermögen jedoch nicht. Hinsichtlich der Freibeträge für private Erbschaften dürften die Interessen einer Wählerklientel bestimmend sein.

Erbschaftsteuer stellt keine Doppelbesteuerung dar. Denn besteuert werden in unserem Steuersystem letztlich nicht Einkommen oder Vermögen, sondern stets Individuen, also Menschen (teils mittelbar über Unternehmen). Nur Menschen können eine Steuerlast tragen.

Im Falle der Erbschaftsteuer wird aber niemand zweimal besteuert. Wer darin eine Doppelbesteuerung sieht, unterliegt der Vorstellung, unser Steuersystem kenne die Besteuerung von Dynastien. Dem ist aber nicht so.

Während wir bei der Vermögensteuer von einer zeitverzögerten Einkommensteuer sprechen können, ist dies bei der Erbschaftsteuer nicht der Fall. Deshalb gibt es auch keine negativen Anreize darauf, durch Arbeit oder sonstige Anstrengungen sein Einkommen zu erhöhen und sein Vermögen zu mehren. Man muss schon von einer ausgeprägten dynastischen Motivation beherrscht sein, um sein wirtschaftliches Verhalten zu Lebzeiten von einer späteren Erbschaftsteuer abhängig zu machen.

Und was ist mit der Fortführung von vererbten Betrieben? Heute bezahlen viele Erben von Betriebsvermögen gar keine Erbschaftsteuer. Wenn man jedoch zahlen muss, sind die Steuersätze zum Teil sehr hoch. Sie reichen im Extremfall bis zu 50 Prozent. Hohe Sätze und schmale Bemessungsgrundlagen sind das Gegenteil dessen, was der Finanzwissenschaftler empfehlen würde. Für Freibeträge gibt es zudem auch keine steuersystematische Begründung, wie dies beim Grundfreibetrag in der Einkommensteuer der Fall ist, durch den die Deckung des zum Leben notwendigen Grundbedarfs von der Steuer freigestellt ist.

Vorschlag 16: Steuer auf alle Erbschaften ohne Freibeträge mit einem moderaten Steuersatz von 5 bis maximal 10 Prozent

Eine allgemeine Steuer auf alle Erbschaften folgt keiner sozialistischen Umverteilungsideologie, sondern ist im Gegenteil ein zutiefst liberaler Ansatz. Denn der Liberalismus postuliert ja gerade, dass ein jeder sein Glück selbst suchen kann, aber auch selbst suchen muss. Eine allgemeine Erbschaftsteuer beschränkt nicht nur die auseinanderdriftende Vermögensverteilung, sie gleicht auch die Startchancen innerhalb einer jeden neuen Generation an. Sie bringt die Gesellschaft wieder näher zusammen und ist zudem für das Wachstum völlig unschädlich.

Denkt man eine Erbschaftsteuer mit dieser Argumentation konsequent zu Ende, so müsste man für einen konfiskatorischen Steuersatz von 100 Prozent plädieren. Tatsächlich ist die Möglichkeit der nachfolgenden Generation, einen elterlichen Betrieb fortzuführen, aber ein hohes Gut. Dieser Aspekt spricht klar gegen einen zu hohen Steuersatz, durch den Betriebe in ihrer Existenz gefährdet werden.

Eine Besteuerung von 5 Prozent des Unternehmenswertes oder etwas darüber kann aber jeder gesunde Betrieb schultern – ob aus Eigenkapital oder durch Aufnahme zusätzlichen Fremdkapitals in begrenzter Höhe. Auch können Stundungen der Steuerzahlungen Teil eines solchen Modells sein.

Ein Unternehmen, das durch eine solche Steuerbelastung in seiner Existenz gefährdet wird, wird auch beim nächsten konjunkturellen Abschwung, einer allzu kräftigen Lohnerhöhung oder einer unplanmäßigen großen Abschreibung in ernste Schieflage geraten. Ein solches Unternehmen könnte sich ohnehin nicht dauerhaft am Markt halten. Man könnte auch sagen: hätte dauerhaft nichts am Markt zu suchen.

Das vorgeschlagene Modell zur Erbschaftsteuer ist auch fiskalisch interessant. Im Jahr 2018 wurden Erbschaften und Schenkungen in Höhe von 85 Milliarden Euro veranlagt. Das sind nur diejenigen Übertragungen, die steuerlich relevant sind, also etwa über den genannten Freibeträgen liegen. Die darauf gezahlten Steuern beliefen sich auf 6,7 Milliarden Euro.

Offizielle Statistiken zum gesamten Erbschaftsvolumen gibt es nicht. Schätzungen gehen aber von einer Größenordnung von 250 bis 400 Milliarden Euro aus – eine gigantische Summe. Und die Tendenz für die kommenden Jahre ist mindestens konstant. So rechnet das Institut Empirica für den Zeitraum 2015 bis 2024 mit einem gesamten Erbschaftsvolumen in Höhe von 3,1 Billiarden Euro. Das entspricht annähernd der gesamten Wirtschaftsleistung Deutschlands in einem Jahr. Richtung Ende der 2020er Jahre können wir einen weiteren Anstieg des jährlichen Erbschaftsvolumens erwarten, wenn die Nachkriegsgeneration zunehmend zu Erblassern wird.

Nimmt man diese Zahlen und legt darauf den vorgeschlagenen Steuersatz, so wird das fiskalische Potenzial der Erbschaftsteuer deutlich. Gehen wir vorsichtig von einem jährlichen Volumen in Höhe von 300 Milliarden Euro aus und belegen dies mit einem Steuersatz von 5 Prozent, so summieren sich die Steuereinnahmen auf 15 Milliarden Euro pro Jahr. Das ist zweieinhalbmal so viel wie gegenwärtig und gibt dem Staat erhebliche zusätzliche Möglichkeiten, entweder zu investieren oder die Bürger an anderer Stelle zu entlasten. Wir könnten so durch eine reformierte Erbschaftsteuer das Wachstum sogar stärken und würden dem sozialen Zusammenhalt in Deutschland einen guten Dienst erweisen.

Rentenpolitik – verlässliche soziale Absicherung ohne Geschenke

Im letzten Drittel seines Lebens in finanzielle Schwierigkeiten zu geraten, seinen Lebensabend in wirtschaftlichen Nöten verbringen zu müssen, davor fürchten sich viele Menschen. Diese Befürchtungen können dem Sozialstaat nicht gleichgültig sein. Auf der einen Seite. Auf der anderen Seite stehen diejenigen, die die Rente finanzieren.

Die Beschäftigten in unserem lohnzentrierten System dürfen ihrerseits nicht über Gebühr durch Beiträge belastet werden. Das ist ein verteilungspolitisches Gebot, das ist aber ebenso unter Wachstums- und Beschäftigungsaspekten angezeigt. Je stärker die Löhne mit Sozialbeiträgen belastet werden, desto höher sind die Kosten der Unternehmen, ihre Wettbewerbsfähigkeit leidet, Produktion und Beschäftigung geraten unter Druck.

Wir haben bereits in Kapitel 4 ausgeführt, dass unser System der Gesetzlichen Rentenversicherung mit der gegenwärtigen Rentenformel und dem schrittweisen Anstieg des gesetzlichen Renteneintrittsalters auf 67 Jahre zumindest für die kommenden zehn Jahre dem Grundsatz nach solide aufgestellt ist. Gleichwohl ist eine große Unzufriedenheit mit der gegenwärtigen Ausgestaltung zu beobachten, sowohl bei den heutigen (und baldigen) Rentnern als auch bei den Beschäftigten und Unternehmen. Dem sollte die Politik begegnen. Ein Strauß weniger Maßnahmen kann hier große Wirkung entfalten, ohne das System völlig auf den Kopf stellen zu müssen.

Zunächst zum demografischen Wandel. Man kann es drehen und wenden, wie man will, der demografische Wandel lässt sich nicht wegreformieren. Auch das haben wir bereits in Kapitel 4 erläutert. Die verträglichste und fairste Art der Verteilung der Lasten des demografischen Wandels ist eine weitere schrittweise Anhebung der Lebensarbeitszeit.

In den vergangenen Jahrzehnten hat sich der Anstieg der Lebenserwartung allein in einem Anstieg der Zeit im Rentenalter niedergeschlagen. Unsere Lebensarbeitszeit ist konstant geblieben oder hat sich durch längere Ausbildungszeiten sogar noch verkürzt. Das kann weder auf Dauer funktionieren, noch lässt sich ein gutes Argument finden, warum das fair sein sollte. Deshalb greifen wir hier den schon von anderen Autoren geäußerten Vorschlag auf:

Vorschlag 17: Koppelung des gesetzlichen Renteneintrittsalters an die Entwicklung der Lebenserwartung

Mit jedem Jahr, in dem die statistische Lebenserwartung steigt, sollte demnach das gesetzliche Renteneintrittsalter um acht Monate, also um zwei Drittel eines Jahres, angehoben werden. Diese Aufteilung folgt der Faustformel, dass ein Versicherter heute etwa vierzig Jahre lang arbeitet und zwanzig Jahre lang Rente bezieht.

Mit diesem Vorschlag steigt die Rentenbezugszeit bis zum statistisch zu erwartenden Ableben ja trotzdem an. Viele Menschen gehen heute frühzeitig, vor dem gesetzlichen Eintrittsalter, in Rente. Mancher argumentiert, man müsse erst einmal das faktische Renteneintrittsalter erhöhen, bevor man das gesetzliche anhebt. Das wird aber nicht ausreichen, da der Versicherte, der vorzeitig in Rente geht, dies heute mit Abschlägen selbst »bezahlt«, das System also kaum belastet.

Die Anhebung des gesetzlichen Renteneintrittsaltes ist der – einzige – Königsweg, um die demografische Alterung in der Rentenversicherung aufzufangen. Nur so wird es gelingen, Beitragssätze und Rentenhöhe einigermaßen in der Balance zu halten.

Dazu gibt es Spielarten, den Renteneintritt flexibler auszugestalten, dafür die Rente mit Zuschlägen oder Abschlägen zu belegen. Das ist sinnvoll in einer Arbeitswelt, in der sich mancher nicht in der Lage sieht, bis zum gesetzlichen Renteneintrittsalter (voll) erwerbstätig zu sein, manch anderer aber auch mit über siebzig Jahren noch Lust und Energie verspürt, einer bezahlten Arbeit nachzugehen.

Dabei soll keiner im hohen Alter aus finanziellen Gründen noch arbeiten müssen. Um dem vorzubeugen, bedarf es anderer Maßnahmen. Aber bei aller Flexibilität muss der Zeitpunkt, zu dem man zuschlags- und abschlagsfrei in Rente gehen kann, nach und nach mit dem Anstieg der Lebenserwartung angehoben werden.

Schon die schrittweise Anhebung des gesetzlichen Renteneintrittsalters auf siebenundsechzig Jahre ist alles andere als populär. Das Werben mancher Interessenvertreter um einen Anstieg allein des faktischen Renteneintrittsalters macht das deutlich.

Als Argument wird immer wieder vorgebracht, dass es für viele – vor allem für körperlich arbeitende – Menschen nicht möglich sei, bis zum Alter von siebenundsechzig Jahren ihre Tätigkeit aufrechtzuerhalten. Das ist die Richtung, mit diesem Argument wird trotzdem billiges Schindluder betrieben.

Besonders irreführend ist dabei das beliebte Beispiel des Dachdeckers. Wer Dächer deckt, macht das heute in der Regel bis etwa Mitte 50. Nun wird argumentiert, der Dachdecker könne ja nicht plötzlich bis zum Alter von 67 oder gar 70 Jahren aufs Dach steigen. Hat denn irgendjemand gefordert, das Renteneintrittsalter für Dachdecker um zwölf oder gar 15 Jahre zu erhöhen? Der Dachdecker – pars pro toto für viele andere körperlich fordernde Berufe – kann aber in Zukunft aufgrund verbesserter Arbeitsbedingungen und eines besseren Arbeitsschutzes sicher bis zum Alter von 57 oder 60 Jahren arbeiten. Damit würde er nicht mehr und nicht weniger als die gleiche Verlängerung der Lebensarbeitszeit mitmachen wie alle anderen auch.

Hinzu kommt, dass wir immer mehr Möglichkeiten haben, ältere Beschäftigte auch mit anderen Tätigkeiten zu betrauen, bei denen sie stärker ihre Erfahrung als ihre körperliche Arbeitskraft einsetzen können.

Vorschlag 18: Kommunikationsoffensive für die Rente mit 67+

Wenn die Politik die Menschen nicht von dem als richtig erkannten Weg überzeugen kann, die Lebensarbeitszeit zu verlängern, wird sie scheitern. Alle vernünftigen Argumente sprechen für, keines gegen eine verlängerte Lebensarbeitszeit. Es ist alle Anstrengung wert, die Menschen auf diesem Weg mitzunehmen, ihnen mit guten Argumenten die Sorgen zu nehmen und die Vorteile für die Gesellschaft klar und deutlich aufzuzeigen.

Wie man es nicht macht, zeigt sich an der »Rente mit 63«, nach der langjährig Versicherte bereits mit 63 Jahren abschlagsfrei ihre Altersrente antreten können. Das ist ein eklatantes Beispiel dafür, wie die Politik vor einer offenen Diskussion zurückschreckt und versucht, eine vermeintliche[23] Wählerklientel zu bedienen. Das Argument für diese Maßnahme fußte allein auf vordergründigen Gerechtigkeitsüberlegungen. Menschen, die früh angefangen haben zu arbeiten und eine lange Erwerbsbiografie aufweisen, sollten bessergestellt werden.[24]

Mit einer solchen Maßnahme konterkariert man den bereits richtigerweise eingeschlagenen Pfad zur Verlängerung der Lebensarbeitszeit. Gravierender als die aktuelle finanzielle Belastung durch die »Rente mit 63« ist die Botschaft, die von ihr ausgeht, nämlich, dass die Verlängerung der Lebensarbeitszeit gar nicht so wichtig sei. Die »Rente mit 63« gehört ersatzlos gestrichen.

Eine Kommunikationsoffensive in Sachen Rente muss den Menschen auch deutlich machen, dass die gesetzliche Rente – entgegen den Versprechen über viele Jahrzehnte – künftig nicht mehr die Höhe

---

23 Vermeintlich deshalb, da diejenigen, denen die Sozialdemokraten in den vergangenen Jahren etwas Gutes getan haben, in der Regel nachher trotzdem nicht die SPD gewählt haben.

24 Ist Ihnen das auch aufgefallen? In den öffentlichen Diskussionen war stets die Rede von Menschen, die »ihr Leben lang hart gearbeitet haben«. Um einen Rentenanspruch zu erwerben, ist es offenbar nicht ausreichend, einfach nur zu arbeiten, vielleicht sogar ordentlich und gewissenhaft. Nein, man muss hart arbeiten.

haben wird, um den Lebensstandard, den man während der Erwerbsphase hatte, unverändert aufrechterhalten zu können. Nicht umsonst wird politisch versucht, mit der privaten und der betrieblichen Altersvorsorge das Rentensystem auf zwei weitere Säulen zu stellen.

Dass das bislang bei vielen Menschen noch nicht so recht angekommen ist, hat sicher mit der Konstruktion und dem Vertrieb vieler Produkte zu tun. Die Riester-Rente hat mittlerweile ein Image, das nicht zum Kassenschlager taugt. Es hat aber auch damit zu tun, dass sich viele Menschen der Notwendigkeit nicht bewusst sind, für das Alter nicht nur gesetzlich, sondern auch privat und betrieblich vorzusorgen. Hier kann und muss transparente Kommunikation Bewusstsein schaffen.

Die Gesetzliche Rentenversicherung fußt auf dem Prinzip der Beitragsäquivalenz. Das bedeutet, dass die spätere monatliche Rentenzahlung im Großen und Ganzen proportional zur Summe der gezahlten Beiträge ist.

Zahlreiche Erwerbsbiografien sind aber geprägt von Unterbrechungen, Phasen der Teilzeitbeschäftigung oder niedrigen Löhnen. Diese Menschen haben wenig eingezahlt und bis zum Renteneintritt keine hohen Anwartschaften erworben. Ihnen steht dann gegebenenfalls nur ein Rentenbetrag unterhalb der Grundsicherung im Alter zu, die im Falle der Bedürftigkeit einspringen muss.

Diese Menschen haben also gearbeitet und eingezahlt, bekommen aber am Ende nicht mehr als diejenigen, die im Extremfall zeit ihres Lebens niemals erwerbstätig waren. Die Beiträge zur Rentenversicherung wirken dann wie eine Steuer: Man zahlt sie, erhält aber keine konkrete Gegenleistung. In diesen Fällen hat die Gesetzliche Rentenversicherung ein echtes Legitimitätsproblem.

Vorschlag 19: Jede Rentenanwartschaft muss sich auszahlen

Dieses Problem hat die Politik längst erkannt und versucht ihm mit einer Grundrente zu begegnen. Das Ziel lässt sich auf die Formel bringen: Wer gearbeitet hat, soll mehr bekommen als derjenige, der nicht gearbeitet hat. Alle politischen Vorschläge für eine Grundrente, die dann oberhalb der Grundsicherung liegt, kranken jedoch daran, dass sie an fixe Voraussetzungen – zum Beispiel die Anzahl der Beitragsjahre – geknüpft sind. Wer diese nicht erfüllt, fällt durch das Raster.

Besser ist es, niedrige Rentenanwartschaften analog zum Hinzuverdienst bei erwerbstätigen Hartz-IV-Empfängern zu behandeln. Ein Teil der Rente wird auf die Grundsicherung angerechnet, sodass das Gesamteinkommen des Rentners niedriger ist, als wenn die Rente einfach auf die Grundsicherung aufgeschlagen würde.

Wie hoch die Anrechnung ausfällt und wann der Grundsicherungsanteil ganz ausläuft, ist vor allem eine Frage der Finanzierbarkeit. Eines aber ist in einem solchen System gewährleistet: Jeder, der jemals Rentenbeiträge gezahlt hat, stellt sich im Alter besser als nur mit der Grundsicherung. So lässt sich das Legitimationsproblem der gesetzlichen Rentenversicherung bei niedrigen Anwartschaften lösen.

Auch der Widerspruch der anderen Konzepte zur Grundrente wird hiermit aufgehoben. Dort gilt nämlich: Wer lange Zeit wenig verdient, wird unterstützt. Wer kurze Zeit viel verdient, wird nicht unterstützt.

Nicht jeder, der eine geringe gesetzliche Rente bezieht, ist auf ergänzende Grundsicherung angewiesen. Selbstverständlich muss hier Bedürftigkeit als Voraussetzung gelten. Bei der Prüfung der Bedürftigkeit können wir Vorschlag 2 anwenden: Selbstauskunft, bei der die Behörde bei Bedarf beratend unterstützt. Keine Einkommens- und Vermögensprüfung für alle, aber gezielte Kontrollen mit scharfen Sanktionen.

Man muss unser Rentensystem nicht auf den Kopf stellen, um es zukunftsfest zu machen. Man muss es nur intelligent weiterentwickeln, an der einen Stelle ergänzen, an der anderen Stelle zurechtstutzen. Die hier unterbreiteten Vorschläge müssen dafür nicht abschließend sein. Sie tragen aber allen unseren Zielen Rechnung: Sie stärken die finanzielle Solidität und damit die Leistungsfähigkeit des Rentensystems, sie belasten die Wettbewerbsfähigkeit der Unternehmen nicht, sie halten die Balance zwischen den Interessen der Jungen und der Alten, sie erkennen die Leistungen einer Erwerbsbiografie an und sie fördern das Verständnis und die Akzeptanz für ein Rentensystem, dessen guter Zustand von überragender Bedeutung für den gesellschaftlichen Zusammenhalt in Deutschland ist.

Anpassungshärten abfedern – die Menschen für Veränderungen gewinnen

Die gewaltigen Veränderungen in der Arbeitswelt und in der Wirtschaft allgemein sind in vollem Gange. Mit den Auswirkungen der Digitalisierung und der Globalisierung umzugehen, wenn diese mit voller Wucht den eigenen Job infrage stellen, ist alles andere als einfach. Wir haben an früherer Stelle erläutert, dass Menschen sich über derartige Veränderungen nicht immer nur vorbehaltlos freuen.

Mit dem Arbeitslosengeld I und dem Arbeitslosengeld II haben wir zwei Instrumente, mit denen Menschen, die diese Veränderungen nicht schaffen, aufgefangen werden. Man kann trefflich darüber streiten, ob die Ausgestaltung dieser Instrumente zu restriktiv oder zu großzügig ausfällt, ob sie Anreize setzt oder hemmt. Eine solche Diskussion führt aber am eigentlichen Problem vorbei: Wer von einem dieser sozialen Netze aufgefangen wird, ist bereits gefallen.

Die Wirtschafts- und Sozialpolitik sollte ihr Augenmerk darauf legen, dass möglichst viele Menschen die sie umgebenden Veränderungen für ihr Leben meistern und die Notfallfunktion der Sicherungsnetze möglichst selten zum Tragen kommen muss. Es ist zwar gut zu wissen, dass man aufgefangen wird, besser ist es aber, gar nicht zu fallen.

Der Schlüssel dafür, dass eine Gesellschaft und jedes ihrer Mitglieder sich in einer Welt voller großer Veränderungen und Anpassungserfordernisse nicht nur zurechtfindet, sondern diese Veränderungen auch mit Optimismus und Freude angeht, ist die

Synthese aus den bisher in diesem Kapitel unterbreiteten Vorschlägen. Wenn die Politik den Geist und die Stoßrichtung dieser Vorschläge annimmt, sie um weitere Maßnahmen in diesem Sinne ergänzt, werden die Menschen bereit und in der Lage sein, werden sie eine gute Unterstützung erfahren, die Herausforderungen aus Digitalisierung, Globalisierung und demografischem Wandel zu meistern.

Kern des Wandels – und wir stecken bereits mittendrin – ist, dass manche Berufe und Tätigkeiten unter die Räder geraten. Das ist entweder der Fall, weil bestimmte Güter – zumindest made in Germany – nicht mehr so gefragt sein werden wie bisher. Oder aber die Produktionsprozesse verändern sich derart massiv, dass klassische Qualifikationen an Wert verlieren. In vielen Fällen werden auch beide Effekte zusammenkommen.

Das erfordert Anpassungen von den Betroffenen, und das ist auch mit Härten verbunden. Aber unsere Vorschläge bilden einen guten Rahmen, um die Menschen dafür zu gewinnen, diese Anpassungen anzunehmen und erfolgreich zu bewältigen:

- Wiedergewonnenes Vertrauen zwischen Staat und Bürger, ein partnerschaftliches Verständnis von Wirtschaft und Gesellschaft, bei dem alle an einem Strang ziehen, ist die Voraussetzung dafür, mit Optimismus an die Sache heranzugehen.
- Bildung, Bildung, Bildung. Unser Bildungssystem – das nicht mit der Schule oder Hochschule enden darf – muss jungen Menschen in fachlicher Qualifikation und Geisteshaltung das Rüstzeug dafür mitgeben, sich ein Leben lang in einer Arbeitswelt zurechtzufinden, die permanent neue Herausforderungen bereithält, und dort erfolgreich zu sein.
- Die physische Infrastruktur ist das Schmiermittel für die Wirtschaft und ein Katalysator für Flexibilität. Wie das Öl in der Maschine hat sie eine rein dienende Funktion, sie sollte im Wirtschaftsprozess gar nicht weiter auffallen. Aber sie muss funktionieren. Der Staat hat hier eine Menge Hausaufgaben auf, um

die Infrastruktur auf dieses Niveau zu heben und ihren reibungslosen Betrieb sicherzustellen.

- Mit einer konsequenten, aber intelligenten Wohnungsbaupolitik, die an den Ursachen der Probleme ansetzt, schlägt die Politik gleich mehrere Fliegen mit einer Klappe. Sie mildert Existenzängste ab und löst die Bremsklötze, die hohe Mieten und Immobilienpreise der Mobilität gegenwärtig in den Weg stellen. Sie kann die auseinandergedriftete Vermögensverteilung einhegen und im besten Fall wirksame Regionalpolitik sein, durch die Regionen in der Peripherie wieder an wirtschaftlicher Attraktivität gewinnen.
- Eine Steuerpolitik für die Mittelschicht korrigiert die schleichende Mehrbelastung der vielen mittleren Einkommen in den letzten Jahren. Sie setzt das klare Signal, dass es sich für die Mitte lohnt, ehrgeizig zu sein und sich beruflich anzustrengen, wenn sie nicht besteuert wird wie Spitzenverdiener.
- Eine Erbschaftsteuer mit breiter Bemessungsgrundlage und ohne Ausnahmen ist nicht nur Symbolpolitik, sondern sorgt wirksam für mehr Chancengerechtigkeit in der Gesellschaft. Wohlstand durch eigene Anstrengung oder eigenes Glück statt durch Gnade der reichen Geburt.
- Die Rente ist sicher. Wenn wir an den nötigen Stellschrauben drehen, kann unser Rentensystem das auch für die kommenden Jahrzehnte glaubwürdig versprechen. Finanzielle Nöte im Alter können wir wirksam abmildern, ohne einzelne Bevölkerungsgruppen oder die Unternehmen unbotmäßig zu belasten.

In diesem Rahmen kann die Politik die besten Voraussetzungen dafür schaffen, dass die Menschen gleichsam in der Lage und besten Mutes sind, sich den Anforderungen des Wandels zu stellen. Je besser das gelingt, desto weniger Menschen müssen durch unsere sozialen Netze aufgefangen werden. Ob Sie das dann Wirtschafts- oder Sozialpolitik nennen, bleibt Ihnen überlassen. Die Unterscheidung verschwimmt und ist am Ende ohne Belang.

Vorschlag 20: Politik aus einem Guss wagen – für Wirtschaft und Gesellschaft

Reicht das alles, damit es uns gut geht?

Wir haben einen Katalog von 20 Vorschlägen präsentiert, mit denen wir gleichermaßen Wachstum und Beschäftigung stützen und den gesellschaftlichen Zusammenhalt in Deutschland fördern können. Haben wir goldene Jahre vor uns, wenn die Politik nur diese Vorschläge umsetzt? Erreichen wir damit für alle Bürger im Land ein »gutes Leben« in dem zu Beginn dieses Kapitels dargestellten Sinne?

Die Antwort auf beide Fragen lautet: natürlich nicht. Auch der besten Politik wird es niemals gelingen, alle Menschen, die starken und die schwachen, die jungen und die alten, die flexiblen und die bequemeren, zu erreichen. Das Ziel muss stets sein, möglichst wenige zu verlieren, ganz zu vermeiden vermag die Politik das nicht.

Wichtiger aber: Unsere 20 Vorschläge stehen stellvertretend für weitaus mehr Maßnahmen, die die Politik heute und in den kommenden Jahren ergreifen muss. Jede Zeit benötigt ihre richtige Politik. Unsere Vorschläge stellen einen breit gefächerten Steinbruch dar, gewiss aber nicht die einzige Quelle, aus der gute Politik schöpfen sollte.

Bedeutsamer als eine einzelne Maßnahme aus unserem Katalog oder darüber hinaus ist der Geist der Instrumente, deren man sich bedient. Die Politik muss erkennen, wie eng das Wohlergehen der Wirtschaft und das der Gesellschaft zusammenhängen. Sie muss erkennen, dass allein eine Politik aus einem Guss unser Wohlergehen im Land insgesamt fördern wird.

Epilog – Deutschland im Jahr 2030

Deutschland geht es gut. Noch vor zehn Jahren befürchtete man, die lange Aufschwungphase, die der Wirtschafts- und Finanzkrise zum Ende der Nullerjahre gefolgt war, hätte im Jahr 2019 ein jähes Ende gefunden, und Deutschland befände sich wieder auf dem absteigenden Ast. Die Abgesänge auf die Zukunftsfähigkeit der deutschen Wirtschaft lagen fertig formuliert in den Schubladen der Zeitungsredaktionen, die es damals noch im ganzen Land gab.

Auch die politischen Akteure überschütteten einander zu jener Zeit gegenseitig mit Vorwürfen. Der jeweils andere habe mit seiner Politik das Land zugrunde gerichtet. Politisch, ökonomisch, gesellschaftlich.

Nicht nur die politischen Parteien in Deutschland standen im Feuer der Kritik. Auch die Europäische Zentralbank wurde für ihre beispiellose Nullzinspolitik gegeißelt, mit der sie die Sparer enteignet und die Immobilienbesitzer zu Millionären gemacht habe.

Europa insgesamt, auch die anderen Institutionen, hatte keinen guten Stand. Während die Wirtschaftszahlen lange Zeit noch gut aussahen, war die Gesellschaft zerrissen. Deutschland war auf dem besten Wege, seinen über Jahrzehnte gewachsenen Grundkonsens an gemeinsamen Werten und darüber, wie eine Gesellschaft aussehen sollte, zu verlieren. Viele sprachen zu jener Zeit bereits über eine ernsthafte Gefahr für die Demokratie insgesamt in Deutschland.

Womit auch die schärfsten Kritiker in ihrer maßlosen Übertreibung recht hatten: In Deutschland war manches aus dem Ruder gelaufen, und man war zu jener Zeit nicht gut auf die Zukunft vorbereitet. Das Land hatte weder gesehen, dass es in der langen Aufschwungphase schlicht eine große Portion Glück gehabt hatte, noch dass sich viele Menschen von diesem Aufschwung ausgegrenzt fühlten.

2020 wurde Deutschland noch einmal vom Glück ereilt. Der Abschwung des Jahres 2019 – die Industrie befand sich seit mehr als einem Jahr in der Rezession – weitete sich nicht zur Krise aus. Die größte Belastung zu jener Zeit waren die großen Handelskonflikte, in die sich mit den USA, China und Europa alle der damals bestimmenden Wirtschaftsblöcke der Welt hineinmanövriert hatten.

Zudem versuchten die Briten damals seit bereits dreieinhalb Jahren vergeblich, aus der Europäischen Union auszutreten. Sie taten sich damit so schwer, dass mögliche Nachahmer, ebenfalls ohne glühende Liebesbeziehung zur Europäischen Union, dauerhaft abgeschreckt wurden.

Aber im Laufe des Jahres 2020, nachdem zuvor die Konfrontation noch einmal auf die Spitze getrieben worden war, konnten die Handelskonflikte allmählich gelöst werden. Alle Beteiligten sahen, auf welchen Abgrund sie zuritten, und begannen, Kompromisse zu suchen – mehr aus Angst denn aus Vernunft. Auch die Briten schafften es irgendwann, tatsächlich die Europäische Union zu verlassen und damit die Unsicherheit auf der Insel und auf dem Kontinent zu beenden.

Damit waren die größten Belastungen von der Weltwirtschaft genommen. Der weltweite Handel nahm wieder spürbar zu, die deutschen Exporteure profitierten besonders davon, und mit der weichenden Unsicherheit wurde auch wieder mehr investiert. Der Abschwung blieb ein Abschwung und wurde nicht zur Krise.

Damit war keineswegs alles gut, aber die deutsche Politik hatte die Möglichkeit geschenkt bekommen, Anfang der 2020er Jahre in einem wieder stabilen wirtschaftlichen Umfeld die großen Baustellen für die Zukunft anzugehen. Nach weiteren Erfolgen politischer Parteien an den Rändern hatte die verbliebene Mitte erkannt, dass das Land dringender denn je eine Politik für den gesellschaftlichen Zusammenhalt benötigt. Die Bundesregierung war nach der Bundestagswahl 2025 sogar bereit, einen Ministerposten einzusparen, indem sie das Wirtschaftsministerium und das Arbeits- und Sozialministerium zusammenlegte. Darauf hatten sich alle fünf Parteien in den Koalitionsverhandlungen geeinigt.

Und man legte zu Beginn der 2020er Jahre tatsächlich los. Von der bleiernen Lethargie der zurückliegenden Jahre keine Spur mehr. Man hatte die Zeichen der Zeit erkannt. Eher still und leise wurde in einer großen Unternehmensteuerreform die Belastung der Unternehmen wieder auf ein international wettbewerbsfähiges Niveau gesenkt. Die Ausgaben für Forschung und Entwicklung wurden massiv erhöht. Das Lob, das dafür aus der Wirtschaft kam, nahm die Politik an, feierte sich aber für diese Maßnahmen nicht über Gebühr selbst.

Auch die Wirtschaft investierte und schaffte im Großen und Ganzen den Wandel von den alten Industrien hin zu unserer heutigen Wirtschaft, in der Industrie, Digitalisierung und Dienstleistungen verschmolzen sind. Dass es früher mal Unternehmen gab, die nichts anderes machten, als Autos herzustellen, ist Grundschülern heute schwer zu erklären.

Die Politik hatte sich auf die Fahnen geschrieben, eine Politik für die Gesellschaft zu machen und die Gesellschaft von dieser Politik auch zu überzeugen. In den 2020er Jahren ist es gelungen, die Wohnungsnot in den großen Metropolen zu lindern. Wohnraum wurde zwar nicht billig, aber wieder überall bezahlbar, teils auch durch direkte Unterstützung einkommensschwacher Mieter.

Dass sie dieses große soziale Problem entschlossen und letztendlich erfolgreich angegangen war, hat der Politik große Anerkennung eingebracht. Immer häufiger war zu hören: »Die können es ja doch.« Dass Arbeitslosigkeit keine große Rolle spielt, bringt der Politik indes keine Lorbeeren ein. Man kennt es ja seit 15 Jahren nicht anders.

Fachkräfte fehlen weiterhin, aber nicht in dem Maße wie einst befürchtet – Ergebnis gemeinsamer Anstrengungen von Politik und Wirtschaft. Die Unternehmen können mit den verbliebenen Engpässen umgehen und haben dem Standort Deutschland nicht den

Rücken gekehrt. Die Löhne sind in den vergangenen zehn Jahren in allen Branchen und Regionen Deutschlands ordentlich gewachsen.

Das war nur möglich, weil Deutschland es geschafft hat, den Trend bei der Produktivitätsentwicklung umzukehren. Die steuerlichen Entlastungen für die Unternehmen haben Investitionen angekurbelt, der Staat hat eine Offensive für die Infrastruktur gestartet. In den letzten zehn Jahren ist Deutschland wirklich digital und endlich wieder mobil geworden.

Die Neuausrichtung der Bildungspolitik, die zu Beginn der 2020er Jahre angestoßen wurde, trägt jetzt Früchte in den Schulen, den Hochschulen und in den Betrieben. Wir sehen heute die erste Generation auf dem Arbeitsmarkt, die die digitalen Möglichkeiten wirklich produktiv zu nutzen versteht.

Das solide Wirtschaftswachstum hat Spielräume eröffnet, nicht nur die Unternehmensteuern zu senken, sondern Mitte der 2020er Jahre die erste große Einkommensteuerreform seit mehr als 20 Jahren anzugehen. Die Maxime lautete: Jeder, der kann, trägt zur Finanzierung des Staates und des Gemeinwohls bei, aber nur Spitzeneinkommen werden spitze besteuert. Durch die höheren Einkommensgrenzen, ab denen die hohen Steuersätze greifen, ist erstmals seit langem die Mittelschicht spürbar entlastet worden.

Die Akzeptanz des Steuersystems ist in der Bevölkerung insgesamt deutlich gestiegen, eine Mehrheit der Deutschen befürwortet sogar die vor sechs Jahren eingeführte Erbschaftsteuer, die erstmals keine Freibeträge vorsieht und damit auch kleine Erbschaften belastet. Als Grund für die hohe Akzeptanz führen die Demoskopen an: Die Menschen honorieren, dass die Politik sichtbar ein Gesamtkonzept hat und dies den Bürgen auch gut erklärt. Belastungen und Entlastungen hielten sich die Waage und würden insgesamt als fair empfunden.

Das wird auch der ungeliebten Rente mit neunundsechzig attestiert, die in diesem Jahr verabschiedet wurde und bis 2040 vollständig eingeführt sein wird. Die Jungen zahlen etwas höhere Beiträge, und die Alten arbeiten etwas länger. Dafür bleibt die Rente sicher. Mit dieser Botschaft ist es der Politik gelungen, einen breiten, generationenübergreifenden Konsens zu schaffen.

Die Gesellschaft ist wieder enger zusammengerückt. In Befragungen geben heute rund 90 Prozent der Deutschen an, gern in diesem Land mit dieser Demokratie und diesem Wirtschaftssystem zu leben und insgesamt mit ihrem Leben zufrieden zu sein. Das sah noch vor wenigen Jahren sehr viel schlechter aus.

Wir müssen daran arbeiten, dass es so bleibt und noch besser wird oder sogar so gut wird wie bei der Deutschen Bahn: Bei ihrer Jahrespressekonferenz vor wenigen Wochen verkündete der Bahnvorstand sichtlich zufrieden, dass man bei der Pünktlichkeit im Fernverkehr nun die Marke von 99 Prozent erreicht habe. Glückliches Deutschland.

Quellenverzeichnis

Kapitel 1

Bertelsmann Stiftung, Sozialer Zusammenhalt in Deutschland 2017, verfügbar unter: https://www.bertelsmann-stiftung.de/de/publikationen/publikation/did/sozialer-zusammenhalt-in-deutschland-2017/ (abgerufen am 18.03.2019).

Bundesministerium des Innern (BMI), Gesellschaftlicher Zusammenhalt – der Kitt unserer Gesellschaft, verfügbar unter: https://www.bmi.bund.de/DE/themen/heimat-integration/gesellschaftlicher-zusammenhalt/gesellschaftlicher-zusammenhalt-node.html (abgerufen am 18.03.2019).

Initiative More in Common (2019), Die andere deutsche Teilung: Zustand und Zukunftsfähigkeit unserer Gesellschaft, verfügbar unter: https://www.dieandereteilung.de/media/pgepwooq/more-in-common_dieandereteilung_executive_summary.pdf (abgerufen am 18.03.2019).

Kapitel 2

Bach, S. et al. (2016), Wer trägt die Steuerlast in Deutschland? Verteilungswirkungen des deutschen Steuer- und Transfersystems, Politikberatung kompakt: 114.

Bartels, C. (2018), Einkommensverteilung in Deutschland von 1871 bis 2013: Erneut steigende Polarisierung nach der Wiedervereinigung, DIW-Wochenbericht 3/2018, 51–58.

Bundesministerium der Finanzen (BMF) und Bundesministerium für Familie, Senioren, Frauen und Jugend (BMFSFJ) (2014), Gesamtevaluation der ehe- und familienbezogenen Maßnahmen und Leistungen in Deutschland, Endbericht der Prognos AG.

Brenke, K. und Kritikos, A. A. S. (2017), Niedrige Stundenverdienste hinken bei der Lohnentwicklung nicht mehr hinterher, DIW-Wochenbericht 21/2017, 407–416.

Deutsche Bundesbank (2019), Vermögen und Finanzen privater Haushalte in Deutschland: Ergebnisse der Vermögensbefragung 2017, Monatsbericht April 2019, 13–44.

Deutscher Bundestag (2013), Gerhard Schröders Agenda gegen den Reformstau, verfügbar unter: https://www.bundestag.de/dokumente/textarchiv/2013/43257637_kw11_kalenderblatt_agenda2010-211202 (abgerufen am 26.03.2019).

Deutscher Bundestag (2003), Plenarprotokoll 15/32, verfügbar unter: https://dip21.bundestag.de/dip21/btp/15/15032.pdf (abgerufen am 26.03.2019).

Dobelli, R. (2014), Die Kunst des klaren Denkens: 52 Denkfehler, die Sie besser anderen überlassen, Carl Hanser Verlag, München.

Grabka, M. M. und Goebel, J. (2018), Einkommensverteilung in Deutschland: Realeinkommen sind seit 1991 gestiegen, aber mehr Menschen beziehen Niedrigeinkommen, DIW-Wochenbericht 21/2018, 450–459.

Jebb, A. T. et al. (2018), Happiness, income satiation and turning points around the world, Nature Human Behaviour 2, 33–38.

Kershaw, I. (2016), Höllensturz: Europa 1914 bis 1949, Deutsche Verlags-Anstalt, München.

Niehues, J. (2019), Subjektive Umverteilungspräferenzen in Deutschland, IW-Trends, 46. Jg. Nr. 1, verfügbar unter: https://www.iwkoeln.de/fileadmin/user_upload/Studien/IW-Trends/PDF/2019/IW-Trends_2019-01-05_Umverteilungspräferenzen.pdf (abgerufen am 31.10.2019).

The Economist (1999), The sick man of the euro. Ausgabe vom 3. Juni 1999.

The Economist (2018), Germany is becoming more open and diverse, Ausgabe vom 14. April 2018.

World Inequality Database, verfügbar unter: https://wid.world/.

Kapitel 3

Bundesministerium der Finanzen (BMF) und Bundesministerium für Familie, Senioren, Frauen und Jugend (BMFSFJ) (2014), Gesamtevaluation der ehe- und familienbezogenen Maßnahmen und Leistungen in Deutschland, Endbericht der Prognos AG.

Deutsche Bundesbank (2017), Zur Entwicklung der staatlichen Zinsausgaben in Deutschland und anderen Ländern des Euroraums, Monatsbericht Juli 2017, 35–70.

Internationaler Währungsfonds (2009), Germany: 2008 Article IV Consultation – Staff Report; Staff Supplement; Public Information Notice on the Executive Board Discussion; and Statement by the Executive Director for Germany, IMF Country Report No. 09/15. verfügbar unter: https://www.imf.org/en/Publications/CR/Issues/2016/12/31/Germany-2008-Article-IV-Consultation-Staff-Report-Staff-Supplement-Public-Information-Notice-22627 (abgerufen am 31.10.2019).

Internationaler Währungsfonds (2019), World Economic Outlook Database, verfügbar unter: https://www.imf.org/external/pubs/ft/weo/2019/01/weodata/index.aspx (abgerufen am 31.10.2019).

Sachverständigenrat zur Begutachtung der gesamtwirtschaftlichen Entwicklung (2016), Zeit für Reformen, Jahresgutachten 2016/17, Verfügbar unter: https://www.sachverstaendigenrat-wirtschaft.de/fileadmin/dateiablage/gutachten/jg201617/ges_jg16_17.pdf (abgerufen am 31.10.2019).

Kapitel 4

Brynjolfsson, E. und Brown, P. (2005), VII pillars of productivity, Optimize, May 2005.

Brynjolfsson, E. und McAfee, A. (2016), The Second Machine Age: Work, Progress, and Prosperity in a Time of Brilliant Technologies.

Bundeszentrale für politische Bildung (2018), Entwicklung der öffentlichen Finanzen. Verfügbar unter: http://www.bpb.de/nachschlagen/zahlen-und-fakten/soziale-situation-in-deutschland/61867/oeffentliche-finanzen (abgerufen am 08.07.2019).

Christofzik, D. I. et al. (2019), Öffentliche Investitionen: Wie viel ist zu wenig? Sachverständigenrat zur Begutachtung der gesamtwirtschaftlichen Entwicklung, Arbeitspapier 01/2019.

Deutscher Bundestag (2019), Gesetzentwurf der Bundesregierung: Entwurf eines Fachkräfteeinwanderungsgesetzes, Drucksache 19/8285.

Deutschlandfunk (2019), Fachkräfte-Zuwanderungsgesetz: Zwischen bremsen und werben, verfügbar unter: https://www.deutschlandfunk.de/fachkraefte-zuwanderungsgesetz-zwischen-bremsen-und-werben.769.de.html?dram:article_id=450871 (abgerufen am 01.07.2019).

DIHK (2018), Ausbildung 2018, Ergebnisse einer DIHK-Online-Unternehmensbefragung.

Europäische Kommission (2019), The Digital Economy and Society Index (DESI), verfügbar unter: https://ec.europa.eu/digital-single-market/en/desi (abgerufen am 08.07.2019).

Gordon, R. J. (2016), Rise and Fall of American Growth.

Wikipedia (2019), Waschmaschine, verfügbar unter: https://de.wikipedia.org/wiki/Waschmaschine (abgerufen am 04.07.2019).

Metropolregion Nürnberg (2019), Beware of the place for good life in Bavaria, Verfügbar unter: https://www.bewareofgoodlife.de/ (abgerufen am 01.07.2019).

Mackenroth, G. (1952), Die Reform der Sozialpolitik durch einen deutschen Sozialplan, Schriften des Vereins für Socialpolitik NF, Band 4.

OECD (2019), OECD broadband statistics update, verfügbar unter: https://www.oecd.org/internet/broadband/broadband-statistics-update.htm (abgerufen am 08.07.2019).

Prognos/Handelsblatt Research Institute (2014), Die Zukunft der Altersvorsorge vor dem Hintergrund von Bevölkerungsalterung und Kapitalmarktentwicklung, verfügbar unter: https://www.prognos.com/publikationen/alle-publikationen/348/show/c3b332690e30ba6412087fed9a48ddbe/ (abgerufen am 31.10.2019).

Statistisches Bundesamt (2019), Bevölkerung im Wandel: Annahmen und Ergebnisse der 14. koordinierten Bevölkerungsvorausberechnung, verfügbar unter: https://www.destatis.de/DE/Presse/Pressekonferenzen/2019/Bevoelkerung/pressebroschuere-bevoelkerung.pdf?__blob=publicationFile (abgerufen am 31.10.2019).

Statistisches Bundesamt (2019), Volkswirtschaftliche Gesamtrechnungen, Inlandsproduktberechnungen, Lange Reihen ab 1970, Fachserie 18, Reihe 1.5.

Vereinigung der bayerischen Wirtschaft e.V. (2019), Arbeitslandschaft 2025, verfügbar unter: https://www.vbw-bayern.de/Redaktion/Frei-zugaengliche-Medien/Abteilungen-GS/Sozialpolitik/2019/Downloads/20190221_Arbeitslandschaft-2025_final.docx.pdf (abgerufen am 31.10.2019).

Kapitel 5

ÄrzteZeitung (2019), Pneumologen kritisieren Grenzwerte für Fahrverbote, verfügbar unter: https://www.aerztezeitung.de/medizin/krankheiten/atemwegskrankheiten/article/980038/luftbelastung-pneumologen-kritisieren-grenzwerte-fahrverbote.html (abgerufen am 26.07.2019).

Buchal, C. et al. (2019), Kohlemotoren, Windmotoren und Dieselmotoren: Was zeigt die CO2-Bilanz?, ifo Schnelldienst 8/2019, 40–54.

Bundesgesetzblatt (1963), Gesetz über die Bildung eines Sachverständigenrates zur Begutachtung der gesamtwirtschaftlichen Entwicklung (SachvRatG), Ausfertigungsdatum: 14.08.1963.

Dambeck, H. und Nefzger, E. (2019), Ifo-Studie zur Klimabilanz: Wie das Elektroauto schlechtgerechnet wird, verfügbar unter: https://www.spiegel.de/auto/aktuell/e-auto-schlechtgerechnet-die-ifo-studie-zur-co2-bilanz-a-1263622.html (abgerufen am 25.07.2019).

Europäische Union (2008), Richtlinie 2008/50/EG des Europäischen Parlaments und des Rates vom 21. Mai 2008 über Luftqualität und saubere Luft für Europa, verfügbar unter: https://eur-lex.europa.eu/legal-content/DE/TXT/PDF/?uri=CELEX:32008L0050&from=DE (abgerufen am 31.10.2019).

Köhler, D. (2019), Stellungnahme zur Gesundheitsgefährdung durch umweltbedingte Luftverschmutzung, insbesondere Feinstaub und Stickstoffverbindungen (NOx).

Rürup, B. (2019), Politikberatung: Teure und oft vergebliche Suche nach der objektiven Wahrheit, Handelsblatt Research Institute, verfügbar unter: https://www.handelsblatt.com/politik/konjunktur/research-institute/der-chefoekonom-politikberatung-teure-und-oft-vergebliche-suche-nach-der-objektiven-wahrheit/24078550.html?ticket=ST-10100127-jSmoX3JoMJ6eggFJdoUf-ap3 (abgerufen am 17.07.2019).

Kapitel 6

Alexander, R. (2017), Die Getriebenen: Merkel und die Flüchtlingspolitik: Report aus dem Innern der Macht, Siedler Verlag, München.

Bundesinstitut für Bevölkerungsforschung (2019), Immer mehr Menschen aus EU-Ländern leben in Deutschland, Pressemitteilung vom 23.05.2019, verfügbar unter: https://www.bib.bund.de/DE/Service/Presse/2019/2019-03-Immer-mehr-Menschen-aus-EU-Laendern-leben-in-Deutschland.html?nn=9755196 (abgerufen am 01.08.2019).

Bundesamt für Migration und Flüchtlinge (2019), Asylgeschäftsbericht für den Monat Dezember 2018, verfügbar unter: https://www.bamf.de/SharedDocs/Anlagen/DE/Statistik/Asylgeschaeftsbericht/201812-statistik-anlage-asyl-geschaeftsbericht.html (abgerufen am 12.08.2019).

Bundesministerium für Wirtschaft und Energie (2018), Fakten zum deutschen Außenhandel, verfügbar unter: https://www.bmwi.de/Redaktion/DE/Publikationen/Aussenwirtschaft/fakten-zum-deuschen-aussenhandel.html (abgerufen am 01.08.2019).

Deutsche Rentenversicherung (2019), Werte der Rentenversicherung, verfügbar unter: https://www.deutsche-rentenversicherung.de/DRV/DE/Experten/Zahlen-und-Fakten/Werte-der-Rentenversicherung/werte-der-rentenversicherung.html?https=1 (abgerufen am 03.09.2019).

Europäisches Parlament, Freizügigkeit der Arbeitnehmer, verfügbar unter: http://www.europarl.europa.eu/factsheets/de/sheet/41/freizugigkeit-der-arbeitnehmer (abgerufen am 12.08.2019).

Institut für Arbeitsmarkt- und Berufsforschung (2015), Fiskalische Wirkungen der Zuwanderung, Aktuelle Berichte.

Prognos (2016), Rentenperspektiven 2040 – Niveau und regionale Kaufkraft der gesetzlichen Rente für typisierte Berufe, Studie im Auftrag des GDV, verfügbar unter: https://www.prognos.com/publikationen/alle-publikationen/579/show/512d5616bcd0ecff181e8b2e51c4ffce/ (abgerufen am 31.10.2019).

Sinn, H.-W. (2016), So kann es nicht weitergehen, ifo Schnelldienst, 4/2016, 3–6.

Stiftung Marktwirtschaft (2016), Die fiskalischen Auswirkungen ungesteuerter Zuwanderung, Kurzinformation.

UNHCR (2019), Die Genfer Flüchtlingskonvention, verfügbar unter: https://www.unhcr.org/dach/de/ueber-uns/unser-mandat/die-genfer-fluechtlingskonvention (abgerufen am 12.08.2019).

Kapitel 7

ADAC (2019), Staubilanz 2018 – neue Rekordlängen, verfügbar unter: https://www.adac.de/der-adac/verein/aktuelles/staubilanz/ (abgerufen am 16.09.2019).

Bundesagentur für Arbeit, Wissensdatenbank SGB II, verfügbar unter: https://www.arbeitsagentur.de/veroeffentlichungen/wissensdatenbank-sgbii (abgerufen am 05.09.2019).

Bundesministerium der Finanzen (BMF) (2019), Datensammlung zur Steuerpolitik 2018, verfügbar unter: https://www.bundesfinanzministerium.de/Content/DE/Downloads/Broschueren_Bestellservice/2019-02-05-datensammlung-zur-steuerpolitik-2018.pdf;jsessionid=D967AD2CAB52A3291F4411D0E7C604E0?__blob=publicationFile&v=14 (abgerufen am 31.10.2019).

Bundesregierung, Gut leben in Deutschland, Verfügbar unter: https://www.gut-leben-in-deutschland.de/static/LB/index.html (abgerufen am 04.09.2019).

Destatis (2019), Erbschaft- und Schenkungsteuer 2018 auf 6,7 Milliarden Euro gestiegen, Pressemitteilung Nr. 309 vom 16. August 2019, verfügbar unter https://www.destatis.de/DE/Presse/Pressemitteilungen/2019/08/PD19_309_736.html (abgerufen am 31.10.2019).

Deutsche Bahn (2019). Daten & Fakten 2018, verfügbar unter: https://www.deutschebahn.com/de/konzern/konzernprofil/zahlen_fakten/kennzahlen_2018-1774538 (abgerufen am 31.10.2019).

Empirica (2015), Erben in Deutschland 2015–24: Volumen, Verteilung und Verwendung, verfügbar unter: https://www.empirica-institut.de/fileadmin/Redaktion/Publikationen_Referenzen/PDFs/DIA_Studie_Erben_in_Deutschland_HighRes.pdf (abgerufen am 31.10.2019).

Empirica (2019), Empirica-Preisdatenbank Immobilienpreisindex 2/2019, verfügbar unter https://www.empirica-institut.de/thema/regionaldatenbank/empirica-immobilienpreisindex/.

Freiberger, H. (2019), Das Darben der Dörfer, Süddeutsche Zeitung vom 22.06.2019.

Görlitz, K. et al. (2018), Fast jedes zehnte Kind geht auf eine Privatschule – Nutzung hängt insbesondere in Ostdeutschland zunehmend vom Einkommen der Eltern ab, DIW Wochenbericht 51+52/2018, 1103–1111.

Institut der deutschen Wirtschaft (2017), Die Einkommensteuer im Zeitverlauf – Belastungswirkungen für verschiedene Haushaltstypen, verfügbar unter: https://www.iwkoeln.de/studien/gutachten/beitrag/martin-beznoska-tobias-hentze-die-einkommensteuer-im-zeitverlauf-belastungswirkungen-fuer-verschiedene-haushaltstypen-340065.html (abgerufen am 31.10.2019).

IW Consult (2018), Der Weg in die Gigabitgesellschaft – warum Deutschland jetzt den schnellen Netzausbau braucht. Studie im Auftrag des Vodafone Instituts für Gesellschaft und Kommunikation.

Krebs, F. und Scheffel, M. (2016), Quantifizierung der gesamtwirtschaftlichen und fiskalischen Effekte ausgewählter Infrastruktur- und Bildungsinvestitionen in Deutschland, Studie im Auftrag des Bundesministeriums für Wirtschaft und Energie.

Kultusministerkonferenz (2019), Schüler, Klassen, Lehrer und Absolventen der Schulen 2008 bis 2017, verfügbar unter: https://www.kmk.org/dokumentation-statistik/statistik/schulstatistik/schueler-klassen-lehrer-und-absolventen.html (abgerufen am 31.10.2019).

Losse, B. (2019), Der Stillstand kostet Milliarden. WirtschaftsWoche vom 12.02.2019, verfügbar unter: https://www.wiwo.de/politik/deutschland/staukosten-der-stillstand-kostet-milliarden/23977168.html (abgerufen am 16.09.2019).

Müller-Armack, A. (1947), Wirtschaftslenkung und Marktwirtschaft, Neuauflage 1990.

Prognos AG (2019), Wer baut Deutschland? – Inventur zum Bauen und Wohnen 2019, verfügbar unter: https://www.prognos.com/publikationen/alle-publikationen/908/show/127c47819 6ff919b2e8772ae365bba56/ (abgerufen am 31.10.2019).

Schäfer, M. (2018), Daseinsvorsorge, Gabler Wirtschaftslexikon, verfügbar unter: https://wirtschaftslexikon.gabler.de/definition/daseinsvorsorge-28469/version-252099 (abgerufen am 31.10.2019).

Statistisches Bundesamt (2019), Privathaushalte nach Haushaltsgröße im Zeitvergleich, verfügbar unter: https://www.destatis.de/DE/Themen/Gesellschaft-Umwelt/Bevoelkerung/Haushalte-Familien/Tabellen/lrbev05.html (abgerufen am 23.09.2019).

WDR (2019), Erben und vererben in Deutschland, verfügbar unter: https://www1.wdr.de/verbraucher/geld/erben-und-vererben-106.html (abgerufen am 26.09.2019).

Wikipedia (2019), Alfred Müller-Armack, verfügbar unter: https://de.wikipedia.org/wiki/Alfred_Müller-Armack (abgerufen am 05.09.2019).

Wikipedia (2019a), Liste der Groß- und Mittelstädte in Deutschland, verfügbar unter: https://de.wikipedia.org/wiki/Liste_der_Gro%C3%9F-_und_Mittelst%C3%A4dte_in_Deutschland#Gro%C3%9F-_und_Mittelst%C3%A4dte_nach_Einwohnerzahl (abgerufen am 23.09.2019).

Wissenschaftlicher Beirat beim Bundesministerium für Wirtschaft und Energie (2018), Soziale Wohnungspolitik, verfügbar unter: https://www.bmwi.de/Redaktion/DE/Publikationen/Ministerium/Veroeffentlichung-Wissenschaftlicher-Beirat/gutachten-wissenschaftlicher-beirat-soziale-wohnungspolitik.pdf?__blob=publicationFile&v=4 (abgerufen am 31.10.2019).